U0604073

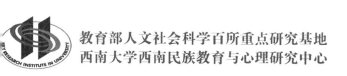

教育部人文社会科学百所重点研究基地
西南大学西南民族教育与心理研究中心

西南教育论丛

（第4辑）

张诗亚　孙振东◎主编

科学出版社
北　京

内 容 简 介

本书为《西南教育论丛（第4辑）》。全书由"教育基本理论""课程与教学论""民族教育""教育技术"四个板块组成，共收录文章13篇，其内容主要涉及教育学派创生条件、学校教育传承民族传统文化的有限性、字源识字教学文化渗透、民族文化资源教育转换、远程教育与民族地区教育发展等。

本书适合教育学、民族学、教育技术学、人类学、社会学等领域的在读研究生、高校教学科研人员，以及对相关内容感兴趣的普通大众阅读。

图书在版编目（CIP）数据

西南教育论丛. 第4辑/ 张诗亚，孙振东主编. —北京：科学出版社，2015.11

ISBN 978-7-03-046320-3

Ⅰ. ①西⋯ Ⅱ. ①张⋯ ②孙⋯ Ⅲ. ①少数民族教育-西南地区-文集 Ⅳ. ①G759.2-53

中国版本图书馆 CIP 数据核字（2015）第 263707 号

责任编辑：朱丽娜 刘巧巧/责任校对：贾伟娟

责任印制：徐晓晨 / 封面设计：楠竹文化

编辑部电话：010-64033934

E-mail：fuyan@mail.sciencep.com

科 学 出 版 社 出版

北京东黄城根北街 16 号
邮政编码：100717
http://www.sciencep.com

文林印务有限公司 印刷

科学出版社发行　各地新华书店经销

*

2015 年 11 月第 一 版　开本：720×1000　1/16
2015 年 11 月第一次印刷　印张：19 1/2
字数：350 000

定价：92.00 元
（如有印装质量问题，我社负责调换）

编　委　会

主编　张诗亚　孙振东

编委　（按姓氏笔画排序）

　　么加利　王晓燕　孙杰远　孙振东　吴晓蓉

　　张　健　张学敏　张诗亚　陈　荟　罗江华

　　倪胜利　蒋立松　廖伯琴　谭亲毅

序

自太史公司马迁撰写《史记·西南夷列传》以来，西南便以腹地辽阔、地形地貌复杂、民族种类多、文化多样性突出著称于世。抗日战争时期，国府西迁，随之而来的学术西移，给西南的发展带来了前所未有的活力，对西南的调查、认识和研究也呈现出了前所未有的兴旺局面。20 世纪末，西部大开发战略提出后，对西南的研究更显突出，其重要性不言而喻。自"一带一路"提出以来，西南因其有多条向外辐射的通道，与其相关的民族和文化种类、发展类型繁多，因而，针对西南的研究更具有现实性、紧迫性。要发展西南，无疑是要提整西南的教育，西南教育的发展既是整个西南发展的动力之源，又是其重要组成部分。

中国西部，尤其是西南，有一对根本的矛盾，自喜马拉雅山至北部湾阶梯状的地形地貌特征，决定了西南垂直立体的天地系统。在这个天地系统中，物种基因和文化种类的多样都是举世罕见的，自然与人文资源的富集是其一个极为突出的特点，然而，与之不相适应的是其经济、科学教育发展水平的严重滞后。这对矛盾长久以来制约着西南的发展，而要想让西南尽快发展起来，甚至实现跨越式的发展，跟随我国其他地区一起进入小康社会，其应有之义必然是怎样化自然与人文资源的富集而为经济、科学教育发展所用，这便是关键的问题。"以其长，去其短"，实现发展的关键意义在于让西南人民的素质真正从教育上发展起来。教育在整个系统中是关键的动因，教育的发展会提升科学技术的水平。科学技术不是简单的照搬、借来，而是切实结合西南自身的天地系统，与其特色生态系统相契合的发展，以此来提升经济、社会的发展，从而让自然和人文资源的富集能够更有效地发挥正能量，而不是被破坏、污染、瓦解。倘若此观点成立，那么，西南教育的发展便是"兵马未动，粮草先行"。

　　要发展西南教育，离开对西南教育的深刻认识，空对空地谈，简单地照搬照抄是不行的，而是要深入西南的山山水水，深入西南各民族社会，深入新的多样的民族文化之中去，从中找到与其特色相契合的发展模式。因此，大量的田野考察（fieldwork）便是应有之义。在大量田野考察的基础上提出思路，继而去践行，便是探索特色发展之路的关键。这样做不仅是为了西南的发展，更重要的是，任何中国特色教育理论的建构，都必须从其相关的具有特色的子系统中去寻求能量、资源，所以，西南教育特色发展的思路、经验不仅仅是让西部教育和社会发展，而是对整个具有中国特色教育理论的建构和完善都具有不容小觑的意义。

　　要这样做，必须要有一批人长期深入西南地区调查、研究、探索。西南民族教育与心理研究中心是教育部人文社会科学重点研究基地，主要进行民族教育文化发展方面的研究，其肩负的使命使其从事相关工作责无旁贷，义不容辞，几十年下来，也积累了一些经验、教训。这个探索不可能一蹴而就，而是一项长期、艰苦、持续的工作，必将与西南的发展同步，因此，虽然积累了一些经验教训，但还仅仅是开头，仅仅是起步。若走对了，坚持下去，再坚持十年、二十年，一代人、两代人，中国的西南就会有大的发展和改观，西南各民族的文化也必定在这当中得以弘扬，并以此促进整个中华民族文化的繁荣。西南各族人民的生活水平、经济发展、社会和谐都将有长足进步。倘若如此，研究者的辛苦也就值了，教育人类学的探索也就对了，继而形成自己的学派、独特的研究方法和队伍，也就有望了。倘若如此，能与国内其他地区、其他领域交流，能与国际同行对话、接轨便不再是奢望。

　　是为序。

张诗亚

于说乎斋

目　录

教育基本理论

教育学派创生条件研究[①]

朱晓敏

（梁平县纪委监察局　重庆梁平　405200）

摘要： 教育学派的创生是一个系统工程。具有领军人物及其相应的学术共同体是教育学派形成的核心要素；原创性的教育理论为学派的创生提供了学理性定位；遵循相同或相似的学术立场是教育学派确立的基本前提；独特的学术风格和研究方法，是教育学派具备的内在条件；独立的研究机构及其学术刊物，为学派创生提供了良好的发展平台；纲领性的宣言及定期的组织讨论，为不断提升和深化自己学派的理论观点提供了可能性空间。特定的社会历史条件和文化环境是教育学派创生的外部基础条件；地缘和同一地域文化的同质性对学派的创生具有潜移默化的"遗传"效应；自由、规范的学术环境和制度建设为学派的创生提供了良好的争鸣氛围；相关学派为教育学派的创生提供了开阔的视野和可以借鉴的参照。我国教育学派创生的内部条件已初步成型，国外相关学派和我国教育学术传统为我国教育学派的创生提供了依据和内源性根基；学术规范意识淡薄，学术争鸣水平不高以及学派制度尚未形成都是我国教育学派创生条件缺失的表征，通过完善相关学术规范、形成"和而不同"的学术环境、处理好学派"移植"与"本土"的关系是发展和完善我国教育学派创生条件的可能性路径。

关键词： 教育学派；教育学学派；中国教育学派；学派创生条件

---

① 本文系第四批重庆市研究生教育优质课程建设项目"教育基本理论专题研究"（项目批准号：渝教研[2015]10 号）的阶段性成果。

一、学派与教育学派概述

（一）学派的概念及其特征

学派，即学术派别之简称，在本质上，学派与流派是一致的，两者的主要区别在于学派有严格的师承关系，而流派没有，也有学者认为学派的概念外延比流派小，流派可以包含学派。[1]

对于学派的解释虽然各不相同，但都有四个共同点：①学派限于同一学科领域；②学派是科学家共同体；③师承关系是学派形成的主要原因；④同一学派对某一学科的基本问题有共同的学术观点。[2]所以，本文将学派定义为：一门学问中，由师承关系组成的具有共同理论基础和方法论特征，对某学科主要问题具有基本相同观点或主张的学术共同体。需要指出的是，这个学术共同体，不是一种有严密纪律与制度的社会组织，而是依靠共同的信念和方向，在其代表人物的精神感召下自然形成的。

不同的学派各有其特点，但也有一些共同特征。有学者将学派的共同特征归纳为：①学派都有其代表人物、代表著作，并在学术界产生较大影响，其学说为学术界所公认与推崇，甚至具有奠基意义。②学派对某一学科的基本问题或重大问题，都有着共同或相近的学术观点。③同一学派大多有相同或类似的研究方法。④同一学派的风格是一致的。⑤学派不是一成不变的，学派之间相互吸收，可以形成新的学派。[3]它们是真正的以科学研究为主要活动内容的组织，同时表现出较强的集体精神和社会凝聚力。[4]

（二）教育学派的含义及其构成要素

1. 教育学派的含义

学术界关于教育学派和教育学学派用法比较混乱，很多学者把教育学派等同于教育学学派，虽然只是一字之差，但我们不能忽略它们之间的区别。有学者认为，教育学学派，顾名思义，是在"教育学"这个学科内出现的分别持有不同的学说、观点，具有不同教育学术传统的学派。[5]这里的"教育学"包括了教育学的各分支学科。有学者从教育学派产生的角度把教育学派界定为：各种教育理论的派别，产生于教育理论的发展过程之中。在教育实践中，人们提出了关于教育的不同看法和主张，逐渐形成各自的体系，发展为不同的教育派别。也有学者认为，教育学派也犹如哲学流派那样，是指由一定教育哲学理念做指导、突出某种教育思想宗旨和方法作为目的手段而形成较为系统完整的教育理论，且有领军人物和志同道合者共同组成的思想流派。根据上述对教育学派的解释，本文将教育学派定义为：教育学派是教育学研究共同体的一种表现形式，它由一批持有相同或基本相同学术观点的教育研究者组成，是由不同的师承关系而形成的教育派别。所谓教育学派与教育学学派本质的区别在于，教育学学派是仅限于理论层面的关于教育的不同学术派别，而教育学派不仅仅限于理论层面，更重要的是还要有相应的教育实践，并且形成了一套教育模式，像赫尔巴特学派和杜威教育学派就是教育学史上著名的教育学派。

2. 教育学派的构成要素和类型

《哲学大辞典》中对"科学学派"一词解释为，"它是指具有共同学术观点的相对稳定的科学家团体，具有学说、共同体和带头人三要素"[6]。教育学作为一门人文科学，在其内部形成的学派理应具有科学学派的属性，所以说教育学派由其相应的学派学说、学术共同体和带头人三个基本因子构成。

历史上对学术发展做出过重要贡献的学派，一般都采用学派的首倡者或学术带头人的人名，或者学说的发祥地、学术活动的地点（学院、高校）名来命名，如近代物理学上的哥本哈根学派和西方哲学上的法兰克福学派。教育学派也不例外，教育学派的类型多种多样，既有以其领军人物命名的学派，如"赫尔巴特学派"，又有与某一特定领域联结而形成的学派，像"文化教育学派"，学科史上也有以某种"主义"来著称的教育学派，像有名的"要素主义学派"和以卢梭为代表的"自然主义学派"等都是有名的教育学派。从教育学派产生的历史来看，大多数教育学派与相关学科学派有着母子式的渊源关系，有的是从哲学、社会学、心理学等学科中的学派直接转化为教育学派，例如，从实用主义哲学、人文主义哲学（又称古典实在论）等哲学学派那里产生了实用主义教育学、永恒主义教育学等学派。心理学中的结构主义心理学、实验主义心理学等学派，分别催生了结构主义教育学派、实验主义教育学派。

（三）教育学派形成的标志

一种教育理论、学说观点能不能称为一个学派需要对其进行多方面的考量。教育学派的形成标志是通过其内部形成条件的具备来表征的。①要有其核心的代表人物以及围绕着这些核心人物所形成的特定时空的学术思想群体。其内部是一个具有向心力、凝聚力的学者群，其外部通常表现为颇具学术竞争力的学术派别。[7]

②拥有近似的学术精神，其学术信仰与倾向也保持着基本的一致，对教育领域内的基本问题或重大问题，都有着共同或相近的学术观点，并在此基础上形成某种特殊的学术风气。③由学术精神衍生出相同或类似的学术方法，给人们提供了观照世界的新视野和新的认知可能。[8]④由此产生的经典理论文献。每一教育学派既有代表性的中心人物，也有体现其核心主张的著作，它们都是一个学派所必需的构成要素，例如，作为赫尔巴特学派的创始人，赫尔巴特所写的经典著作《普通教育学》在学术界产生了较大影响，其学说为学术界所公认与推崇，对赫尔巴特学派的形成具有重要的奠基意义。⑤有一定的依托空间，它们或是某个地域，或是像某所大学这样的学术研究机构，甚至也可以是具有自身学术传统的家族。上述五个方面大致上可当作教育学派存在的验证标识，我们把它作为教育学派形成的标志及其判断其是否可以称得上学派的依据。

（四）教育学派创生的方式

根据不同的划分标准，教育学派创生方式也不同。根据教育学派形成的自觉性程度不外乎有以下三种：①自发形成模式。所谓自发形成模式，就是指一些教育理论家和教师当时也没有意识到自己要建立什么教育学派，只是后世在总结其教育理论发展的过程中，才把他们的教育主张和方法概括起来，定名为某一教育学派。像教育学史上最著名的赫尔巴特学派就属于这种模式。②自封形成模式。它是指某一教育学派在特定的社会历史条件下，由一些具有共同理想和教育主张的教育理论者和一线教师自觉结合起来，倡导某种教育模式或教育风格，宣传自己独特的教育理论观点，建立教育研究基地、教育网站或实验学校，并且还有一定的研究组织协作机构，经常进行一些学术探讨活动，甚至发行自己的研究刊物，在学派成立之前就设想好要打造一个什么教育学派。我国目前新教育人自封的"新教育学派"就属于这种模式。③"自发-自觉"形成模式。它是指初期各部分成员分散在不同的地方，在各自的教育理论或实践领域中独立探索某种教育理论或教学方法，后期大家都意识到相互之间在教育理论观点上比较相近，对教育改革和发展的方向也有共同的看法，提出一套较为完整的理论和方法体系，从而结成一个自觉的教育学派。我国基础教育改革中的"生命·实践学派"就是这种模式。

从教育学派形成所依赖资源的性质来看，有外在性创生和内源性创生两种模式。①外在性创生模式。它是指从相关学科中的学派或西方教育学派那里移植转化来的。移植的内容不仅是学派本身的理论资源，也包括该学派产生与发展的经验教训。[9]②内源性创生模式。它主要是指立足本国的教育文化传统，对当代中国基础教育改革的理论与实践进行原创性的研究所生成的教育学派。这种内源式学派的创生具有一定的原创性和艰难性，而我国教育学最缺少的就是这种根植于本土的教育学派。

从学派创生的形态上看，有理论型创生和实践型创生。而在更多的情况下，教育学派的创生路径是一种关系性创生，两者是合二为一、融为一体的。教育学学派只有教育理论，没有相应的教育实践做支撑，或者只有教育实践，没有相应的教育学说做指导，都很难称得上是一种学派，这是教育学学派与其他学科学派迥异之处，也是教育学的特殊性所在。[10]

二、教育学派创生的内部条件研究

学派的创生不是一蹴而就的，它需要一定的内部条件来做支撑。某一教育学派的创始人在学派的孕育前期，内部条件直接关涉教育学派"核"的成型，尽可能清除阻碍其内部条件发挥作用的各种因素，逐步构建和完善学派创生的内部条件的建制，可以从以下几个方面着手：

（一）具有领军人物及其相应的学术共同体

学派的形成离不开具有深邃理论素养和独特的创造性见解的学术带头人。这是教育学派产生和发展的关键条件，是学派形成的核心要素。具有一定学术思想的大师作为某一学派的创始人，该学派在不同阶段的推进者和集大成者会成为学派的代表性人物，人们主要通过不断去了解这些代表性人物的主要学术观点而理解和评价其所代表的学派。科学史表明，并不是所有优秀的科学家，甚至包括最为杰出的科学家都能建立自己的学派，这确实要取决于某些优异的个人品质。[11]有学者指出"作为学术带头人，学派领袖不仅要具备渊博的学识和敏锐的洞察力，能为本学派指明研究工作的方向，他还须具有非凡的勇气和胆略，能够以'探险家的激情'带领自己的学术团队深入到未知领域，以百折不挠和甘冒风险的精神开拓前进"[12]。

除了有代表性人物以外，还必须有一批认同者、理解者和研究者，围绕着该学派的学说、观点，形成一种研究群体，这个群体的成员既可能是同时代的，也可能是延及几个时代的，他们不仅承担着研究的任务，而且还自觉或不自觉地担负着传播学说的使命。

通过考察我们发现，有些学派的领军人物和其学术共同体具有一定的内在关联性，这种内在关联性表现在师承关系、同事关系、同学关系上。学派的这种组织模式，可以将年轻学者和前辈学者聚集在一起，然后形成一个强有力的学术纽带。青年人依靠学术大师的指引，可以比较容易掌握学科的前沿问题而尽早创新，不至于面对浩瀚的知识文献而不知所措，迷失方向。反之，前辈学者由于青年人敏锐的、活跃的、有朝气的探索精神的激发，可以延缓创造力随年龄增长而产生的衰退。学派内部形成的这种特殊的文化环境和群体规范，也会内化为学派成员的精神气质，从而潜移默化地塑造着其科学行为。有学者统计，美国 1901～1972 年的 92 位诺贝尔奖获得者中，有半数以上（48 人）人的老师也是诺贝尔奖获得者。可见，学术纽带的强弱是科学人才产生和成长的关键外在因素，而在各种学术纽带中，学派这种学术纽带也是特别强有力的。[13]

（二）具有原创性的教育理论

原创性的教育理论是教育学派创生的关键内在条件，因为某一教育学派对他人及后世的影响主要是通过他们的教育理论或思想来发挥作用的，他们的教育理论在转化或指导教育实践的过程中才能得以"正名"和传播，所以形成系统、新颖、独创、先进的教育思想或理论也是教育学派的根本性存在。它主要通过其独特的问题视域、观点，甚至独特的话语表述语境，来促进某一学派的学理性定位。

每个教育学派都是在自己的向度和层面上对教育问题给予"我"阐发的，原创性的教育理论往往意味着教育学研究主体思维方式的转型。基于教育学立场，对传统思维方式基因进行教育学式的理解和改造，是学派建设的一大要务。教育学派的发展，在一定意义上，就是它的已有思维方式传统在新情况下合乎逻辑地进一步展开和发挥。一个学派的核心思想必须是对传统理论的重大突破，或者是对一个全新领域的开拓。它为人们提供一种思考问题的新视角，使人们具有通过进一步工作而获得成功的巨大希望。有人指出，学派往往形成于该常规科学发生危机的时期，当现有的理论范式不能解释现实中大量的教育难题时，于是人们开始质疑常规科学理论范式的时效性，并逐渐对其失去信任。原有的科学共同体开始分化出不同的学派，它们作为旧范式的反对者，致力于形成一种科学新范式，这些科学学派各自提出一套新的概念、理论和方法，以求用一套更为有效、更为成熟的理论完全取代原先的理论。以赫尔巴特为代表的传统学派与以杜威为代表的实用主义学派为例，19世纪末20世纪初，资本主义进入垄断资本主义阶段，生产力迅速发展，社会变化加速，所以在教育上要培养有个性、有开拓精神的人才，要加强学校、社会的联系，要加强中等教育与职业教育等，而以传授书本知识为主的赫尔巴特学派显然不能满足此需要，于是出现了尊重儿童个性、自由和需要，重视活动教学和综合课程，强调合作和对社会的责任的进步主义教育运动，催生了以杜威为代表的实用主义学派的形成，实现了由传统教育向现代教育的根本转向。

（三）学术立场的一致性

学派发展的基本前提是学派立场的确立和坚持。"学派"之所以构成一种学派，在不同的研究者那里，遵循着相似的学术观点和立场是一个核心条件，通过考察一个学派，我们会发现有某种共同的学术思想或学说和方法作为该学派成员的基础，正是共同的学术立场才使得学派呈现出这种"形散而神不散"的特征。人们把对世界的根本看法称为世界观，在学术上也有类似的基本学术观点。这些相同或相近的学术观点，恰如一根强有力的纽带将其紧密地联系在一起，他们对学科的研究对象、基本理论、价值取向等方面有着大体一致的认识。不仅表现在对相似问题的关注，以及对同一问题在视角、概念、观点等方面的一致性，还体现在研究者有大致相同的研究传统、理论传统或大致相同的引用文献等。这种一致性不是绝对的，而是相对的，从横向的角度看，是相对于其他学派、其他学说而言的一致性；从纵向的角度看，是在学派内部，在不同的代表人物那里，其学说和观点难免会存在诸多差异，但这种差异是在该学派所坚持立场的框架内的差异，并且是从其学派创始人的问题域和研究范式内发展而来的，有内在的发展脉络和演变逻辑，可谓"万变不离其宗"。这种发展的脉络性也表明学派的形成必然有自己一以贯之的学术传统，没有建立起自己的思想史、思想传统的学说、观点，很难称得上是一种"学派"。

同一学派内部成员基本观点和共同信念有机地联系在一起，学术立场的一致性又使得学术上的讨论经常能达到一种最佳状态，"聚集"在同一信念和目标下的思想汇融，必将迸发创造性的智慧火花，从而促进学派的发展。

（四）独特的学术风格和方法

在学科的研究领域、研究方式以及研究理论等方面形成特色，从而在学术界独树一帜，产生较大的影响，这是每个学派所必须具备的内在条件。对于教育学派中的某一派别来说，除了从其成员构成、学术体制、学者自我认同等方面入手来界定其学派成员"身份"与边际，更重要的是探究其基本的学术传统与学术共享特征，以便从整体上把握该学派的研究特色与学术贡献。

方法或方法论层面的变化在任何理论整体式突破当中都是必然发生而且是率先发生的，这一变化又贯穿始终。方法论的突破是不同教育学派认识教育的视角、思想方法和思维路线的更新。它首先发生在研究者的头脑里，再渗透到研究问题的全过程，并在过程中发展、清晰和完善，最后得出的结论，不只是研究所形成的新观点，同时也成为体现方法论的载体。[14]

不同的教育学派的研究问题和方法风格是不一样的，或重归纳，或重演绎；或重定性分析，或重定量分析；等等。不同教育学派风格的形成，是研究主体自身丰富多样的精神个性和具体学科领域自身特殊规律的有机融合。同一教育学派的形成往往伴随着相似的研究路径和方法。首先，基于其研究对象的一致性，限制了对某一学科进行研究的方法范围；其次，由于学派的师承、地域关系，作为师徒或者同乡的学者群，其研究方法也可能代代相传抑或是相互影响，从而使研究方法趋于一致；最后，同一学派由于所处相近的社会、政治、经济环境和科学文化环境也决定了研究方法的相似性。[15]随着学派的发展演变，研究方法也会发生变化。教育学史上盛行于19世纪末、20世纪末的"实验教育学"学派，源于赫尔巴特学派所谓的"科学的教育学"的思想，奉行以心理学为教育学之基础的路线，从实验研究的角度来实施教育和建立教育科学理论。拉伊和梅伊曼作为德国实验教育学的创始人，他们的实验教育思想各不相同、相互补充，其各自的重点后来发展成了教室和实验室两种教育科学的实验研究方法，从而催生了"实验教育学"学派的形成，以至于后来"实验教育学"学派的成员，像霍尔、比纳和桑戴克都沿袭了实验法的传统，注重用实验方法、定量方法来进行教育科学研究。

（五）独立的研究机构及其学术刊物

每一学派都有自己的研究资源及其各自侧重的研究机构，一般来说没有各自为重的研究机构和学术刊物，无论如何是不能称之为学术流派的。以西方马克思主义中最大、最主要的一个哲学流派——法兰克福学派为例，它创立于20世纪30年代，是由一大群哲学家、社会学家、心理学家、政治学家、经济学家、法学家和文艺理论家组成的学者集团,并拥有自己的研究所和学术刊物。"法兰克福学派"通常被用来指称在法兰克福社会研究所中形成的学者集团。这个集团因创立"社会批判理论",宣扬"批判的马克思主义"和"弗洛伊德的马克思主义"而著称于世。法兰克福学派诞生的标志是1923年隶属于法兰克福大学的"社会研究所"的成立。其最初的主要设计者是魏尔、波洛克和霍克海默。魏尔同时也是该研究所的资金捐助人。由于这三个人当时都不符合法兰克福大学校方关于研究所所长所必须具备教授头衔的要求,因而魏尔首先推举了吉拉希,但吉拉希的猝死转而不得不推荐奥地利人格律恩堡作为研究所的头任所长。1928年格律恩堡退出研究所工作,1931年霍克海默继任了研究所所长的职务。在霍克海默的领导下,创立了社会哲学的"新型理论",即后来所谓的"批判理论",成为研究所发展的新方向。新创的《社会研究杂志》取代格律恩堡时期的《社会主义与工人运动史文库》,成为研究所的机关刊物。除霍克海默和波洛克之外,"法兰克福学派"第一代其他主要人物——阿多尔诺、马尔库塞、弗罗姆、基希海默等,也逐步聚集于霍克海默周围。这些都成为"法兰克福学派"开始形成的主要标志。[16]

大学、研究所、实验室是科学学派走向世界的起点,也是科学学派运行的重要基地。[17]通过对学术史上不同学科的学派考察来看,学派的形成离不开一个固定的实验场所,这样也就形成了一个方便学术研究的活动环境,可以为学派的形成和发展提供比较良好的硬件环境。像科学史上著名的哥本哈根学派,其主要活动场所也是集中在波尔研究所,这里聚集了来自世界各地的理论物理家、实验物理家,他们和研究所的领导、后勤人员都同住在一栋楼里,使他们之间的学术交流不受任何时间和形式的约束。

(六)纲领性的宣言及定期的组织讨论

与此同时,一个学派的诞生往往是与一个纲领性的宣言联系在一起的。正是有了一个具有号召力的科学研究纲领,才引起了学者们的广泛共鸣,唤起人们在这一领域继续进行探索的强烈愿望。[18]以哲学上的维也纳学派形成为例,维也纳学派是由石里克创立的维也纳小组所形成的哲学学派。1921年,石里克应聘担任了维也纳大学归纳科学哲学讲座的教授,这个讲座的第一任教授是马赫。1924年,石里克在讲座的基础上建立了一个关于经验科学的哲学问题小组,专门讨论逻辑和认识问题,这就是著名的"维也纳小组"。1929年,组拉特、卡尔纳普等共同起草了纲领性宣言《科学的世界观:维也纳小组》。这篇宣言介绍了这个小组的成员、研究方向和目标，正式宣告维也纳学派的成立。教育学史上，巴格莱等于 1983 年成立的"要素主义者促进美国教育委员会"发表的纲领，将人类文化遗产中不变的"共同要素"确定为教学内容予以讲授[19]，简称要素主义教育学派。也是以这一纲领性的宣言向世人证示其话语权的存在。

如海森堡所言"科学扎根于交流，起源于讨论"。教育研究者相互之间进行交流与讨论，可以促进教育学派的形成。学派的出现与不同学术群体的争论和抗衡及其所形成的思想张力紧密相关，它们之间的势力此消彼长，共同勾勒出人类思想史波澜壮阔的画面。一方面，自由的论争，使思想从混沌走向清晰，从混乱走向规整；另一方面，民主的讨论在归并观念的过程中使讨论者得到编排，讨论或论战的结果既造就了主要的思想类型，也造就了主要的思想者队伍。

同时，学派的发展离不开学术共同体之间公开的观点交锋与论争。例如，哲学史上以石里克为首的维也纳小组是逻辑实证主义的发源地，他们定期讨论一些哲学和科学问题，同时也讨论历史、政治和宗教等问题，维也纳小组受维特根斯坦哲学的影响较深，以至于在 1923～1924 年，他们开始把维特根斯坦的著作《逻辑哲学论》作为共同的阅读书目，并每周四晚上以聚会的形式在一起共同讨论该书的内容。根据卡尔纳普在对这段历史的自述中提到："在维也纳小组中，路德维希·维特根斯坦的著作《逻辑哲学论》中的许多章节都曾被大声地朗读和逐句地讨论过。为了理解该书内容的真正含义，我们经常需要做长时间的思考。虽有时找不到任何清楚的解释，不过我们仍然领会了不少内容并且进行了热烈的讨论。"[20]可见，一个学派的形成需要学派成员内部进行相对稳定的交流和学术讨论形式，才能不断地深化自己学派的观点，形成自己学派的特色。

三、教育学派创生的外部条件研究

对教育学派创生条件的内在理路的强调，并不意味着对学派出现的外部条件重要性的忽视和否定。在我们看来，恰恰相反，外部条件有时对于学派的出现是至关重要的，它对教育学派的孕育和生成具有潜移默化的效应，因此更应引起我们的关注与重视，教育学派形成的外部条件主要包括以下几个方面。

（一）社会历史条件方面

时代的发展是各教育理论流派产生和形成的社会历史动因。特定的社会时代背景和一定的文化环境，是教育学派产生和发展的外部基础条件。教育学派的形成离不开孕育其产生的社会背景，任何教育理论和教育思想的形成都是时代的产物，都与当时的时代特点和社会政治经济形势的巨大变化有着密切联系。在他们的教育理论里都可以明显地洞悉到时代的特征，看到教育未来发展的趋向。并且社会的发展变化为教育科学提出的要求是这些教育理论流派产生的直接动因。社会大环境为教育学派的活动与思想确立方向，提出任务、需求，又为教育学派的活动与思想提供对象、条件、可能，决定其活动与思想的内容与特点。[21]教育学派的诞生、发展、繁荣也深深地打上了社会的烙印。到近代，19 世纪末 20 世纪初，资本主义进入垄断资本主义阶段，生产力迅速发展，社会变化加速，所以在教育上要培养有个性、有开拓精神的人才，要加强学校、社会的联系，要加强中等教育与职业教育等，而以传授书本知识为主的赫尔巴特学派显然不能满足此需要，于是出现了儿童研究运动、新教育运动、进步主义教育运动，涌现了雷迪、蒙台梭利、杜威、德可乐利等为代表的教育学派，他们的共同点是尊重儿童个性、自由和需要，重视活动教学和综合课程，强调合作和对社会的责任。第二次世界大战后，新的科学技术革命，引发了社会、经济的巨变，对高级人才的需求和人才竞争成为时代的主旋律，充分开发人的智力，提高教育质量成为教育发展新需要，于是出现了形形色色的教育学派，诸如要素主义教育学派、永恒主义教育学派、新行为主义教育学派、结构主义教育学派等。某一学派在某一历史时刻的"得势"，却完全可能导致它在另一历史时段的"失势"，各领风骚若干年，既是学派本身的宿命，也是人类学术思想史发展的"大幸"，只有新的学派不断涌现，人类思想才会不断地获得更为丰富、多元的发展。因此，正如有人指出学派的产生是适应社会变化的产物，也会随着社会发展走向成熟、衰微或者消亡。[22]

（二）地域空间的接近性

空间的接近性，是教育学派形成的一个有利条件，所处的地理区域和文化环境的不同，会导致不同的学术见解，形成不同的学派。另外，空间的接近，使学术交流十分方便、快捷，相同的地域往往具有相同的文化背景，同乡人在心理上便具有某种认同感，在学术观点、思维方式上也容易取得一致。[23]在中外学术史上，以地域相称的学派不在少数。原子物理学领域著名的哥本哈根学派因其学术中心在哥本哈根大学的波尔实验室而得名。虽然上述学派的主要贡献不在于教育，但是教育学派的地域性也能由此推而得之。同一地域文化的同质性及其空间环境的熏陶对造就一个学派的形成也具有潜移默化的"遗传"效应，比如，以杜威为代表的实用主义教育学派，其教育思想主要来源于实用主义，而实用主义教育思想的发源地是哥伦比亚大学，该大学聚集了一大批教育家，不论是同时代的或是隔代的杜氏门徒诸如桑戴克、孟禄、胡适、陶行知、蒋梦麟等，不管他们在思考教育问题的方式、研究教育问题的方法，还是在解决教育问题的途径等方面都能看到杜威教育思想的浸润。

（三）自由、规范的学术环境

学术自由就是学术本性的必然性和学术的自我规定性，是以学术为志业的人的自我负责的意志。

教育学派之所以被学术共同体所重视，在许多学科那里出现了"学科史就是学派史"的局面，其深层原因在于"学派"背后的假设：有关对认识对象的知识及其理解具有多重可能性。一个学派代表了一种科学和真理的可能性道路。而支撑这种假设背后的是三种精神：科学的精神、自由和宽容的精神、独立的精神。质言之，是追求真理，为真理而真理的精神。杜威于 1902 年在《儿童与课程》一书中，曾从教育学派纷争谈起。他提到"理论上的深刻分歧，从来不是无缘无故和虚构的"，"这些分歧是从一个真正的问题的各种相互冲突的因素当中产生的，一个问题之所以是真正的，是因为这些因素按照实际来看是相互冲突的"[24]。于是，许多派别产生了，各种不同意见的学派出现了。"各个学派都挑选能迎合自己的一系列因素，然后把它们上升为完全的和独立的真理，而不是把它们看作一个问题的并需要加以校正的一个因素。"[25]教育学派的创生，体现了人类理性的自由，理性自由的表达需要社会为其提供适宜的文化环境，这种文化环境意味着政治民主和学术自由。它倡导容纳不同的学术观点，以保证科学思想的自由。在这种独特的学术生态下，教育问题是通过研究者之间的自由探讨来解决的，而不是简单地诉诸行政手段。在科学发展史上，由于缺乏学术自由，一种新思想、新理论从开始萌芽到最后被人们所接受，通常要经过极其漫长的历程和极其艰苦的斗争，而学派所倡导的本质意义就在于它明确地展示了人类理性中异质部分的东西拥有自由表达的权力，它昭示着人们精神的根本追求。它基本的要求是给予每个人自由地去对正统的学说和教条表示怀疑和改造创新的权利。

规范的学术环境有利于教育学派的创生，它需要学术界形成一种诚实引证的风气。一个普遍缺乏文献引证注释的学术环境，不利于科学共同体的发展，文献引证不仅可以起到交代学术史的作用，还有利于明确研究成果的归属权，这是对他人劳动成果的尊重与肯定，同时表明自己的创新所在，找到自己的研究在学术文献中的定位点，以便于学术的创新和学者的成长，同时对学派的开创和发展都有重要的意义和价值。另外，教育学概念的精确化也是学术环境规范的一个重要表征，在讨论教育学问题时，如果把日常用语当作教育学概念来表述，难免会引起很多误解，不利于教育学派的创建。

（四）经济方面的支撑

某一学派的形成基地建设一般都是附属在大学里面的一些研究机构当中，这样既可以节省一定的组建成本，也有利于人才的流动。通过学派发展史的考察，不论哪种形式的学派联盟，都离不开有关部门和单位提供物质和组织上的支持。学派在创立之初，大多依托于实验室、大学或研究所，这些研究机构的创办与运行需要足够的物力、财力、人力。这其中的仪器设备、活动基地的建立、研究项目的资金等是与包括政府、企业、个人在内的全社会各方面的大力支持密不可分的。当这些条件无法得到满足时，各种科学活动，包括科学学派的发展将无法得到保证。[26]

科学史表明，近代历史上第一个科学学派——李比希学派之所以能够形成，从物质条件上说，首先是因为政府投资创办了吉森实验室，由此才使李比希有了用武之地。[27]自然科学上哥本哈根学派的创立，之所以能够被誉为"物理学界的麦加"也是与得到社会各方面的支持分不开的。当时的丹麦由于受到第一次世界大战的影响，经济十分萧条，政府在面临巨大财政赤字的情况下对波尔创立理论物理研究所鼎力相助，波尔在创建理论物理研究所时，在购买用的地皮方面，市政当局一次又一次地给予优待。[28]这些都为哥本哈根学派以后所取得的成就打下了坚实的物质基础。

（五）制度方面的支持

教育学派的确立和创生，不仅需要参与者的热情（只在理论层面上达到自身建设和发展的成熟水平是不够的），而且还需要有相应的制度安排与制度建设。因为制度是连接理论与实践最为有效的途径。[29]这里的"制度"，不是指有可能对教育学科产生影响的政治、经济和法律等外部制度性因素，而是指教育学派自身形成和发展中的"制度"与"制度化"问题，它是促使教育学派形成和发展的必要性条件，包括与学派创生有关的规范、人员、机构、工具等一些基本要素，它是在学派形成、学派活动中所遵循的一系列或一套行为规则与行为模式，这些规则和模式是普遍的和相对稳定的。[30]制度支持的功能在于，一方面，使教育学派"合法化"，纳入到教育学科和人类学科体系之中；另一方面，有利于形成固定有效的教育学派知识生产链和连续的知识生产链。[31]在这个意义上说，制度将保障某一教育学派所繁衍出来的原创性的教育理论和教育实践得以焕发出来，缺少足够及时的制度，一种具有创造性的教育理论有可能在残缺不全的学科制度里被肢解得支离破碎。

（六）相关学科学派提供的外部资源

相关学科学派的发展及成长史，无疑会对教育学派的创生提供不可多得的宝贵经验。教育学派的创生离不开原创性的教育思想和理论，它主要表现为其独特的问题视域、观点和方法，甚至独特的话语表述语境，但是这种"独特性"并不意味着自我封闭，它需要以开放兼容的心态去尽可能利用其他学派可以利用的理论资源，这种利用不是简单的移植、套用的过程，而是一个极具复杂性的整合过程。任何一种学派的形成与发展都离不开与其他学派的"对垒""论战"，其中，汲取其他学派的理论资源是发展本学派的重要途径，但是这种"汲取"不是无立场的汲取，更不是无条件的"融合"，更不会把这种外来资源作为"根基性资源"。而是立足于本学派的立场，从其他学派的观点那里受到启发，然后在自己理论的架构语境内发生转化，进一步更新和扩展自己的言说方式或概念体系，借助这种方式来使自己学派的理论得以提升，实现本学派理论资源的再生产与扩大再生产。创立学派本身不是目的，而是为了学术的进步与繁荣，也不是一种对外来教育思潮的追逐，更不是一种在传统结构的框架内的修饰和完善，而是适应新的时代发展要求，出现的一种内生性的基质转换，是一种新的结构性转换。[32]

四、当前我国教育学派创生条件的考量

我国教育学已经相对成熟，初步摆脱了"政治解释学"的阴影，获得了相对独立的话语权，这为中国教育学派的创生提供了一个宽松的学术环境。教育学派创生条件的理性审查意义在于为我国教育学的健康发展提供事实依据以及自觉性反思，从而为发展和完善我国教育学派寻求可能性路径。

（一）我国已经初步具备教育学派创生的条件及其表现

通过对目前我国教育学派的相关考察，不难发现我国已经初步具备创生教育学派的条件，主要表现在以下两个方面。

1. 内部条件方面

当前，我国教育学研究主体的学派意识已经开始萌芽，一些有使命感的学术带头人用自己的实际行动通过组建学派共同体、构建原创性的教育理论、确立学派立场以及成立自己学派的研究基地，并在此基础上形成了自己学派的学术风格和方法，来拓展符合我国教育现状的原创性学派。在这一点上，以叶澜教授为主体的"生命·实践"教育学派为学界提供了一个出色的范例。"生命·实践"教育学派以"新基础教育"实验为载体，分别以"回望""立场""基因""命脉"为主题，在叶澜教授的带领下华东师范大学课题组于 1999 年走进上海市闵行区基础教育领域，不断对学派自身理论基础进行论证和建构，逐步探索出了一条独特的适合中国教育国情的当代学校变革之路。从 2007 年到 2009 年，广西师范大学出版社先后分四辑出版了叶澜教授主编的"'生命·实践'教育学论丛"[33]。它是在教育学领域内，首次以推进中国教育学研究、创建富有中国特质的教育学派为宗旨的学术性论丛。[34]

2. 外部条件方面

我国正处在社会转型期，教育应该如何正确发挥它的功能来平衡人的发展与社会发展之间的关系显得尤为重要，而教育功能的发挥离不开基于不同理论背景的教育学派的推动，这为我国创生自己的教育学派提供了特定的社会历史条件。从宏观上来看，我国目前的教育学研究已经初步摆脱了政治的约束，拥有了一个宽松的学术争鸣环境，这都为我国教育学派的创生提供了一个大的时代背景。国外教育学派的移植借鉴为我们发展完善自身的教育学派提供了良好的外部资源条件，开阔了学界人士的视野，通过考察国外相关学科学派的成长发展史，为我们自身教育学派的建构提供了可资借鉴的经验。同时，悠久的历史和具有特色的文化为我们在教育学领域中创建中国教育学派供了不可多得的文化资源。中国传统教育思想是中国教育的骨架和经络，我们应在深入了解中国教育现实生活的基础上，从传统中挖掘有价值的教育思想，构建我国教育学话语体系，形成具有中国特色的教育学范式，从而创建我们自己的教育学派。

（二）我国教育学派创生条件缺失的表现

虽然我国已经初步具备了教育学派的创生条件，但是这些条件还不成熟，同时在某些条件建制方面还存在着不足或缺位，这都不利于中国特色教育学派的构建，它主要表现在以下几个方面。

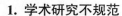

1. 学术研究不规范

学术研究不规范，不利于教育学派的创生。学术界形成一个规范、正确、诚实引证的学术风气，是学派创生的一个重要条件。然而在当前的教育学术界，还存在学术不规范的现象。例如，在我们的学术共同体中，还有相当一些学者规范意识淡薄，学术论著的注释与索引不规范的现象相当严重。[35]最常见的一稿多投的重复发表都是不规范的行为。有学者指出我国教育界在文献引证注释上存在如下问题：有意不作注、少作注、随意作注、不规范作注和恶意回避不作注，以及无关引证、过度引证、以讹传讹转引等[36]。

2. 学术争鸣水平不高

目前，我国学术界包括教育理论界还没有形成真正的学术争鸣氛围，学者们既不善于进行学术批评，也不善于对待学术批判。[37]我国教育学学术争鸣低主要表现在两个方面：一是许多争鸣缺乏起码的学术宽容精神，争鸣中不时出现意气用事、情绪化，甚至人身攻击等情形，缺乏真正平等的理性宽容态度；二是争鸣者常常不自觉地以政治意识形态标准来判断学术理论本身的是非，从而将学术问题演变成政治问题，将学术见解上的分歧变成政治原则上的分歧，从而为真正的学术研究和学术争鸣设置了巨大的政治障碍。[38]有人指出，中国的学术研究常常是有门派无学派，有意气门户之争却无学术创见之争，由于出自相同的门庭，大家互相提携，互相关照，即便是学术上出现严重的偏差，也因为是自己一个门下的师兄弟妹而互相包含着……有时在同一所大学会有好几个这样的门户和山头，门户之间或山头之间，以门派的盟主为头，以门生为伍，他们之间复杂、微妙地相处着，有时是公开出来叫板，互相形成隔阂。师从此门派的，不可向另一门派求教，否则就有判弃师门的嫌疑……这样的意气之争代替了真正学术上的探讨。[39]这种错误地把门派之争当成学派争鸣，学术研究演化成党同伐异的"军阀混战"、门户义气之争，失去了学术研究的真正目的、败坏了教育学的学风。[40]

3. 制度安排的缺失

制度在一定程度和范围内可以为学派的创生提供保障。目前，在我国教育学派建设过程中，还没有上升到如何构建教育学派创生的制度这个层面，只是有少数的学者开始关注这个问题，也提出了一些具有建设性的看法，但是目前没有形成相关学派交流、学派研究以及学派交流的相关机制。教育学派的形成虽不单单取决于制度本身，但就目前我国教育学派的建设现状来看，在制度方面还需要完善。

（三）发展和完善我国教育学派创生条件的可能性路径

1. 完善学术规范

教育学研究中的学术规范不仅可以为我国教育学派的创生提供外在制约，同时它也是教育学术创新成果得以保障的客观前提。一个小小的文献引证问题就和创学派有关系，足以可见学术规范和创学派的密切关系。有学者指出：学界期盼着"中国教育学学派的创生"，如果没有教育学的规范化，这种期盼只能是一种奢望。[41]我国教育学学术规范建设的途径可以从学术形式规范、学术内容规范以及学术规范制度化几个方面着手。同时，还要加强学术监督，建议学术期刊定期不定期地发表"读者来信"，揭露和批评自己刊物中的学术失范现象，并要求被批评者做出解释和交代，开辟专门的栏目类似"学术失范曝光台"来批评学术失范现象等。[42]

2. "和而不同"的学术环境

法国哲学家库辛有句名言："批判是科学的生命。"意即学术批评（批判）也是学术的生命。[43]学术自由是学术繁荣的根本保证，限制或者压制学术自由，只会造成学术界死气沉沉的被动局面。彭加勒曾说："强求一律就是死亡，因为它对一切进步都是一扇紧闭着的大门；而且所有的强制都是毫无成果的和令人憎恶的。"[44]教育学派是在不同的学术观点争鸣中孕育出来的，然而争鸣并不意味着批评。真正的学派之争可能更接近于孔子所说的"君子和而不同"的境界。它是一种科学的态度，以求真为志趣，它既有革故的破坏性功能，更有鼎新的建设性功能。同样，教育学派的形成离不开宽容的学术批评意识，更离不开正确的学术批评方式，真正的学术批评不是只破不立以批倒对方为最终目的，而是既破又立，在批评中建构新的观点，蕴含着建设性和创造性。

3. 合理的制度安排

教育学派的制度化可以为中国教育学派向西方教育学界和相关学科学术领域的传播和扩展创造条件。为了促进教育学派的发展及其"合法化"，我国教育学派的制度安排可以从以下几个方面着手。

其一，学派知识传播的制度安排。学派制度支持的一个具体方面是将学派置入现代学校教育制度当中，设立以某一教育学派为核心编制的课程与教材，在一定的程度和范围内以政策的形式，鼓励并促使这些具有鲜明学派色彩的课程，进入大学或者中小学课程体系。[45]

其二，学派研究的制度安排。创设以生产新的学派理论为主旨的制度性场所或科研机构，如以学派来命名的实验室和教育研究所；创办具有鲜明特色的学派性教育学术杂志，在教育类的核心期刊上开辟学派研究专栏，将某一教育学派的最新理论观点、学术成果诉诸百科全书、专著、论文集、教材等出版，来展示学派的风貌，尽可能在教育部或省级直属师范院校的教育类图书馆设立学派性的图书收藏制度，提供学派性的专类书架；制定将原创性、本土性和民族性置为核心评价标准的学派研究成果评价体系，以此为基础来确立相应的激励机制。

其三，学派交流的制度安排。某一教育学派要想在教育学科体系中获得其"合法性"地位，除了依靠自身的知识理论创新和结构以外，还需要建立学派内以及学派间的学术交流沟通机制。基于此，可能的制度安排包括：寻找当前教育理论或实践领域的热点难点问题，定期和不定期地举行学术研讨会，学派成员报告自己最近的研究动态，加强彼此的了解，便于及时掌握教育发展的新方向；鼓励本国教育学派、西方教育学派以及相关学科的学派研究者之间进行建设性的对话，从而促进不同学派之间的交锋，便于不同学派之间展开合作性研究；在具有影响力的教育学术杂志、文摘杂志、报刊和大众网站上通过开设学派专栏的形式尽可能快地将本学派最新的学说观点得以呈现。

4. 处理好学派"移植"与"本土"的关系

国外相关教育学派为我国教育学派的创生提供了良好的外部资源。对国外教育理论与学派的移植创新性研究为我国教育学派的创生提供了开阔的视野和可以借鉴的参照。这种移植借鉴暗含着它是以本国教育学术传统为纽带，使其建立在现代学术传统雄厚基石上的。教育传统所具有的基质性特征在教育学派的建设中发挥着隐蔽的作用，在对他者教育理论本土化历程的管窥中折射出本土教育理论的不同性格。[46]中国教育学派的建立，它是与现代学术传统的弘扬、现代学术精神的培育内在统一的，离开教育学术赖以存在的现代学术传统这一大背景，忽视学术史的关照，其结果只能导致学派理念的空洞。[47]中国教育学派概念的提出，显示出了中国教育学者的民族和本土性意识。这里的"中国"不仅仅是一个地域概念，更是一个文化概念。它意味着这是一个扎根于传统和当下中国教育文化的学派，是相对于西方文化孕育出的西方教育学学派而言的。它是由中国的教育理论和实践传统、当代教育与实践活动滋养出来的独特性的存在。[48]换言之，我国教育学派形成的根基只能扎根于中国本土的教育生活，我们不可能在中国的教育生活世界之外搬用一套国外教育话语来构建我们自己的教育学派。从教育学术史的积淀中理性地汲取养分，寻找自身学派的历史定位，使得教育学派的思考成为从不同的立场和视角、站在现实和过去的根基上、面向未来的思考。

5. 学派创生需要宽容、支持的态度

宽容是教育学派形成的外在前提条件，它应该贯穿我国教育学派创生的整个过程之中。本文的宽容是相对来说的，宽容不等于放任。之所以说学派的生成需要宽容的态度，是因为不管以何种面目出现的一种学派，由于其特殊的研究方法及侧重领域的限制，它无法单枪匹马地抵达学问的至真至善的境界，每一具体的学派都先天地含有褊狭性。[49]对于学派这种"先天性不足"，宽容的态度是必不可少的。另外，我国教育学正处在学派生成发展的关键期，给学派一定的外部生成空间就显得尤为重要，对学派的宽容、支持主要表现在以下两个方面。

其一，学派判断标准上的宽容。对学派判断标准上的宽容，并不意味着学派的生成没有一定的标准来衡量。对一个学派的判断通常是从其学术创新和社会影响这两个方面来考察的，一个学派要想获得学界同仁的认可，除了具有原创性的学说理论，还要生产出具有广泛社会影响力的研究成果。由于学派本身是有所"偏颇"的，不同学派在问题域上也是有所侧重的。不论其是在理论层面上还是在方法论层面上，每一个学派都有自己独特的视域。评判一个学派既要求它在理论观点上创新又要求在方法上创新，甚至要求一个理论学派还要达到理论创新上的全面性，这些都不利于学派的生成，如果即全面又深刻，就无学派可言，它就会成为学术共同体所广为接受的"常规科学"了。

其二，学术批评上的宽容。人类智识视域的局限性、认识对象的复杂多样性，使得人们对客观事物认识的偶然性总会从不同的角度或方向去把握，得出不同的观点学说，解释和表征这种理性认识成果的多重流派本身就具有了合理性。诚如席勒所言，每一学派都是特异性的子嗣，基于这种异质多样性，不同学派间的学术争鸣和学术批评成为它的应有之义。目前，我国学术界尚未形成真正的学术争鸣氛围，宽容地进行学术批评和宽容地对待学术批评都有利于我国教育学派的创生，学术批评应该本着只对真理负责的态度，对学派领袖或学术权威袒护而有意贬低论敌的学术是不可取的。

参 考 文 献

[1]沈小碚, 王天平, 张东. 对中国课程与教学论流派构建的审思[J]. 西南大学学报(社会科学版), 2010(1).

[2][3][15][23]倪波，纪红. 论学派[J]. 南京社会科学，1995（11）.

[4]莫少群. 科学学派的历史形态探析[J]. 科学学研究，2001（4）.

[5][9][10][30][45][48]李政涛. 论中国教育学学派创生的意义及其基本路径[J]. 教育研究，
　　2004（1）.

[6]《哲学大辞典·中国哲学史卷》编辑委员会. 哲学大辞典·马克思主义哲学卷[M]. 上海辞书
　　出版社，1990.

[7][21]李江源. 论教育学派[J]. 社会科学战线（教育学研究），1999（4）.

[8]艺衡. 学派的天空——人类文明史上的思想群落[M]. 广西师范大学出版社，2009.

[11][12]吴致远，梁国钊. 科学学派领袖素质研究[J]. 科学管理研究，2004（6）.

[13]刘大椿. 科学活动论[M]. 人民出版社，1985.

[14]叶澜. "生命·实践"教育学论丛·第二辑·立场[M]. 广西师范大学出版社，2008.

[16]郑杭生，魏金声. 现代西方哲学主要流派[M]. 中国人民大学出版社，1988.

[17][26]夏青. 科学学派的成长机制与发展策略研究[D]. 天津大学，2007.

[18]吴致远. 科学学派的本质特征析说[J]. 科学管理研究，2003（5）.

[19]李欣复，祝亚峰. 论教育学派的建设及其意义[J]. 当代教育论坛，2005（3）.

[20]卡尔纳普. 卡尔纳普思想自述[M]. 陈晓山，涂敏译. 上海译文出版社，1985.

[22]王昕红. 学科发展中学派的功能与生成路径[J]. 中国高教研究，2007（9）.

[24][25]杜威. 儿童与课程[M]. 人民教育出版社，1994.

[27]吴致远. 自然科学发展中的学派现象透析[D]. 广西大学，2003.

[28]李轮. 试论科学学派的社会运行[J]. 科学学研究，1999（1）.

[29]靖国平. 从"学科立场"到"学派立场"——论中国教育学的学派意识及其实践路向[J]. 高
　　等教育研究，2006（1）.

[31]李政涛. 教育学科发展中的"制度"与"制度化"问题[J]. 华东师范大学学报（教科版），
　　2001（3）.

[32]原永新. 教育理论的学派归宿——从形态学的角度[D]. 陕西师范大学，2006.

[33]阮成武. "生命·实践"教育学派的课程篇章——评叶澜教授主编的《教育学原理》[J]. 教
　　育研究，2008（11）.

[34]叶澜. "生命·实践"教育学论丛·第三辑·基因[M]. 广西师范大学出版社，2009.

[35][36][42]杨昌勇. 学术论著注释和索引的规范与功能[J]. 中国社会科学，2002（2）.

[37]易连云，杨昌勇. 论中国教育学学派的创生[J]. 教育研究，2003（4）.

[38]黄维. 教育学学派：中国教育研究的优化模型[J]. 现代大学教育，2005（1）.

[39]许锡良. 门派与学派 [EB/OL]. http://epc.swu.edu.cn/article.php?aid=3277&rid=4[2010-9-16].

[40]孙振东. 当前我国教育学建设中的若干方法论问题[J]. 教育学报，2005（5）.

[41]朱旭东. 教育学视野中的学术规范[J]. 北京大学教育评论，2005（2）.

[43][44]李醒民. 为学术发展营造良好的氛围[J]. 学术界，2000（3）.

[46]李姗姗. 他者教育理论本土化问题研究[D]. 东北师范大学，2010.

[47]宋兵波. 现代学术传统与中国教育学研究[J]. 教育学报，2007（3）.

[49]黎君. "创学派"与"真学问"之学理考[J]. 上海教育科研，1999（1）.

罗蒂新实用主义对我国教育研究的启示①

欧阳建新

（西南大学教育学部　重庆　400715）

摘要： 科学理性主义长期以来盘踞在我国教育研究领域，至今我国教育研究仍旧存在主客二分思维方式的痕迹。罗蒂新实用主义通过弱化自然科学至高无上的地位，探寻到了事实和价值并存于教育研究中的合理点，它表明教育研究并非"价值无涉"，而是研究者自身拥有"主观性"的一种价值负载活动。一直以来，教育研究不停地寻找更加合理的研究范式。受到罗蒂新实用主义的启示，教育研究逐渐转变传统本质主义知识论立场，构建以实践为导向的研究范式。罗蒂将关怀对象转向幸福和个人感受，拓展了教育研究范式视域。以幸福和幸福感作为教育研究的切入点，重新审视教育研究中人的价值，是对个体生命的新解读，是向教育研究终极目标的再靠近。在 20 世纪哲学的场景中，"语言转向"改变了教育研究对语言"漠视"的现象，语言真正在自觉意义上走进了教育研究的视野。罗蒂提出了语言偶然性，为创建不同语言共生的氛围，以及他者语言进入到本土提供了可能性。总之，罗蒂注重实践与未来的理论精神，为教育研究的发展展现了一个无限的可能性。

关键词： 罗蒂新实用主义；主客二分；教育研究范式；偶然性语言

一、罗蒂新实用主义消解主客二分对我国教育研究影响的启示

主客二分思维方式是近代西方哲学的产物，它主要表现为认识论上主体和客

---

① 本文系第四批重庆市研究生教育优质课程建设项目"教育基本理论专题研究"（项目批准号：渝教研[2015]10 号）的阶段性成果。

体、主观和客观的对立。由于我国教育研究学科建立的特殊性，这种主客二分思维方式在学科建立初期，曾起到过一定的积极作用，但随着这种思想的僵化应用，其弊端也日趋明显。罗蒂认为，镜式哲学中的符合论将客观性看作是知识的再现，是形而上学的。罗蒂对传统镜式哲学的批判，对消解我国教育研究中主客二分思维方式有着启示性价值。

（一）西方主客二分思维方式的源起

主客二分思维方式不是从来就有的，而是历史形成的。人的主体意识的确经历了一个由自发到自觉、由朦胧到清晰的过程。巴门尼德第一次在哲学史上把世界区分为现象和本质两个部分，并且极力推崇逻各斯精神。近代培根与笛卡儿关于主体客体关系的争论，以及后来康德提出的"物自体与现象"理论，奠定了二元论的思维方式在西方传统哲学中的基石地位。可以说，从古希腊时期的柏拉图到现代的黑格尔，"世界二重化"（也可以称为"二元论"）原则始终贯穿于整个西方哲学史。无论是观念论还是经验论，在主体客体二者分离这一点上都是一致的。

主客二分在世界观上是科学主义的。笛卡儿根据自然科学实验结果，发现人的肉体如同机械一般有着固定的、有规律的运动。洛克、孔德、马赫、卡尔纳普等都站在这种机械观之上，并形成了一系列研究原则。对主客二分思维方式进行重构的是马克思主义哲学，在它以前的哲学，缺乏认识实践的知识和工具，忽视实践对主体和客体的关系，主观和客观的认识都局限于形而上学意义上。马克思主义哲学诞生后，将实践融入主体和客体本身及其关系上，提出在实践中把握主体客体之间的关系，这为解读二者的关系提供了新的视角。

任何新事物的出现都伴随着质疑和批判，主客二分思维方式忽视与客体间的联系和相互转化使得它从出现初期就一直被诟病。从西方哲学发展的历史过程和逻辑进程来看，它是建立在理性的产生以及对理性中主客对立矛盾的不断调和之上的，由此也可以判定主客之间的对立的调和是现代哲学的一个发展趋势，主客二分思维方式必将走向式微。

（二）教育研究遭遇主客二分思维方式的表现

主客二分思维方式影响教育研究的历史很长，我国教育研究学科建立在哲学基石之上，又深受马克思主义理论的影响。在学科理论发展过程中也经历过机械、教条的阶段。在这个阶段，主客二分思维被僵化的方式与我国教育研究相结合。

1. 教育研究过分推崇客观规律，忽视主观因素

教育研究的研究对象总是离不开人和人所产生的活动，从教育学学科角度来分析的话，教育研究是对广义教育领域内教育现象的分析、教育问题的解决，最后以达到指导实践的目的。从表 1 可以看出，我国在很长的时期内都认为追求客观规律是教育研究的题中之意，教育学对象的界定从人到教育现象、教育问题和教育规律的转变，最后基本上都统一为对教育规律的揭示。这是因为研究者潜意识里认为，只有揭示了普适性的规律才能指导实践，这种想法是符合马克思主义辩证法的，但是对于规律的理解，却体现了鲜明的主客二分思想色彩。站在历史的角度分析这些观点，并不能说这些解释不正确，然而他们将研究对象与客观规律僵化地等同起来，用一种线性的必然联系来描述，这是西方哲学机械照搬我国教育研究的遗留问题，带有明显的主客二分的烙印。

表 1　教育学教材中教育学对象的界定

年份	代表性教材	对象
1950	凯洛夫的《教育学》	青年一代的教育
1959	华东师范大学、上海师范学院的《教育学讲义》	年轻一代进行的社会主义和共产主义教育的规律
1979	上海师范大学的《教育学》讨论稿	教育现象及其规律
1984	大河内一男等的《教育学的理论问题》	教育问题
1989	王道俊、王汉澜的《教育学》	教育现象和教育问题，揭示教育规律
2002	柳海民的《现代教育学原理》	人类教育现象，揭示教育规律的一门科学

以 1979 年首期《教育研究》发表的《根据实践是检验真理的唯一标准，探讨教育工作中的规律》和《三十年来我国对教育规律的探索》为契机，教育规律逐渐成为教育研究的重点问题。以教育规律为关键字进行 CNKI 精确检索，可以发现 1978～2013 年，关于教育规律的文章共有 5170 篇，并且有继续增多的趋势。除论文以外，还有其他专著也热衷于教育规律的研究。顾明远主编的《教育大辞典》，以及扈中平、劳凯声等都对教育规律的含义做了详细的阐述。

教育研究对客观规律的推崇表征了哲学中主客二元划分对教育研究的影响，这种主客二分思维方式虽然存在一定的价值，但也把主体和客体置于一种彼此外在、互相封闭、各自独立的对立系统中。这种二元分裂、重此轻彼的表

现，其实是站在以自然科学为标准的一个基本立场之上的，忽视了教育研究作为人文社会科学其研究对象所具有的独特性。作为对象性活动，教育研究所指向的客体必定是在活动系统中同主体相关联的，然而其对象并非必然是客观的。教育学研究对象是教育现象、教育规律这一说法已经得到普遍认可，但该说法却忽视了教育研究中的主观能动性，这样的解释实质是将客体视为独立于主体的存在。客体从主体中分离使得教育研究出现理论与实践脱节的现象，当教育研究结果不能完全符合研究主体所作出的承诺时，其最终的研究成果也无法为解决现实问题提出佐证。

2. 教育研究存在"价值无涉"的研究理念

事实与价值的关系是哲学史上一个永恒的主题，摩尔、罗尔斯、哈贝马斯、普特南等哲学家都曾对事实和价值关系进行了尝试性解答，但至今仍无一个标准答案。在人文社会研究追求科学化过程中，选择价值介入与否始终是充满争议的两难问题。一方面，站在事实判断角度来看，遵循经典自然科学研究原则，研究必须在价值中立的立场上进行事实判断，回避价值问题；另一方面，自然科学原则并不适用于所有的社会科学研究，人文社会科学研究的对象总是包含着价值成分，研究中的价值介入难以避免。

同样，作为社会研究的一部分，解答事实与价值的关系是教育学追求科学化不可规避的一个问题。教育研究中关于事实与价值的讨论也从未中断过，坚持"价值无涉"的研究者认为只有研究者在研究的过程中，抛弃自身价值观对研究的影响，才可以对教育现象有科学、客观的认识，才能探寻到教育现象的规律、特点或本质。教育研究中所谓的"悬置"正是将价值与事实分离的典型代表，它要求研究主体将所有主观成分与非纯意识知识都"悬置"，存而不论，主体应该公正、无偏私地处理客体，对客体以外的一切存在都不予以判断。

然而，在教育研究过程中"价值无涉"绝对是虚化的境界，研究者必然在一定的价值驱使下从事教育研究。在从事教育研究的整个过程中，从问题的确立到研究结果的呈现，研究者并非只是具有单纯理性思维的机器，而是始终秉持着某种价值观念，这种价值观指导研究者选择研究对象、研究方法等。

（三）罗蒂新实用主义克服我国教育研究中主客二分的方法

罗蒂在《哲学与自然之镜》中明确指出，他的目的在于摧毁读者对"心"和"知识"的信任。他认为以柏拉图、康德为代表的哲学都属于"镜像论"。这种镜像哲学把人心看成是一面照耀万物的镜子，并把这种镜子看成是人之本质，人依据这种镜式本质去反映事物的本质。在他看来，事物并不存在内在本性、本质一类的东西，也根本不会有像一个与某物的实际存在方式相符合的描述这样的东西。罗蒂反对传统形而上学，从他对传统镜式哲学的批判中，可以发掘消解主客二元思维方式的启示。

1. 一致协同性取代客观性——粉碎主客二元分立的根本

罗蒂的新实用主义是英美哲学与欧洲大陆哲学相融合的流派，它盛开在经典实用主义之上，又受到解释学的影响。罗蒂认为，树和星星脱离了我们关于它们的描述之后，它们的确定性的本质就会被解构。他通过这样的例子认为判定在主体借助于语言再现或表象认识客体的问题时，认识主体和认识客体的区分是不成立的。罗蒂所提倡的协同性是建立在主体间性的基础上的，他认为认识和真理只有在多主体间才能被确定下来的，这也是罗蒂认识论行为主义的核心。罗蒂对客观性的消解并非完全否认客观性，而是用作主体间性的客观性取代作为准确表象的客观性。建立在推翻传统镜式哲学之后的无镜哲学，其中人的认识目的不是准确再现客观实在，而是创造社会不同成员之间的协同一致性。

20 世纪 90 年代，罗蒂新实用主义作为一种新的哲学思潮逐渐走进我国教育研究者的视野。我国对教育规律的理解自 1996 年之后开始偏向另外一种取向，学者们开始认识到教育规律并非是客观的、确定的，还应该包容偶然性、不确定性、自为性、应然性、方向性等特点。[1]这种观点虽然也在追求本质，但是看到了主体对客体的需求，消解了本质的确定性。事物的本质并非一成不变，主体在实践中，会根据其需求来体现客体不同的本质。劳凯声在题为"教育学前沿问题"的学术报告中提出"教育学领域没有规律，有的只是趋势"的观点，这与他在《教育学同步练习册》中把教育学定义为一种带有"比较稳定的规律性的联系"的观点相悖。笔者以为，劳凯声这里所谓的"没有规律"如同罗蒂一般，并非无视教育研究中的规律性联系，而是看到规律不再只是客观的、确定的另一面。可见，随着不同的思潮涌进我国教育研究领域，许多学者的思想是不断变化的。上述劳凯声所谓"教育无规律"思想与罗蒂新实用主义中消解客观性的观点不谋而合，都消解了本质规律的唯一确定性。

2. 弱化科学合理性——拒绝"价值无涉"将事实与价值相融合

西方传统哲学追求一种机械的程序，把服从科学认识视为合理性的存在。罗蒂认为，"事实与价值之分源于主体与客体之分，且像后者一样危险"[2]，事实与价值二分崩溃的主要方法在于弱化科学合理性。罗蒂的哲学思想主张否定自然科学独一无二的地位，因为自然科学规律不等同于"客观真理"，而且"客观真理"与"主观认识"之间并不存在二元对立，科学活动与非科学活动之间并不存在明确的分界线，科学只是人类文化中的一个种类，它同其他文化部门的地位是平等的，都处于"统一认识论水平上"[3]。弱化科学的划分界限，应该明确自然科学的研究原则并非是凌驾于其他研究原则之上的。价值原则和价值决定都是教育研究不可分割的一部分，价值偏好决定理论的选择，而且价值必然影响研究方法的选择、证据标准的阐明以及结果的解释和评估。研究结果的传播和对科学误差的控制也要求价值判断，所有这些价值的思考构成了教育研究的价值基础。

教育是人设计、参与并推动的过程，教育研究情境的创设也离不开人的参与，因而教育研究兼具有历史性和社会性，与人类文化、社会关系和意识形态等紧密相关。事实与价值的二重性是植根于人的生存悖论之中的，纯粹地将教育现象看作没有主观价值参与的自然现象进行研究，很难揭示教育现象的独特性。可以说，教育研究既是关于客观事实的研究，也是包含价值和意义的研究。教育研究不同于自然科学，其研究主体和研究对象都不是简单的物理或化学运动，而是一种更为高级的运动形式。因此，教育研究所模拟出来的实验研究，如自然科学一般在完全自然的状态下，通过操纵变量和自变量，控制无关因素，而进行准确的归因和科学的解释的研究方式，是不合理的。在任何一个教育实验中，都离不开价值的介入。倘若在教育研究中采取"价值无涉"的态度，教育研究中的主体意识必将被忽视，从而丧失自身学科的独特性，沦为与自然科学没有区别的、单纯追求客观知识的理论的学科。脱离人与人、人与事实的关系而存在的教育研究是没有任何意义的。

3. 强调主体体验——超越主客二元对立思维使生活返魅

关于如何超越主客二元分离，东西方哲学家从不同角度对此进行了尝试性回答，却都肯定了生活在教育研究中的作用。罗蒂新实用主义发扬了早期实用主义者关于教育与生活的思想，他认为"教育过程并不是一种既定模式的机械重复，也不是现有理念在不同教育情境中的简单再现，它其实是一种开放的、富于变化的、有一定阐释空间的建构进程"[4]。罗蒂提出一致协同性也是建立在生活世界的交往之上的。这里的生活世界如同胡塞尔所说的"日常世界"一样。在生活世界中，交往共同体在认识上所达成的一致生成了普遍必然性，而主体间的实践活动中又可以生成认识的客观性。在生活世界里所产生的客观性、普遍性认识不仅不需要牺牲主体能动性，还需要加强主体在生活中的体验。教育研究强调主体体验走向生活，这表明研究者的主观因素与教育实践是密切联系的。当研究者固有的生活经验与某个问题、现象或观点建立联系时，研究者头脑中的图式必将因受到外来刺激而发生反应，从而形成一种新的知识。20 世纪 90 年代开始，教育叙事注重主体经验的研究方式备受我国教育研究青睐，情景式教学也成为课程研究热点，这两种研究方式都注重主观感受，主张通过呈现教育经验而达到研究目的。相对于毫无价值涉入的实验室研究，情景式研究更加贴近实际生活，具有普适性。

　　研究者必须认识到，教育研究成果不是一种绝对的客观存在，也并非自足的实体，而是透过研究者个体的"视镜"所呈现出来的结果，是研究者基于自己的个体体验对研究对象的阐释和构建。在教育研究过程中，理论研究者通过其价值观赋予研究对象新的认识，而实践者也在他的价值观指导下进行实践，通过对话交流，可以找到两者背景知识的共同点，可以达到价值和意义的共识。在这个过程中，研究者与被研究者之间建立平等互动的关系。所以，教育研究者不应该"只顾建构自己的理论，而放弃对读者、儿童所应承担的教育义务"[5]，而应该清楚地认识到教育研究是在真实教育情境中以其个体生活体验为基础进行的研究。

二、罗蒂新实用主义对我国教育研究范式变革的启示

　　教育研究范式的变革是教育研究领域不断发展进步的表现之一，从最初的哲学思辨式研究范式一家独大，到实证研究范式的兴起，后来逐渐形成了两大阵营的对立。罗蒂新实用主义从教育研究范式的研究视域、范式的整合以及研究的导向等方面提供了变革的可行性借鉴。

（一）教育研究范式的一般解读

　　"范式"从词源上来讲，是由希腊动词"并排展现"派生而来的。所谓"范式"，是对特定学科研究的研究团体共同具有的对待此学科的态度、研究问题的方法等诸多因素的综合抽象。"范式"概念最初见于库恩的《科学革命的结构》中，库恩所涉及的范式概念是针对自然科学而提出来的，他所谓的范式还不是一种研究模式，但是科学界对范式的广泛应用，也引起了其他学科的借鉴。有人曾对此文进行过仔细的考察，发现文中"范式"至少有 21 种不同的用法。[6]诸多的用法使它意义广泛，甚至有些模糊。概括来讲，范式应该包括三个方面的内容：第一，共同的

基本理论、观点和方法；第二，共有的信念；第三，某种世界观。简而言之，范式就是指"常规科学所赖以运作的理论基础和实践规范。这些理论和原则对特定的科学家共同体起规范的作用，协调他们对世界的看法以及他们的行为方式"[7]。

教育研究虽然缺乏学科的严密性和规范性，但自它脱离哲学而成为一门学科以来，始终集聚着众多研究者，这样就形成了一个学术共同体。尽管不同的研究者拥有不同的价值观，但是在构架一个研究时，大体会采用几种共同的研究方式。所以"具体到教育研究领域，'教育研究范式'则是教育学术共同体采用的基本的研究范型和方式"[8]。教育研究范式事实就是教育研究的方法、视野，或者说是一种教育研究的运思方式。

（二）教育研究范式变革原因探析

任何的变革都是由于当前的现状无法满足现实需求而引发的。随着教育研究面临问题的多元化、复杂化，现行的两大研究范式对立的局面逐渐呈现出力不从心之态。教育的发展离不开文化和科技的推动，因而探索教育研究范式的变革也必须围绕文化和科学来谈。

1. 教育研究范式变革是文化发展的客观需求

人类文化自创始以来就一直呈现出多端性的发展状态。从宏观视角来看世界历史文化，四大文明古国从最初形成期就已经可见端倪，古希腊罗马文化、犹太文化、古印度文化和中国古代文化，犹如珍珠般散布在世界版图的各个地方。而从中国文化发展历史的角度看，围绕长江、黄河两大流域形成了不同的文化特征，如黄河流域就形成了秦陇文化、齐鲁文化、巴蜀文化、荆楚文化、吴越文化等。

全球化进程的加快，促使文化呈现一体化发展的态势，在此过程之中又同时存在着诸文化差异性的强化以及由此带来的不同文化之间的冲突。由于文化身份和文化认同具有复杂性、多层次性等特征，因而在一定情况下文化认同的危机与冲突不可避免。文化的多元性与适应性已经成为各学科面临的共同问题，教育研究也不例外。教育与文化息息相关，从发生学的角度上看，教育在很大程度上就是一种文化活动。教育研究不是对教育内容纯粹的复制，而是不同文化碰撞的过程。在不同的文化影响下，教育研究共同体会产生不同的价值和教育研究理念。可以说，正是文化发展的多端性加速了教育研究范式的变革。不同的文化层次对教育研究有不同的要求，因而教育研究范式不能粗暴地进入另一种文化圈，必须进行变革。

2. 教育研究范式变革是科学进步的必然结果

探索教育研究范式变革历程可以发现，它的转变与科学变革息息相关。在前科学时代，人类因为其认识被经验证实，从而扩大对经验认识的应用范围，将从自然、社会的认识由依靠哲学思辨的方式上升到理论阶段，教育理论亦是如此。文艺复兴的开始和世俗主义的崛起使科学开始挣脱神学的枷锁，由此进入了科学探索时期。在 19 世纪中期，科学上的变革引起了思维方式的转变，传统的哲学思辨教育研究范式受到普遍质疑。在实证范式下，教育研究注重科学方法，对教育研究对象进行定量研究，并且是否采用实证方法逐渐成为一种判断其研究成果科学与否的标准。这种强调研究的"科学化"的研究范式，淡化了教育研究以往的纯哲学思辨色彩，加速了教育学"科学化"的进程。

研究视界转入 20 世纪，人们开始意识到世界的相对性，也开启了对"人"自我价值的重新审视。教育研究中复杂系统研究范式认为，研究者观察到的某个教育问题或现象不是孤立的，而是整体地包含着教育的全部信息，教育研究如其他系统一样，都有着自身运作的规律，所以应该遵循系统的自主性原则。但是作为一个复杂人为的系统，教育研究主体介入，关注过程中的偶然、无序和矛盾等因素一定会对研究结果产生影响。这种研究范式的兴起源于科学现代化的发展，尽管在理论上有可取之处，但是它将任何问题都复杂化，所以在实际研究中很难找到与理论相符合的可行性策略，存在着极大的局限性。

教育研究范式的每一次变革都离不开科学的推动，可以说科学变革是推动教育研究范式转换的中坚力量。教育研究范式的转换并不是一个被另一个简单替代的过程，新范式的出现都是为了弥补前一个范式的缺陷，任何一个研究范式都不是完美的，都是价值与局限相并的，只有新旧不断弥合才能解决日渐复杂的教育问题。科学的变革成为一只推动教育研究范式变革的"无形的手"，为不断转换的教育研究范式寻找着更加合理和全面的解释。

3. 教育研究范式的变革是科学精神和人文精神的共同要求

对科学精神很难做出一个精确的概念判定，但其实质基本上都涉及求实、求真、创新、批判等精神特征。关于人文精神的理解，"我们无法在一个抽象的、思辨的层面确定人文精神的标准含义"[9]，尤其是中西方对于人文精神的含义有着不同的理解。但是却可以在某些方面达成共识，即中西方哲学家都认为人文精神是对个体精神生活和生存价值的思考，它以个体和社会整体、全面的价值为追求，其实质是一种共利精神。"范式"是可错的，它只是一个科学共同体的"约定"，因而"范式"必然是可变化的。但是无论学科范式如何改变，其对于科学精神和人文精神的诉求却是永恒的。

教育研究应该具备科学精神，对研究过程中各个因素的精确把握，可以增加研究成果的科学性，从而增加其效度和信度。然而，科学所允诺的真实、精确、客观、理性、普遍化等，在教育研究情境中却很难完全实现。研究对象的复杂性使得教育研究必须面对诸多不可确定的因素，因而教育研究离不开人文精神。人文精神追求对主体的肯定，对自由和多元的欣赏。科学精神追求的是理性的，而人文精神往往具有非理性的特点，它是反功利主义的。

我国教育研究两种精神并没有得到充分发展，尤其是科学精神受到人文精神的制掣，以人文精神为圭臬，未形成一种相对独立的精神。但是随着实证主义在我国的迅速发酵，科学精神被提到至高的位置，人文精神不得不屈服于科学精神。这种不均衡的情况使得我国教育研究范式出现两极化。在人文精神一面独大的情况下，我国教育研究曾一度缺乏求真和批判性认识的科学精神；而在片面追求科学化过程中，教育研究又失去了对主体的人文关怀。教育研究范式的改革，正是科学精神与人文精神共同的呼唤。两种研究范式并不能机械地拼接，也不能厚此薄彼，排斥异己。教育研究范式的变革是这两种研究精神的共同要求，缺乏其中一种都是不合理的，唯有兼具科学精神和人文精神的研究范式，才能更好地服务于教育研究。

（三）罗蒂新实用主义影响我国教育研究范式变革的表现

罗蒂新实用主义对我国研究的影响是客观存在的，无论研究主体是否意识到，它都客观存在于研究主体的意识体系之中。罗蒂新实用主义所造成的影响并没有杜威时期那般轰动，但是他所秉持的实用主义传统却体现在我国教育研究范式的变革过程中，其中对人的幸福以及实践的关注，为我国教育研究范式变革提供了新导向。

1. 教育研究范式开始转变传统知识论立场，构建以实践为导向的研究范式

索尔蒂斯曾说："我们如何思考知识，确实在相当程度上影响着我们如何思考教育。"[10]认识论影响教育研究的多种途径之一就是通过教育研究价值观而影响探求知识的策略。教育研究成果最终表现为教育学知识，对知识的理解在很大程度上决定了教育者如何构架教育研究。

20 世纪哲学认识论转向之前，本质主义因为其与人类思维本体论和语言符合论存在关联性而在哲学认识论占主导地位，它是一种信仰本质客观存在并致力于

追求客观本质的知识观。在本质主义拥护者看来，所有事物都存在一个更深层次的唯一的本质（隐藏在表象下的本质不可以被直观地把握），只有通过现象才能真正认识事物，唯有反映了本质的知识才是正确的。正因为这个唯一的本质是可以认识的，作为描绘这个本质的知识就是确定的、可信的。在其中去探寻他的本质，大家都认同的即可以作为本质。

之所以要转变教育研究范式的知识论立场，是因为本质主义的沉疴依旧在误导教育研究范式。本质主义"以一驭万"的方法论在面对复杂的教育现象和教育问题时具有局限性，导致教育研究的结果效度和信度降低。本质主义用唯一存在来解释教育现象、教育理论的千姿百态，将教育研究引向一种封闭和孤立的状态，使得教育研究学术共同体很难形成一种开放、谦逊和民主的学术态度与研究意识。就拿学术界轰轰烈烈的"钟王之争"来说，从本质主义立场来看来，应试教育和素质教育的本质是唯一确定的。如果这两种现象的本质已经被确定是可以认知的，而且这种可认知的固定的、唯一的，为何他们会因对这两种现象认识的不同而纷纷口诛笔伐呢？如果他们把握了这两种现象所谓的"本质"，学术界如此百花齐放，百家争鸣的盛景就不会出现了。

转变传统知识论立场之后，构建以实践为导向又会遭遇新的难题——在从事教育研究时，研究者是否应该介入教育实践？这其实是不同学术共同体在实践问题上基本立场的分歧，隐匿在这种分歧背后的是研究者与研究对象之间关系的认识问题。罗蒂是反本质主义的典型代表，在他看来，事物的本质是不确定的，应该在实际需求的过程中，并不是要走向反本质主义的队伍。本质主义有其自身的逻辑缺陷，反本质主义也无法避免，罗蒂的反本质主义为教育研究改变知识论立场提供了一个视角。他从经典实用主义理论那里继承和发扬了实践精神，认为唯有在实践中，才能得知研究的意义。他所认同的实践方式是教化哲学，通过对话的方式建立解释共同体。在教育研究过程中，理论研究者通过其价值观赋予研究对象新的认识，而实践者也在他的价值观指导下进行实践，通过对话交流，可以找到两者背景知识的共同点，可以达到价值和意义共识，这样两者就有对话的合理性。提倡教育研究范式转向实践，不是简单地提升研究主体的实践意识，也不是简单地呼吁研究者走入实践，而是随着研究立场的转变，其研究方式、研究目的都以实践为导向。

2. 教育研究范式的视野注重对人幸福的关注

早在 20 世纪 40 年代，法国年鉴学派创始人离克·布洛克和吕西安·费弗尔就已经提出，应将研究的视线转向群体、下移民间。受这种"下移"思想的影响，教育研究范式也开始反思自身高高在上的研究姿态，开始将研究视野下移到民间，开始关注民生、关注实践。幸福与人类息息相关，是人类关注的焦点，哲学家、政治学家或是心理学家都从未间断对幸福的研究。教育研究与人的生产、生活息息相关，关于人的幸福的研究同样是教育研究领域内的热点之一。

图 1 数据选取 CNKI 中核心期刊和 CSSCI 数据库 2003～2013 年教育类期刊为样本，以"幸福"为关键字对所选取的样本进行精确检索，最后计算研究幸福的篇例占全年文章总数的比例。从图 1 中看以看出，2003～2013 年 10 年中，教育研究领域对幸福的关注是逐渐上升的，尽管 2012 年略有下降，却不影响研究者对幸福的热衷。2007 年，教育基本理论专业委员会第十一届年会以"教育与幸福"为主题，与会人员从不同的角度讨论了教育与幸福的关系，在教育研究领域内掀起了一股关于幸福的研究热浪。

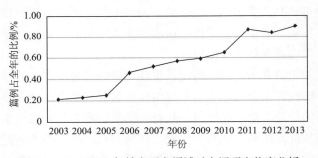

图 1　2003～2013 年教育研究领域对幸福研究热度分析

罗蒂新实用主义思想同样关注人的幸福，这有赖于对早期实用主关注实效的传统的继承，他认为："我们所认同的团体由宽容论者、多元主义者和民主主义者构成。这些人的核心目标就是，容许尽可能多的不同的个人目标得以实现，以增加人类的幸福。"[11]他不同于西方其他哲学流派，没有将人放在一个绝对化的位置，而是更关注人的主体性。他觉得人类得以实现幸福，除了满足生存所需的吃喝玩乐和衣食住行外，还应该满足心理、情感等方面的物质和行为需求。

传统教育研究重客观事实、轻人的主观感受的研究缺陷，使得教育研究中形成了"无人"的思维方式。将罗蒂对人的关注的思想引入教育研究范式，以"为人"作为研究目的的教育研究范式更加符合当代人性化思想潮流。罗蒂对幸福及个人感受的重视，尤其是他对边缘化群体、女性等群体的关注，使得对弱势群体关注成为教育研究的一个新视角。教育目的在于培养具有感知幸福、获取幸福并创造幸福能力的人，将幸福和幸福感作为教育研究范式新的视域，可以说是对个体生命的重新解读和向终极目标的再靠近。

3. 教育研究范式从壁垒分明的两大阵营走向多元整合

根据胡森进行的考察和概括，教育研究范式大致可以分为两类："一是模仿自然科学，强调适合于用数学工具来分析的、经验的、量化的观察，研究的任务在于确立因果关系，并作出解释。另一种范式是从人文学科推衍出来的，所注重的是整体和定性的信息以及理解的方法。"[12]可以说，不同范式的区分都来源于科学主义与人文主义的对立。两种研究范式的知识背景和研究信念都存在巨大差别，在教育研究领域内形成了两种不同研究流派的对立。哲学尽管有大陆哲学与英美哲学之分，有科学主义与人文主义之分，但是两种学派的哲学观点却是相互影响的。"刺猬哲学"与"狐狸哲学"看似壁垒分明、势不两立，但是只要仔细分析，就可以发现人们不是"不可穿透介于大陆和英美世界哲学家之间的浓雾"[13]，找寻到两者互相渗透的合理性的。库恩认为，他所理解的范式可以比较却不具备通约性，罗蒂否定了这种观点，他认为研究范式应该是系统的、整体的，"对于交谈的所有成果都是可通约的"[14]，这为不同范式走向整合提供了理论前提。追求教育研究的科学化必然需要科学主义研究范式的构建，而教育研究对人文价值的关怀又必然需要人文主义研究范式。

杜威认为，"方法不过是材料的有效处理——有效就是在用最少的时间和精力去利用材料达到一个目的"，"我们能够识别行动的方法，并且单独讨论这个方法，但是这个方法只是作为处理材料的方法存在"[15]。罗蒂吸收和发扬了早期实用主义注重实践的精神，认为唯有在实践中，才能根据遇到的不同情景而选择更适合的研究范式，从而决定合适的研究方法。有学者认为，学科性质取决于研究方法，笔者认为这个观点并不合适，教育研究需要用到问卷调查法，心理学同样也需要进行问卷调查，难道这两者的研究性质是一样的？因而研究方法的选择应该因地制宜，根据研究对象和研究目的以及当时的研究情况而定。从方法选择的不确定折射出研究范式的选择也是灵活多元的。在制订研究计划的过程中，事先所设定的研究范式在实践中，会因为临时的需要而改变。两大研究范式走向整合，教育研究范式也不需要局限于某一种，应该以实践为导向，在实际研究过程中，适时地变更。随着教育研究面临问题的多元化、复杂化，单一的旁观者身份已经无法满足教育研究的需求，教育研究范式必须转变思维方式，从分庭抗礼走向多元整合。

全球化、市场竞争的推波助澜，使得多元文化的发展趋向融合，生产力的增长、信息的广泛流传以及知识技术的突飞猛进加速了科学发展的进程，教育研究遭遇了来自社会快速发展的强烈冲击，其无论在理念上，还是在实践上，都发生了巨大的转变。所谓教育研究范式转变，不是教育研究的一个理论或一种方法的改变，而是贯穿于研究目的确立到研究结束过程中思维方式的变化，以及一系列相关研究过程上的变革。它是一种系统性的改变，是在一种新的认识论指导下的整体的转变。文化的多元与融合给教育研究带来了机遇和挑战。在不可避免的多元融合的趋势中，教育研究应该寻求历史与现实相联系、理论与实践相融合。在追求人性化潮流中，教育研究应该致力于以探寻人的幸福为目的，教育研究范式的转向与变革正是适应社会发展趋势的客观需求。

三、罗蒂新实用主义对教育研究语言建设的启示

语言与人类的生产、生活息息相关，教育研究也无法与语言脱离开来。纵观整个语言研究历史可以发现，对语言的理解随着人类文明的进步正在逐渐加深。为了适应社会发展，语言也在不断地更新。教育研究中的语言受到哲学界对语言解读的影响，基本上可以分成两大派系。但 20 世纪哲学的语言转向，致使我国教育研究陷入了语言使用的模糊与混乱之中。罗蒂新实用主义在继承欧美语言哲学的基础上，融入了实用主义观点，为解决我国教育研究所遭遇的难题提供了可选择性的方案，推动了我国教育研究语言的建设。

（一）教育研究中的语言

西方"语言"起源于"逻辑"一词，其从理性中发展而来，原意是文字或语言，也表示思维或理性，柏拉图的语言观是这个时期具有代表性的观点。从古希腊到现代，西方对语言的认识经历了由工具论到本体论的嬗变。无论是伽达默尔，还是海德格尔，他们都看到了语言作为工具背后所指称更为本质的东西。对西方语言具有重大贡献的当属语言分析哲学家维特根斯坦。他在图像论中认为语言的用法是唯一的、确定的，依循着某种严密的逻辑规则。而日常语言则不具有逻辑的严密特征，此时的语言就如同游戏一样，可以任意指定规则。语言不同，对客观世界的理解和解释也就不同。

在教育研究中，不论语言是作为一种生活方式，还是作为一种思维，都对教育理论和教育实践有着重要意义。教育研究对语言的关注并不是缺位的，已有的

与语言相关的研究主要集中在课程教学中，研究大多集中于课程教学中教师语言规范、教师语言艺术，或者是学生语言能力的培养等方面。教育研究是哈贝马斯所谓人类交往中的一分子，也涉及"参加者的外在世界""主体间的关系""自己的内心活动"。因而为了使研究继续下去，必须选择一种能够使双方都正确理解的语言来表达自身。这些就需要打破教育研究的语言习惯，更新语言，形成一种比较稳定的语言范式。

（二）教育研究面临语言转向难题

在一定意义上，教育和哲学是一体的。纵观哲学和教育学发展历史，每当哲学发生重大变革时，教育领域必然会有所感应并作出相应的转变。在西方哲学发展史上，一般认为其遭遇过三次重大变革：①古希腊时期，柏拉图创立的本体论奠定了哲学的基础；②继柏拉图之后，近代笛卡儿创立了认识论，促使哲学认识开始由本体论向认识论转变；③哲学的"语言转向"。哲学的"语言转向"改变了教育研究对语言的长期"漠视"的现象，语言真正在自觉意义上走进教育研究的视线范围。这种转向并非一蹴而就，在此过程中，教育研究面临了以下一些难题。

1. 教育研究对语言的理解受到不同流派的影响

转向之后的语言哲学，可以说是沿着英美哲学和欧洲大陆哲学两大脉络发展的，一般认为前者是主流，而后者正在建构之中。在教育研究发生语言转向过程中，首先受到了来自英美哲学的影响。尽管之后英美哲学分化为逻辑语言学派和日常语言学派，他们却一致反对用玄虚的、思辨的哲学术语，都重视对语言形式和语言意义的研究。其中典型代表当属分析教育哲学，他们希望通过清思活动使教育概念、教育命题等清晰明了，从而增强教育理论的科学化，达到促进教育理论和实践的发展的目的。客观地说，分析教育哲学流派对语言的运用为教育研究摆脱哲学思辨方法论提供了一个新的维度，但是也使得教育研究尤其注重概念等的辨析，烦琐的语言分析并不利于解决教育研究的实际问题。

欧洲大陆哲学与英美哲学在对待语言的立场上可谓完全相反。显然，英美哲学强调对语言进行逻辑分析，更多地强调维特根斯坦哲学中的"概念"；而大陆哲学则注重的是这些"概念"背后的东西，更强调语言的人文性和本体价值。欧洲大陆哲学不赞同对语言的逻辑分析或命题澄清，却并不排斥逻辑，只是消解了逻辑在哲学理性重建世界中的地位。欧美大陆哲学认为哲学的使命是寻求人类存在的意义，将语言看作是人类生活方式的真实反映，它与主体、历史、社会以及整个世界不可分离。教育研究同样关注人的生活方式，因而教育研究中的语言应该是诗意的，不是独立于我们之外的"物"。

在哲学的语言转向中，两大不同的语言流派从各自的立场出发，对语言进行了诠释。作为主流的英美哲学重视语言的逻辑分析，而欧洲大陆哲学则更加强调语言的本体价值。教育研究离不开人，也就注定了其离不开对语言的讨论。不同流派都在一定程度上影响了教育研究对语言的解读，如何抉择或是如何重新理解语言正是教育研究所面临的难题之一。

2. 教育研究语言深陷他者与本土冲突的困境

在索绪尔看来，语言是社会成规或习俗。因为作为习俗的语言是无意识地从祖辈那里继承下来的，人们无法说明它的起源，自然而然地遵循它，语言与习俗一样是普通的，被大多数人奉行。可以说，语言所代表的是一个文化体系。当不同的文化系统相碰撞时，冲突不可避免。美国哈佛大学教授塞缪尔·亨廷顿在《文明的冲突》中提出了"文明冲突论"，之后他又指出文化差异是客观存在的，没有所谓"普世主义"的文化价值观，"全世界的人在更大程度上依据文化界线来区分自己，意味着文化集团之间的冲突越来越重要"[16]。随着城市化进程和全球化进程的加快，不同文化之间的冲突与融合已经逐渐成为热议话题。文化的发展具有多元性和多端性，不同文化背景下产生了不同的语言体系。语言与文化虽然并非完全是对应关系，但不管是书斋式教育研究还是田野式教育研究，当其进入到新的文化环境中时，首先面临的都是语言的难题。

同一文化背景下，双方拥有共同的语言环境，因而能够遵守约定俗成的语言习惯而进行交流。跨文化交际时，交流双方受到语言"先入结构"和"自我民族为中心"的影响，自觉或不自觉地以自己已有的语言模式去评价对方的语言或文化习惯。对于相同部分就心安理地"拿来"，对相异部分要么完全排斥，要么用自己的语言习惯和文化模式套入到新的语言文化中去。教育研究作为一个舶来品，其理论大多嫁接于西方哲学思想。因而，教育研究者在本土理论匮乏的情形下纷纷将视域对准外来理论。"教育研究语言因对西方话语的'尊奉'，或因能指与所指之间出现了断裂，或因求新追异的'语言游戏'，致使其面临着语言的迷失、概念的混乱以及隐喻造成的遮蔽。"[17]大量"外来教育语言"的引进，在一定程度上丰富了我国教育研究语言体系，激发了研究者的创作热情，令他们有"头脑风暴式"的智力喜悦。然而他者教育理论想进入到本土，必然需要翻译，翻译文本无法将其话语所包含的教育研究传统一同体现出来，这样的他者语言只能是无根的。本土如果无法创建与他者共存的环境，外来教育研究语言容易由于"无根"缺乏"本土"培植，成为"流行式"无法对本土教育研究造成有效性的影响。

3. 教育研究文本形式单一

"语言转向"为教育研究提供了一条新的认识论路线，在其转向下，知识开始失去其根本确立的地位，语言也逐渐从外围闯入研究者的视野。教育研究最终通过文本呈现出来，在知识和语言被解构的背景下，文本的诠释也走向了多样化，教育研究陷入了文本选择难题。

纵观教育史可以发现，在国内外有关教育的论述或对教育问题的阐释中，表现形式是多样化的，如《理想国》《论语》等是以阐发式来呈现作者教育思想的；《林哈德与葛笃德》《爱弥儿》则以小说的形式来表现作者的教育观；除此以外，《弟子规》则以朗朗上口的读本形式，逐条地体现了其教育思想；还有以格言形式诠释教育理念的，如中国古代的《三字经》等蒙学著作。在教育研究追逐科学化的路途中，逐渐形成了有关教育研究的诸多规范，致使研究成果的表述形式逐渐单一化，研究者的身份与角色也逐渐趋于单一化，教育研究被看作只是教育研究者自身的事情，其他学科学者及于此就会被认为是"冒犯""侵犯"。教育研究成果表达形式受限，使得研究者在阐释主体思想时存在着"词不达意"的情形，最后导致教育研究成果与研究者真实想表达的意思分离，从教育研究表述形式上透视不出研究者对教育真正的人文关怀旨趣。

（三）教育研究走出语言困境的新实用主义指向

罗蒂在《语言学的转向》的序中说道："'语言学的转向'并不是摆脱传统哲学认识论困境的正确选择，语言哲学试图'通过改革语言，或是更深入地理解我们所使用的语言，来解决（或消除）哲学上的各种问题。"[18]这段话表明，罗蒂所极力推动的语言学的转向并非否定认识论，而是希望通过语言改革来实现哲学乃至实际问题的解决。

1. 教育研究语言表达贴近生活又超越常识性语言

语言作为一种表达和传递思想的媒介，并没有好与坏的区别。研究者在行文的时候就是作者，运用恰当的语言来清晰明了地表达自身观点是研究者的任务。在科学主义要求下，教育研究中的语言表达倾向追求精确，规避常识性语言。然而教育研究与人的活动相关，教育研究离不开人类在日常生活、生产中形成的类常识性语言。因而在教育研究中过分追求技术的、量化性等脱离于生活的精确性语言，摒弃常识性语义表达，会造成读者不知所云，这种研究没有达到预期的目的，不能很好地指导实践，是没有价值的。

教育研究的语言表达应该贴近生活，教育研究问题域多数来源于对教育生活中纷繁复杂性现象的常识性认识的思考。教育研究中教育现象、教师、文化、学习、教学过程等众多常用词语，都是来源于日常生活的积累。但不可否认，教育研究语言与常识性语言的密切联系，容易造成教育研究在核心概念界定、理论表达上的不清晰。有人将教育叙事研究当作一种散文或叙事文，其措辞不严谨。他们没有认识到教育叙事"本身不是目的，而仅是教育经验呈现的一种方式，教育叙事研究的根本目的在于把叙事的方法'引入到对教育经验的关注从而进一步对日常教育实践的观察上来'"[19]。因而，教育研究的语言表达应该注重实践与学术规范结合，同时又要超越常识性语言，追求语言的精炼和恰当表达。但是语言属于生活世界并不意味着对理性的抛弃，凭借想象力创造出新词语更无法达成共识，也无法化解现实社会各类的纷争。

2. 正确理解语言的"偶然性"，创建不同语言共生氛围

"偶然性"是罗蒂对语言新的解读，也是新实用主义哲学反本质主义的体现。偶然性是由英语"continency"翻译过来的，其在英语中的用法很多，罗蒂之所以采用这个词，就是从相对的角度来解读哲学的。罗蒂认为，"我们的语言和我们的文化，跟兰花及类人猿一样，都只是一个偶然，只是千万个找到定位的小突变（以及其他无数个没有定位的突变）的一个结果"[20]。因而语言并没有自古希腊以来的传统哲学所认知的那样具有特殊的本质。尽管语言的偶然性无助于共相概念的形成和知识的获得，却让研究者看到了创建不同语言共生氛围的希望，为增进理解和人类交流提供了基础，为实现"自由"交流创造了条件。共生源于生物学，原意指不同种类的生物共同生活在一起的现象，被广泛引入人文社会科学领域后，"共生"被看作是诸多合作者之间一种稳定、持久、亲密、平衡的组合关系。"语言的共生是指不同民族、不同区域、不同时代背景下的语言文化之间的多元共存、相互尊重与交流、兼容并包、和谐发展的语言文化形态。"[21]它强调在承认差异的基础之上，各种语言能相互尊重彼此，提供多样性的发展空间。

教育研究走向生活体验，必将面临不同的情境，这种情境不同于实验室模拟情境。它是由众多不确定因素共同构成的，这些不确定因素都是文化作用的结果，理解情境中的语言，是实地考察的重要步骤。例如，满族先民长期生活在松花江以东地区，随着全球气候的几大变化，那里逐渐演变为一年长达九个月都处在冰雪严寒的环境，这种生活环境使得满族在语言使用中形成了极为丰富的分辨冰雪概念的词。而处于亚热带地区的西双版纳，气候常年温润，不像北方四季分明，只能根据雨水来分辨雨季和旱季。因而，在傣语中没有冰雪的概念，在他们的认知里"冬天"一词意味着早晚温差大，雾气湿气重。试想从来没见过雪的傣族研究者进入到满族这样一种语言环境中时，对其语言以及语言代表的文化的理解肯定会产生冲突。

3. 教育研究表达方式注重文本形式多样化

在西方两千多年的哲学传统中，语言的工具性一直被夸大，语言被看是人内在情感的有声表达和思想交流的媒介。纯粹的语言工具论者将语言视为纯粹的交往的工具、思维的载体、认识的表征，"谁"在说话的差异性被抹去，这样语言所表达的思维或世界就会是统一的。这种认识是一种宏大话语叙事，忽视或否定多样的语言游戏规则，其实质是一种语言霸权，是试图用"一"统领"多"，用一种秩序统领多种秩序，用一种范式规范多种范式的行为。这正是罗蒂所不赞同的，在反对语言霸权方面罗蒂比杜威走得更远。他贬抑某些话语特权现象，希冀文化的"平民化"，为实现不同文化的共同对话提供基础。在罗蒂看来，语言所表达的是此时此地的意图、目的或者需要，意图、目的和需要皆因人因时因地而异，从而语言的阐释是无限度的，约束是不存在的。语言具有工具性，因而语言具备好坏之分，不同的是语言主体所想表达是目的和意图是否清楚。教育研究对自身语言的关注较少，理论研究和实践研究都应该选择合适的词汇，以期明确研究主体所想要表达的意思。

传统哲学认为语言是属于自己的本质，因而一种语言游戏转变到另一种语言游戏，就会有逻辑、定义等理解的障碍。罗蒂语言的偶然性否定了语言的本质，为各类语言相互理解扫除了那些认为语言本身有隐秘内涵的障碍。走向田野的教育研究必定会面临语言环境的转化，即使在象牙塔里的教育研究也会遭遇译本所带来的语言问题。语言的偶然性为他者语言与本土研究相结合创建了共生的前提。传统的形而上学语境中，教育研究注重的是对研究对象或问题普遍性、必然性的揭示。当然也必须认识到，罗蒂的语言偶然性并不能直接解决现实问题，他对语言的本质的全盘否定有失偏颇，却也凸显了语言的实践功能。综合来说，罗蒂新实用主义语言观所折射出来的注重实践与未来的理论精神，正是教育研究所缺少的。

四、结语

教育研究产生于哲学、心理学、社会科学以及统计学等学科的不同组合，它既没有确定的研究重点，又没有统一的研究方法，因而缺乏独立性，容易被各种不同的思想流派摆布。借鉴外来理论观点来丰富教育研究的理论体系，是教育研究创新的方式之一，但也有囿于此派观点的危险。教育研究为摆脱哲学思辨的帽子而陷入唯科学主义的泥淖，在受基础主义影响的弊端日渐凸显的情况下，教育研究者又开始寻找新的出路。针对我国教育研究存在的诸多问题，在对罗蒂新实用主义进行合理分析的基础上，可以发现新实用主义对解决我国教育研究所存在的问题有一定的启示作用。

以罗蒂为代表的新实用主义者，试图把实用主义同分析哲学、语言哲学、诠释学、结构主义与后现代主义等结合起来，将不同哲学流派融合到实用主义之中。可以说，新实用主义是具有后现代色彩的。然而不同于后现代主义思想偏向于构建的"破碎化"的哲学形象，新实用主义更倾向于一种整体化的思路，从对整个西方哲学的批判完成自身理论的建构。罗蒂新实用主义对教育研究的启示是隐藏在教育研究之中的，是客观存在的。罗蒂所提出的一致协同、对科学合理性的弱化都有助于克服我国教育研究存在的主客二分思维方式，在新实用主义影响下的教育研究范式变革更加符合当今的研究趋势。罗蒂对语言的关注推动了我国教育研究的语言建设，为语言风格选择和文本形式的选择等方面提供了参考性建议。

本文着眼于罗蒂新实用主义对我国教育研究的启示，但并非对罗蒂思想的完全肯定吸收，新实用主义作为一种哲学融合下的产物，必定存在某些机械结合的部分。罗蒂所提倡的偶然性是对本质的绝对否定，然而不能因为本质无法探寻而由此否定本质的客观性，本质是客观存在的，却不是唯一确定的，事物的本质会因为主体的实际需求而改变。如果要大家接受他的思想，必然以语言的共性和普遍性为前提，这显然与他的偶然性相矛盾。然而，罗蒂对传统哲学的反思、对确定的解构、对弱势群体幸福的关注却值得我国教育研究借鉴，尤其是罗蒂秉承的杜威实用主义传统——对实践的执著，更符合教育研究作为综合性学科的特性。

参 考 文 献

[1]伍正翔, 柳海民. 教育规律研究三十年[J]. 上海教育科研, 2008（8）.

[2]罗蒂. 实用主义哲学[M]. 林南译. 上海译文出版社, 2009.

[3]罗蒂. 后哲学文化[M]. 黄勇编译. 上海译文出版社, 2004.

[4]胡春光. 文化政治研究中的教育诉求——理查德·罗蒂的教育哲学述评[J]. 重庆师范大学学报(哲学社会科学版), 2009(5).

[5]马克思·范梅南. 生活体验研究——人文科学视野中的教育学[M]. 宋广文等译. 教育科学出版社, 2003.

[6]伊姆雷·拉卡托斯等. 批判与知识的增长[M]. 周寄中译. 华夏出版社, 1987.

[7][8][19]孙振东. 教育研究方法论探索[M]. 重庆大学出版社, 2008.

[9]吴潜涛. 准确理解社会主义核心价值体系的科学内涵[N]. 人民日报, 2007-2-12, 第9版.

[10]索尔蒂斯. 教育与知识的概念[M]. 人民教育出版社, 1993.

[11]理查德·罗蒂. 后哲学文化[M]. 黄勇编译. 上海译文出版社, 2004.

[12]瞿葆奎. 教育学文集·教育研究方法[M]. 人民教育出版社, 1988.

[13]怀特. 分析时代[M]. 杜任之译. 商务印书馆, 1985.

[14]罗蒂. 哲学和自然之镜[M]. 李幼蒸译. 商务印书馆, 2003.

[15]杜威. 民主主义与教育[M]. 人民教育出版社, 2001.

[16]何怀远. 发展观的价值维度[M]. 社会科学文献出版社, 2005.

[17]闫旭蕾. 谈教育研究的语言之维[J]. 华东师范大学学报(教育科学版), 2009(6).

[18]罗蒂. 语言学的转向[M]. 芝加哥大学出版社, 1967.

[20]罗蒂. 后哲学文化[M]. 黄勇编译. 上海译文出版社, 2004.

[21]孙杰远, 李玉玲. 多民族语言文化的共生与传承危机——以广西那坡县为例[J]. 当代教育与文化, 2010(5).

学校教育传承民族传统文化的有限性研究

——以瑶族长鼓舞为例①

玉金宇

（广西来宾市兴宾区平阳镇人民政府　广西来宾　546122）

摘要： 学校教育中现代科学文化与民族宗教思想的冲突、学校教育时空的有限性制约与学校教育的"非生活化"倾向等导致学校教育传承民族传统文化的作用不明显。加上民族文化作为某一个民族"整个生活的总和"，其文化的整体性、群众性、宗教性等亦决定了其必须依赖于一定的社会场域与传承模式，脱离了"生活化"的文化传承必然面临着一定的困境。因此，我们不应该把传承民族文化的重任完全交由学校教育来完成，学校教育在传承民族传统文化的作用上是有限的。学校教育的"民族文化"传承不能只停留在对"器物文化"或"知识"传承的层面上，而应关照民族传统文化背后的精神文化内涵，这才是民族文化传承的真谛。为此，我们要合理认识学校教育，正确定位学校教育在传承民族传统文化中所能起到的作用。

关键词： 学校教育局限性；民族传统文化；瑶族长鼓舞

一、瑶族长鼓舞及其传承价值

（一）瑶族长鼓舞的文化溯源

瑶族是我国南方一个有着悠久历史的山地民族，主要分布在我国的广西、广

---

① 本文系教育部人文社会科学重点研究基地重大项目"民族地区民生改善与文化教育发展互促研究"（项目批准号：15JJDZONGHE021）的阶段性成果。

东、云南、湖南、贵州、江西等省（自治区）相毗连的山区。千百年来，勤劳的瑶族人民用自己的双手创造出了多姿多彩的民族文化。其中，最具有瑶族民族代表性的舞蹈——长鼓舞，便是瑶族先民在长期的生产生活实践中创造出来的一种民族民间舞蹈，是瑶族历史、生产生活实践活动的投射，是我国瑶族民间舞蹈艺术宝库中的一颗璀璨的明星。

（二）瑶族长鼓舞的传承价值

1. 瑶族长鼓舞的历史价值

长鼓舞是瑶族人民在长期的生产、生活过程中创造出来的民族民间舞蹈艺术，因此"蕴含着巨大的民族同心力和民族凝聚力，是维系民族感情的纽带"[1]。这主要体现在：首先，长鼓舞是瑶族人祭祖、娱神、酬神的方式之一，在瑶族民间有着很大的影响力。其次，长鼓舞的内容大多是形式多样且风格独特的，往往具有较高的艺术价值和欣赏价值。再次，人们通过长鼓舞来向先祖表达内心的情感，能够让人们在通过对神灵的祭祀中获得信心、力量和安全感，能满足瑶族人的身心与情感需要，能促进民族认同的形成。最后，长鼓舞生动地保留了古老瑶族的生存状态、生产习俗、伦理观念等，是对当时瑶族的社会形式、宗教信仰与民俗风情等多方面的民族历史状况的反映，是瑶族赖以生存和发展的精神支撑，因此具有极高的历史价值。

2. 瑶族长鼓舞的文化价值

文化的传承分为无形文化和有形文化的传承。长鼓舞是瑶族人民在生产、生活中创造出来的叙事诗，是瑶族人民用长鼓舞的形式来述说瑶族的民族精神和迁徙生活，是抒发瑶族人民民族情怀的精神产品，因此具有很丰富的文化价值。长鼓舞中"包括乐曲、歌曲、舞蹈、绘画、雕刻、神话传说、民间故事、剪纸、刺绣等艺术形式，反映了瑶族的宗教文化、礼仪文化、服饰文化、饮食文化和风俗习惯等，无论对参与者还是欣赏者都具有很强的瑶族文化教育的功能"[2]。

3. 瑶族长鼓舞的教育价值

长鼓舞作为瑶族文化的一部分，是瑶族人民生产、生活的叙事诗，因此极具多方面的教育价值，主要体现在：①作为瑶族文化艺术的瑰宝，长鼓舞具有极高的审美价值与艺术价值。长鼓舞的舞姿动作铿锵有力，简洁而稳健，是民族文化的阳刚与柔美的统一，表现了一种文化艺术的曲线美，展现了瑶族人勃勃生机、经久不衰的发展历史。②长鼓舞是瑶族人用来丰富生活、娱乐消遣的方式之一，因此其最简单的功能就是健身娱乐。长鼓舞最基本的动作就是"弹""跳""蹲""屈"等，多为模仿瑶族人上山越谷、伐木耕作的动作，因此动作多为粗犷豪放。表演时，舞者多手持长鼓，以手腕的灵活动作或横拍、竖拍、被拍鼓面，身体亦随着舞曲的律动而上下扭曲，时而半蹲、半跳，又时而后推拉步，极富灵活性，舞姿的稳健轻巧、柔婉舒展，对于人体肌肉、关节的锻炼很有帮助，因此能促进人体的体能发展与增强体质。加上长鼓舞在表演时，大多会围聚着很多长鼓舞爱好者的围观，大家以舞会友，以舞交流，是青年男女谈情说爱、传情交友的最佳方式。③瑶族长鼓舞是瑶族人特定生产、生活方式的真实写照，因此具有很高的文化研究价值。瑶族人以长鼓舞娱神祭祖，传达着民族的信仰与情感，因此内涵丰富的宗教文化。长鼓舞还是瑶族人节庆仪式上必备的节目之一，因此具有丰富的节日文化价值。

二、学校教育传承瑶族长鼓舞的重要作用及其有限性

（一）学校教育在传承瑶族长鼓舞中的重要性

"文化是教育的源泉，而教育是文化的载体，任何一个民族的保留和延续是需要教育的。"[3]瑶族长鼓舞文化的学校教育传承，从理论上来说是文化全球化和多元文化发展的必然要求，从现实依据上来说是瑶族长鼓舞文化发展的需要。具体表现在以下三个方面。

1. 多元文化需要瑶族长鼓舞文化在学校教育中传承

中国多元文化给各民族的民族传统文化带来了博弈与挑战，很多地区的民族文化为避免被同化甚至蚕食，都在力争求发展，瑶族长鼓舞亦是如此。外界社会的发展撼动着瑶族传统生产方式与生活方式的变迁，也影响着瑶族长鼓舞文化及其内涵。学校教育作为民族传统文化传承的重要途径之一，在多元文化发展的背景下应处理好"全球一体化""国家一体化"及"民族文化多元化"等之间的关系。民族地区学校教育应当以传承自己民族特色与传统文化的独特性为主，这是因为：首先，从文化全球化的视角来看，一个民族的传统文化要走向全球化，就必须以开放的心态吸收其他文化，并且把自己的民族文化特色与真实面貌展现给世界，以便维持世界文化的多样性与民族文化的独特性。其次，从文化多元化的视角来看，文化作为一个民族的精神支柱，唯有维护其自身文化的独特性，才能在多元的文化中不失民族身份而保持民族特有的文化，以便增强学生的国家认同及民族

认同。因此，可以说学校教育的民族传统文化传承，"是文化全球化和多元化发展的必然走向，是构建社会主义和谐社会的必然要求，是促进少数民族地区经济和社会发展的必然选择"[4]。

2. 受教育者有学习长鼓舞文化的需求

长鼓舞文化是物质性与精神性的统一。物质层次的长鼓舞文化是精神层面的载体，而精神性的长鼓舞文化通过物质外在的长鼓及长鼓舞体现了瑶族的历史和变迁等文化内涵。长鼓舞文化可以集中又形象地体现瑶族文化，从目前的瑶族长鼓舞文化的传承现状分析，长鼓舞文化的传承需要学校教育。瑶族地区的学生尤其是中小学阶段的学生，感性思维优于理性思维，但其民族心理还未成熟，民族价值仍需要完善，如果学校教育仅对其实施与其生活相脱离的现代主流社会文化为主的教育，势必会导致瑶族地区的学校教育侧重于追求社会的均质化，从而导致地方性知识的失语及民族传统文化的游离，最终将导致民族地区学校教育与民族社区教育、家庭教育的割裂，从而导致民族文化的断裂。

3. 长鼓舞进校园的现实依据

首先，新课程政策的实施为长鼓舞文化进校园提供了保障。根据我国各民族地区的差异，国家出台的《中共中央国务院关于深化教育改革全面推进素质教育的决定》等文件明确提出试行国家、地方、学校三级校本课程管理。湖南、广西、广东等地也积极响应国家的政策方针，分别采取了一系列的教育配套改革，这些都为长鼓舞文化进校园传承提供了有力的保障。其次，中小学学校布局调整后，造成瑶族地区学校教育与学校外教育的文化断裂。自国家推行的中小学学校布局调整政策后，瑶族偏远山区的很多学生被迫从家乡的学校到离家很远的学校寄宿就学，而远离村落的学校教育忽略民族的思维模式和文化背景，造成学生与其民族文化的断裂。最后，链接学校内外文化的非连续性的需要。在民族传统文化进校园之前，江华瑶族自治县（以下简称江华县）的很多中小学的"学校课堂教育采用的都是照本宣科地学课本，读教材，枯燥的主流科学文化知识课程与这些从小就在山里长大的孩子们的世界相隔得太远，以至于英语课、物理课、化学课等这些外来课程几乎都成为孩子们最不受欢迎的课程"[5]。加上"长期以来，民族教育的理论和实践研究将低学业成就、高辍学率及读书无用等现实问题归因于经济落后和教育投入不足等经济问题，忽视了作为独立个体的学生与其所处的文化、自然之间的绵续性和连带性"[6]。这就使得少数民族的学生在外来文化的影响与本族文化的冲突中造成文化的非连续，从而造成民族传统文化的断裂。但自从江华县开展"民族文化进校园"活动后，江华县的很多中小学校都在根据学生的民族成分和民族特点引进不同的民族文化课程，力求通过"对多元文化生态系统的关注来加强本土课程资源的开发与利用，凸显学校教育课程对民族文化与本土知识的开发与利用"[7]。当地的教育行政部门也改变过去"一刀切"的课程管理，转而呼吁和鼓励各学校开设自己的校本课程，由此缓解非同质文化之间的冲突，这就激起了学校师生们课程改革的兴趣，以至于很多教师根据自己学生的特点编制了"长鼓舞操""关刀舞""龙舞"等丰富多彩的民族文化活动，很多学生也积极报名参加学校举办的各种民族歌舞、手工艺比赛活动，极大地推动了当地的学校教育改革。

（二）瑶族长鼓舞在学校教育中传承的有限性

沱江镇 A 小学坐落在江华县城东面的豸山脚下。学校现有学生 1500 余人，教师 70 多人，其中瑶族师生超过 1000 人，占师生总数的 70%。学校自 2006 年开始实行"瑶文化进校园"活动以来，通过多种方式，开展了丰富多彩的瑶文化元素进校园活动，增强了瑶文化在学生中的渗透和感染力。该学校以"传承瑶文化为己任，打造瑶都特色学校"为宗旨，坚持"瑶文化传承从娃娃抓起"的育人目标，力求在推行"瑶文化进校园"的活动中打造出一所瑶都特色学校。现在沱江镇 A 小学经过多年的摸索，已经成功开发出具有瑶族特色的"长鼓舞操"，以及《瑶文化知识读本》《瑶文化韵文读本》和特色卡通连环画《盘王的故事》等校本读物。为了传承瑶歌、瑶舞，该学校还专门成立了"校园瑶文化传承办公室"；组建了"瑶娃舞蹈队""瑶娃合唱组"等专门学习瑶族歌舞的表演队，着力以"瑶文化进校园"为切入点，走出一条具有瑶族文化特色的传承之路。

从访谈中我们了解到自从沱江镇 A 小学开展"瑶文化进校园活动"以来，对学校、教师、学生都产生了很多积极的影响，这对于长鼓舞的学校教育传承有很大的帮助。总结该校长鼓舞文化传承之所以取得一定的成效，主要归功于以下几个方面：首先，沱江镇 A 小学的长鼓舞传承有相对健全的传承机制，为长鼓舞的学校教育传承创造了有利条件。例如，学校专门成立的"校园瑶文化传承办公室"，为每位学生配备一个长鼓，开发长鼓舞课间操及校本课程，建设具有瑶族文化特色的雕塑、壁画等硬件设备，此外学校还经常组织开展"我心中的瑶乡"手抄报活动、瑶族文化征文比赛、两年一次的"校园瑶文化"系列活动等，这都在很大程度上推动了长鼓舞文化的学校教育传承。其次，国家的"三级课程"管理体系的确立为沱江镇 A 小学的校本课程开发提供了政策上的保障。在沱江镇 A 小学的"校园瑶文化传承办公室"里，赵老师向笔者介绍了该校举行"瑶文化进校园"活动前后的变化。在国家三级课程管理还没有实施之前，学校校园文化的建设一切向主流教育学校看齐，校园里挂的都是名人名言、画像，完全体现不出一个瑶乡学校的特色。在举行"瑶文化进校园"活动后，沱江镇 A 小学从硬件建设入手，建设了"一二三六工程"（即一尊雕塑、两个花架、三面围墙、六幅壁画），形成了现在的传统与现代相结合的文化特色。该校还积极聘请瑶族民族艺人、瑶学研究专家等到课堂上给学生们传授长鼓舞等瑶族民间艺术。此外，学校还积极开展"瑶文化知识竞赛"、"盘王故事"演讲会、"瑶汉民族是一家"主题班会等多种文化传承活动，这些都是学校校本课程得以建设开展的结果。最后，沱江镇 A 小学开展的"瑶文化进校园"活动多次得到了江华县政府、县文化局、县瑶学会等上级相关部门的支持与认可。江华县政府近年来致力将长鼓舞保护的工作纳入到全县的经济与社会发展整体规划中，力争打造"文化强县"的战略目标，因此制定了《江华瑶族自治县长鼓舞普查方案》《江华瑶族自治县瑶族长鼓舞保护计划》等政策文件，还成立了"县非物质文化遗产保护中心"和"县非物质文化遗产保护工作评审委员会"，要求在全社会各界的关心与帮助下来加强对瑶族长鼓舞的发掘、抢救与保护工作。在资金与物质的投入上，江华县致力于加大对长鼓舞场地、器材等方面的建设（表 1、表 2）[8]。江华县政府对长鼓舞文化的重视是沱江镇 A 小学"瑶文化进校园"得以顺利开展的保障（表 3）。

表 1　江华县长鼓舞场地器材情况一览表

选项	沱江	贝江	水口	大圩	两岔河	未竹口
场地（标准田径场）/块	2	2	1	1	1	1
器材（长鼓）/个	800	1000	500	300	200	150
场地器材的维护、修理	优	优	良	良	良	差
其他保护措施	优	优	差	差	差	差

表 2　江华县长鼓舞活动经费投入情况一览表（2008～2010 年）

选项	表演投入经费				表演者发放经费				排练经费			
经费金额/元	300	500	800	800 以上	30	50	100	100 以上	500	800	1000	1000 以上
占全县比例/%	42	28	17	13	17	33	25	25	18	32	36	14

表3 江华县政府对沱江镇A小学"瑶文化进校园"资金投入情况一览表

投入金额	用途
46万元	为学校每位师生都配备2套瑶族民族服饰
10万元/年	"校园瑶文化节"等系列瑶文化活动经费
150元/人	为全校每位师生配置1个长鼓
其他科研经费	课题及校本课程开发

虽然沱江镇A小学在传承长鼓舞方面取得了一定的成效，但是其光鲜的背后还存在着种种问题，主要表现在以下三个方面。一是学校教育传承民族传统文化的目的敷衍化。学校教育作为民族文化的一种生命机制，理应要在"传统"与"现代"之间寻求到两级之间的平衡。但由于应试教育的影响，其学校教育还是停留在如何提高学生的入学率和巩固率、提高学生的学业成绩和降低辍学率上，而对如何处理我国民族教育的"传统"与"现代"断裂局面却很少关注，导致民族文化进校园口号喊得轰轰烈烈，但应试教育却搞得扎扎实实。二是学校教育传承民族传统文化的不完整性。对于相关的民族知识、风土人情、民俗艺术等却只能在课堂教学中偶尔地穿插或忽略不讲，相关的音乐课程、手工课，教师们也只是简单地教学生们演唱一些简单的民族歌曲、制作一些简单的民族手工工艺，而对于其所蕴含的丰富民族文化知识则很少提及或展开讲授，以至于在学校教育里，学校传承的只是民族知识而非民族文化。三是学校教育传承民族传统文化的过程形式化。学校教育里开设的校本课程大多还停留在民族文化的浅层面上，学校教育的课程还主要是采用主流城市的"大一统"课程模式，校本课程、地方课程还存在明显的二元化研究范式倾向，学校的课程忽视了"育人"的终极关怀，忽视了"人的回归才是教育改革的真正条件"[9]，而只是把人看成是"文化传承的工具"或"为经济服务的工具"，重"知识"而轻"育人"的倾向非常严重。

长鼓舞是一个文化整体，其不仅有外在的舞蹈动作，更含丰富的精神内涵。而学校教育传承的长鼓舞大多是去除了文化内涵后的一些眼花缭乱的歌舞动作，无所谓完整的长鼓舞文化，因此不能称作文化的传承。一些学校或政府为了所谓的"形象工程"，或迫于上级政府及教育主管部门的压力而打着民族文化传承与保护的幌子，把"民族文化"硬塞进课堂、进校园。因此，在主流社会无形的"文化强势"下，特别是在以"升学为中心"的教育观念影响下，许多民族学校都把民族传统文化边缘化，城市的主流文化挤占了瑶族传统文化的生长空间，进而导致了瑶族民族自觉或不自觉地把自己的民族文化放弃和遗忘了。

民族传统文化的传承是一项系统的工作，它的传承离不开必要的条件。结合江华县中小学学校的考察，笔者发现在这些民族学校里普遍存在着民族传统文化传承保障机制不完善的现象，主要表现在以下三个方面。一是政策、制度没有保障。虽然江华县政府，以及文化、教育等上级部门积极响号召将"民族传统文化引进校园""进课程""进教材"。但是对于如何开展学校教育传承民族传统文化、哪些民族文化需要传承、应由哪些人哪些部门来主管负责并没有明确的方案。以至于江华县的很多中小学学校在"民族文化进校园"的活动上还只是"单打独斗""小打小闹"，有些学校甚至为了"形象工程"或迫于上级部门的压力而盲目地将各种民族传统文化引进校园、课程，一旦出现问题则弃之不管，捡起其他民族文化再从头开始，这种没有规划性的"捡了芝麻丢了西瓜"的做法是不利于民族文化传承的。二是资金没有保障。在访谈中笔者了解到，虽然江华县政府在"瑶文化"的传承上曾出台过相关的政策、资金保障文件，也曾经组织邀请民间艺人到学校里给学生传授跳长鼓舞的基本知识，但是限于贫困县财政、教育经费的紧缺，导致这些"宏图愿望"现在都不了了之。三是专业教师紧缺，师资力量没有保障。由于我国少数民族地区大多都是分布在我国经济、政治、文化等相对比较落后的地区，学校的基本条件、设施建设与师资力量都比较薄弱，导致学校在民族传统文化的传承上举步维艰，故而"开设的所谓民族文化课堂只能表象性地维持存在，很难达到教学效果应有的实质要求"[10]。在对江华县的考察中，笔者发现，在现在的中小学民族文化课上，授课的大多都是其他科目的老师临时兼职的，这些老师很大一部分都是通过事业单位招录进来的外族老师，其自身的瑶族民族传统文化知识了解情况可想而知。

在笔者调研的大圩镇文明村、兴仁村等村落亦看到类似的景象。偌大的村落里除了几个年长的老人外，几乎很少有年轻人或小孩会跳长鼓舞。在文明村，笔者看到"鼓王"赵明华老人的两个十几岁的孙子，他们和伙伴们在围着跳长鼓舞用的方桌追打，而对放置在方桌上的长鼓却视而不见。"现在的电视节目那么丰富，他们早就对这个（长鼓舞）不感兴趣了。"从赵老的无奈声中我们也能感受到长鼓舞传承的尴尬。"长鼓舞太土了，学那个有什么用呀？""动作太辛苦，受不了""学校里有教长鼓舞，但是和村里跳的长鼓舞不同""我会唱瑶歌的，但学了又忘了，学校里教其他的歌曲"……村里年轻人们的这种看法导致村落里能打长鼓、跳长鼓舞的小孩少之又少。据村长夫人李玉英回忆，过去文明村"几乎每家每户都有两到三个自制的长鼓"，但是现在"别说是几家有一个，就是整个文明村都找不出一两个像样的长鼓出来"。"现在村落唯一保存的一对长鼓，还是明清时期流传下来的，早就成了古董了。""你别看我家里摆了这么多长鼓，其实我也不会打，纯粹是为了混饭吃"，文明村木工李师傅笑着说："现在来我们这里旅游的人多，所以长鼓很好卖，一个长鼓卖一两百元很正常。"随着江华县长鼓舞非物质文化遗产的申报成功，江华县已经成为一个热门的旅游景点，当地人都将长鼓舞视为一种谋生的技能，以至于原本富含丰富文化内涵的长鼓舞民俗表演慢慢变成了有经济报酬的商业演出。"现在的社会什么都讲钱，打工一天都能挣七八十元，打长鼓不收钱吃什么？没钱我才不干……"长鼓商贩们的经济利益心理使得笔者也颇感尴尬。"现在我们村除了组织参加县市里的文化活动，才会临时从学校或村里召集一些年轻人来练，主要是为了应付上级安排的任务，这种临时性的学习哪能算是传承呢？""我们村的年轻人大多都外出打工了，基本上没有人愿意学习长鼓舞了。"村长夫人李玉英面对长鼓舞陷入后续无人的尴尬境地也颇感无奈。纵观现在的瑶乡，农村的现代化也在一步步地发展，传统的民族文化也在一点点地消失，年老的长鼓舞传承人逐渐老去，新的传承人又大多青黄不接，甚至早已断代。这样，作为具有重要价值的民族艺术瑰宝长鼓舞亦面临着后继乏人、濒临失传的尴尬境地，加上其传统生存与发展的时间与空间在慢慢地消失，长鼓舞的生存与发展面临着极大的危机。

三、学校教育传承瑶族长鼓舞的有限性原因分析

虽然学校教育在民族传统文化的传承与保护中发挥着重要作用，但是学校是一个特殊的教育机构，其教育时空、教育主体及教育过程的有限性决定了其在传承民族传统文化上的困境。

（一）学校教育的特性制约

虽然现代学校的组织与计划为民族文化进校园的保护与传承提供了可能，但是作为一种特殊的教育机构，学校教育不能为民族传统文化提供良好的传承环境，导致其传承民族文化的功能并不彰显，主要体现在以下三个方面。

1. 学校教育主体的有限性制约

教育作为人类社会的一种实践活动，人作为教育的主体，是具有有限性的。教育学基本理论认为教育者（教师）及受教育者（学生）是作为教育活动的主体——人的因素而存在着，因此都具有有限性。主要表现在：①学生受教的有限性。学生作为教育的主体，是教育活动的主要参与者，教育必须研究并遵循人的身心发展规律，因此学生的受教是存在有限性的。②教师施教的有限性。教师作

为教育的实施者，其自身的能力、经验、性格等方面的有限性极大地决定教师的施教活动影响的有限性。加上每个学生身心的差异，使得无论教师在教育活动过程中具备多么完善的能力结构、教学技能及知识体系，也是很难做到能满足每一个个体差异的学生群体的。因此，从教师的主体方面来说，教师主体的有限性决定了其施教的有限性；从人的全面发展来说，学校教育只是影响人身心发展的一个方面，除了学校教育的影响，人的身心发展还受到诸如家庭教育、社会教育等多方面的影响，因此可以说学校教育在人的身心发展上所起的作用也是有限性的，它只能对人的身心发展起着基础性、局部性作用。

2. 学校教育时空的有限性制约

学校是一个相对封闭化的教育空间，这种空间不仅有限，而且还被制度化规定了。这就导致其不论是何种教学形式，都必须是在普通的教室、校园内完成的。而且"学校是一个汇聚、传递文化的高级文化体"[11]，传播的文化知识只能是经过社会权力主体精心筛选过的科学知识，只能是那些能"让学生在更短的时间内更好地掌握更多的科学和文化知识"[12]的东西。而长鼓舞作为瑶族文化的精华，其传承的途径主要是通过一定的祭祀仪式、节日活动与特定的生产生活方式传承的，学校的教育时空性制约导致其无法在学校教育中得到很好的传承。因此，学校教育只能传承那些经过筛选和处理后的科学知识，这种简单处理化造成的结果是学校传承了"器物层面"的民族文化，却对"制度层面"和"观念层面"的民族文化知之甚少，导致学生即使掌握了民族歌舞的动作却不知道其代表什么，蕴含什么特殊意义。正如笔者在沱江镇考察时访谈中见到的那样，当被问起其所跳的长鼓舞动作代表什么意思时，很多学生都是频频摇头（表4）。

表4　学生对长鼓舞文化的了解情况调查

问题	选项	被选频率/人	所占百分比/%
	长鼓舞的歌舞动作	92	46.0
你认为学校该传承长鼓舞的什么？	长鼓舞的文化内涵	51	25.5
	以上两个都需要传承	57	28.5

3. 学校教育过程的有限性制约

教育过程是一种有目的的教育活动过程，其要素应该包括教育目标、教育内容、教育方法、教育评价、教育价值等基本要素。教育过程应该是学校教育发生、发展和产生效果的主要环节，因此是学校教育活动得以进行的主要环节。"教育内容的选择是以一定的教育价值为取向的，这个价值取向既包括教育按照社会的价值需要，又包括按照教育自身的价值需求。"[13]因此，在有限的教育时空下，必然导致学校教育"在显在知识的水平上，选择性传统和合作的作用导致某些价值和实践得到重视而另一些价值和实践被忽视、排除、淡化或重新解释"[14]。教育方法作为达到教育目标的方法与手段，其作用亦是有限的。这是因为，人的实践活动受到多方面的限制，主要表现在："第一，物资条件的限制，包括人自身的生理条件、外部的生态条件和技术条件等因素的制约导致人们选择方法的局限性；第二，社会规范、社会价值观和种种道德、价值观念对人的控制与影响，从而导致人们在方法的选择上有所限制；第三，人们过去的选择经验、习惯及制度化选择的影响，导致人们在方法的选择上有所偏重。"[15]总之，学校教育是以传播高度抽象的科学文化知识、间接知识为主的，这就使得学校的教学方式大多只能以课堂教学、讲授法等教育教学形式进行。而民族传统文化大多都是来源于生活，传承方式亦大多是通过传统的口耳相传、言传身教等方式进行的。因此，教育过程的差异性使得学校教育在传承民族传统文化的作用上是存在有限性的。

（二）民族传统文化特性制约

作为一种土生土长的文化，瑶族长鼓舞自身就存在宗教性、"生活化"倾向和群众性等特性，这些特性影响着其在学校教育中传承的效果，主要表现在以下三个方面。

1. 长鼓舞文化的本土性制约

长鼓舞文化的存在依赖于传统的生产生活方式，依赖于一定的文化场域，一旦这种乡土性的传承场域或生产生活方式发生了变化，其民族文化的传承必将受到严重挑战。有学者认为，"在当今全球化的浪潮中，我国少数民族传统文化是处于断裂和重构之中的，当前中国各民族传统文化的衰落消亡是普遍性的"[16]。"主要有三个方面：一是全球化背景下教育中的民族文化传承面临的挑战，主要表现为文化冲击对教育中的民族文化传承的挑战和文化冲突对教育中的民族文化传承的挑战；二是教育中的民族文化传承与生活世界的分离，主要表现为生活世界的民族文化传承教育逐渐弱化和科学世界的民族文化传承教育非生活化；三是学校教育中的民族文化传承的缺失，主要表现为忽视民族文化传承课程的设置和教学，忽视全部教育活动中的民族文化传承教育和忽视民族文化传承教育的师资培训。"[17]因此，盲目地将民族传统文化引入校园传承，使其独立于具体的生产、生活背景，必然容易导致民族传统文化的"水土不服"，从而导致文化的"休克"与"消亡"。

2. 长鼓舞文化的宗教性与内隐性制约

"在古代，由于科学水平的局限，人们一时尚无法解释一些自然现象的生成和变化，于是先民们就以为冥冥之中有一种神奇的力量在主宰着生活中的一切，于是产生了万物有神的观念"[18]，因此少数民族传统文化大多具有祭天地、敬鬼神的宗教信仰成分。但由于我国学校教育实行教育与宗教相分离的政策，那些富含宗教思想的民族文化只能被排除在学校课堂之外。但文化作为某一个民族的文化体系，其许多传统文化思想都是来源于原始宗教，不可避免地会或多或少地蕴含着原始的宗教迷信思想。而宗教思想与现代科学文化的矛盾使得这些思想无法被纳入现代学校教育传承的范围。我国少数民族传统文化除了外在的显性文化外，还存在很多内隐的文化成分，而且这些内隐文化一般是不容易被察觉的，只有将其放置于特定的文化传承空间、场域才能感受得到，因此其是无法通过学校教育的途径来传承的。比如，金秀六巷乡盘瑶的"度戒仪式"，很多人认为其"只是盘瑶内部宗教传承的一种方式，它是一种以宗教仪式来作为寻求神灵的保护、酬谢还愿以及宣示一个人成年的社会行为"[19]，而人们却忘记了度戒仪式的另一个重要意义就是具有教育后代和传承民族内部传统文化的功能。因此，民族传统文化的内隐性决定了其无法在学校教育中传承。

3. 长鼓舞文化的"生活化"制约

民族传统文化是少数民族人民在长期的生产、生活中凝结的智慧，它具有浓厚的生活气息，其生长必须依赖于特定的土壤与文化，贴近民族的现实生活，远离了相互依存的文化背景与生长土壤，因此，文化的本质内涵也就很难被理解。而且文化的传承是一个连续的、整体的过程，如果盲目地将其"分割"，碎片化地引进校园、引进课堂，势必会造成民族传统文化传承的"零碎化"，也容易使民族传统文化失去生长的根。加上学校开发的校本教材与地方教材无论是在编制上还是在教材内容的选择上都存在诸多问题。笔者田野考察发现，在民族地区学校开设的校本课程内容大多都是学校的老师根据自己的喜好在网络上收集和整理形成的，缺乏专家的指导与建议，对校本课程内容的科学性也较缺乏认识，因此开发的校本教材在系统性、完整性与逻辑性上都存在很大的缺陷。"您别看我们学校开发了那么多本校本教材，其实很多都是老师们在课余时间从网络上复制、粘贴合成的，没什么逻辑性、系统性。而且很多神话传说内容我们也不敢保证其正确性，因为瑶族人分部太广，支系又多，所以每个地方与每个地方的传说差异很大，所以我们的校本课程内容只能摘录那些思想健康、符合学生年龄段成长的神话故事……"再次是学校对开发的校本课程内容究竟该如何选择、如何呈现、如何考评等一系列问题并没有科学的规划，导致开设的民族教材与学生的现实生活"脱离化"，导致学生学习民族传统文化的积极性下降。因此，可以说，民族传统文化的"生活化"决定了学校教育传承民族传统文化作用的有限性。

（三）学校教育传承民族文化的社会基础制约

马克思曾说过"一切社会变迁和政治变革的终极原因，不应当在人们的头脑中，在人们对永恒的真理和正义的日益增进的认识中去寻找，而应当在生产方式和交换方式的变更中去寻找；不应当在有关的时代的哲学中去寻找，而应当在有关的时代的经济学在去寻找" [20]。这就间接地告诉我们影响学校教育困境的不应仅仅是教育的问题，还应有制约学校教育发展的社会根源。

1. 民族地区社会生产力的制约

"教育的发展深受生产力发展的制约；生产力的发展既为教育的发展提供物质条件，也要求教育通过相应的发展，为生产培养所需人才"，生产力的发展水平影响我国学校教育资源的配置。虽然目前国家大力倡导"民族文化进校园" [21]，加大了对民族地区的教育扶植力度，但在生产力水平低下、经济发展落后的民族地区，学校教育经费的来源只能依赖于教育行政部门的教育拨款而无法从社会上筹措社会资源。因此必然导致在有限的教育资源下，民族学校教育在教学内容、教学方法和教学组织形式上的畸形发展。所以说，学校教育"如果抛开社会生产力发展水平，随意或盲目发展教育，那就必然要违背教育与经济发展之间的客观规律" [22]。因为一方面，学校教育有自己特定的发展条件与社会基础，离开了那个特定的条件和运行机制，学校教育也就无从教育了；另一方面，我国少数民族文化也有自己独特的文化底蕴，这些文化都是人们在一定的社会生产力下创造的智慧结晶，是民族教育赖以生存的土壤、水分和阳光。因此，在教育与政治经济制度和生产力的发展并非完全同步的情况下，我们不能僭越教育的运行规律和发展特点而盲目地倡导"民族文化进校园"活动。学校教育传承民族文化的规模、内容及教育形式必须与民族地区的生产力发展水平相适应，民族文化的学校教育传承只能依赖于一定的物质基础。

2. 民族地区社会经济政治制度的制约

一个民族教育事业的发展是受一定的政治经济制度规约的。我国的民族学校教育无论是在教育目的、教育结构、教育管理体系上，还是在人才培养规格、教育质量标准上与城市的现代主流教育大致相似。这就导致了民族教育的课程大纲、教材内容和教学方式都在很大程度上照搬城市的主流教育模式，往往容易忽视了发生在民族地区的学校教育的特殊性。加上长期以来我国在经济社会发展中采取了差异化的发展政策，教育作为社会政策的组成部分，具有服务于社会政策的功能，因此在差异发展的社会政策下必然导致差异发展的教育政策产生。差异发展的教育政策最终的结果是导致我国的教育在财政投入上、在教育价值的取向上、在教育目标的定位上存在种种差异。这最终的结果是造成我国民族学生的"文化非连续"，造成民族文化进校园后的断裂，这不但没有促进民族教育的改革，反而阻碍了教育的发展。因此说，学校教育功能的发挥是受民族地区的社会、经济、政治制度制约的。

3. 文化的制约与影响

民族文化是少数民族群体在历史上形成并传承下来的物质文化、精神文化、行为文化和制度文化的总和。因此，民族文化中的文化观念、文化模式和文化传统等都会制约与影响学校教育的传承。教育是文化的一部分，文化对教育起着奠基的作用，因此教育应该起到传承文化、选择文化、创新文化的作用。但是在现实中，人们由于受到世代相沿的文化观念、行为模式、思维方式和生活方式的限制，文化知识发展水平相对滞后，因而对于正规学校教育中的思维方式、文化观念、行为规范一直无法理解与适应，这就在一定程度上制约了现代教育的教学内容与发展水平。而且从民族学校教育目标的定位来看，我国少数民族学校教育不仅要以民族地区文化为基础面向民族社会经济的发展，同时还要接受和融入现代城市主流文化，这就容易导致民族学校在教育目标的定位上遭遇种种复杂性。而且我国的少数民族文化大多有悠久的传统，这些传统在一定程度上还会制约现代教育的发展与变革，因此说传统民族文化的制约亦是导致学校教育传承民族文化功能弱化的原因之一。

四、弥补学校教育传承民族文化有限作用的建议

虽然学校教育传承民族传统文化的作用是有限的，但是我们不能因为学校教

育作用的有限性而贬低学校教育，或者去寻找学校教育的"替代机构"。我们探讨学校教育的有限性就是为了更好地遵循与利用学校教育的规律与途径，避免教育改革的失败。为此，我们需要从以下几个方面来对学校教育的有限作用进行改进。

（一）注重对民族文化传承内容的精选与课程开发

1. 精选适合学校教育传承的民族传统文化内容

少数民族的传统文化内容比较丰富，而且民族与民族之间的文化差异也很大，因此如何在浩瀚的海洋中精选出适合学校教育传承的民族传统文化，是我们推行"民族文化进校园"的前提。文化是一个民族的精髓，是"人们的价值与道德观念、宗教信仰、语言、艺术、教育、法律和对事物认识的能力，以及表现在衣食住行、婚丧嫁娶、生老病死、家庭与社会生活等方面的风俗习惯"[23]，反映的是一个民族由外到内的基本特征，具有很强的民族性。因此，学校教育内容的选择不能只停留在"器物文化"层面的内容开发上，而应关照民族传统文化背后的精神内涵。所以，我们需要通过开设多元文化的课程及教育，将各少数民族的传统文化精华或特色融入到学校的现有课程中，以便发展学生的认知、技能、情感等方面的能力和态度。当然，文化之中有精华亦有糟粕的成分，这就需要我们在选择与精选教育传承内容时，要以科学的眼光来甄别与选择那些有价值的、健康的民族文化，而剔除那些封建性、神秘性的"伪民俗"文化。特别是在民族基础教育阶段，由于学生年龄小、见识少，自身的价值观还尚未形成，对事物的善恶缺乏成熟的鉴别能力，所以对于一些不符合学生年龄段传承的民族传统文化，我们要慎重传授。而对于一些不适合通过学校教育途径来传承的民族传统文化，也不能为了敷衍式地应付而强拉进校园传承，导致传统文化传承方式的打破，造成文化的非连续性。"学校教育的一个主要目的是帮助学生获得知识、技能和态度去有效理解并掌握国家普遍文化，自己族群的亚文化和其他族群的亚文化。"[24]

2. 科学地开发多元文化的课程资源

少数民族的民族传统文化是人民在漫长的社会历史过程中创造并经世代传承的物质文化、制度文化和精神文化的总和，其内含丰富的民族团结、礼仪习俗、道德伦理等教育素材。因此，学校教育应深入研究挖掘这些有用的"课程资源"，使其成为可利用、可开发的校本课程。学校课程是教育文化功能的具体化，学校校本课程要想开发得好，内容就不能只囿于偏重科学技术知识的传授，还应重视对民族服饰、风土人情、民族手工艺、歌舞文化等内容的吸收与开发。在民族地区中小学的学校教育课堂中，诸如音乐课、美术课等，应注重对民族歌舞、乐器、服饰、民族图案、民间工艺品等民族传统文化的传承。作为主打课程，如语文课、历史课、思想政治课等亦应注重对民族历史、民族文学和民族传统道德习俗的传承。只有在国家课程、地方课程和校本课程中互相补充、综合利用，才能丰富学校的课程资源，满足民族地区学校教育传承民族传统文化发展的需要。少数民族拥有丰富的传统文化资源，但要想使这些优秀的民族文化资源得到开发吸收，就必须建立多元化的学校教育课程，重视学校教学的基本组织形式与辅助组织形式的结合，比如，开展主题单元教育形式。学校课程根据学科的课程目标或教学目标将民族传统文化教育资源分成若干主题，比如，源远流长的民族历史、独具神韵的民族风情、别具特色的民族歌舞等，形成一系列活动分别给以开发和利用；又如，开展丰富多彩的综合实践活动形式，这些活动注重学生的体验参与，目的是为了培养学生的合作精神，使其形成良好的人际关系等。具体的做法是：可以在学校开展民族歌舞选修课程，丰富学生的业余课程；或是开展民族歌舞比赛、手工艺比赛，让学生在亲身体验中得到熏陶。此外，学校教育还应注重对校园民族文化的建设和打造，或者是班级民族文化建设等，通过隐性课程的形式来潜移默化地对学生进行民族传统文化相关知识的熏陶与培养。

（二）加强对学校教育传承民族文化的保障机制建立

虽然目前国家加大了对民族教育的扶植力度，民族地区的教育水平也在一定程度上得到了飞速的发展，但是由于历史、自然地理、文化等方面的制约，少数民族地区的学校教育在发展水平与东部发达地区相比还是比较落后的。因此，加大对少数民族地区学校教育的基础设施建设、师资力量建设、评价制度建设等保障机制就显得尤为重要。

1. 加强对民族教育的基础设施建设

基础设施建设是"民族文化进校园"后得以传承的物质保障。因此，加大对民族教育的基础设施建设，能为"民族文化进校园"的顺利开展提供保障。现在的许多民族学校之所以在举行"民族文化进校园"活动时举步维艰，最大的困难就是民族传统文化学校教育传承的基础设施缺乏，尤其是民族歌舞、体育文化的学校教育传承。民族歌舞文化表演需要配套的乐器、服饰、道具等，而这些最基本的歌舞表演配套设施对于那些尚处于"校舍危房""无米开锅"的民族中小学学校来说更是难上加难；而民族体育文化进校园，需要相应的体育器材与体育场地，而这些都是边远民族中小学学校比较缺乏的。此外，民族文化校本课程的开发、民族文化校园文化的打造与民族工艺文化的引进等离不开具体的设备与材料，因此配备相应的民族歌舞器材、体育器材、场地等基础设施，是保障民族传统文化得以在学校教育中顺利传承的必然条件。

2. 建立科学、有效、长期的民族文化传承保障机制

民族地区学校教育传承民族传统文化最大的困境就是缺乏比较完善的传承机制。①在制度方面，由于上级部门没有比较具体的民族传统文化保护的实施方案，以至于学校教育在传承民族文化上缺乏相应的制度支持。正如笔者在江华县涛圩中心校看到的那样，该校的潘老师将富有民族意蕴的竹竿舞引进校园，组织全校师生人人参与跳竹竿舞，但是苦于没有上级教育主管部门的配套政策支持，导致学校的竹竿舞师资还只是由临近退休的潘老师一人苦力支撑，现在学校也很想将上伍堡一带特有的瑶族歌舞形式引进校园，但限于师资力量、考核体系及资金等方面的限制，使得传承的民族传统文化大多流于形式。②在财政支撑方面，由于我国大多少数民族地区的学校都处在偏远贫困地区，教育经费紧缺，后备资金不足，上级部门又缺乏对学校开展的各种民族文化进校园活动提供经费支撑，以至于很多学校碍于上级行政命令，把引进民族文化进校园当作走过场，敷衍式的传承破坏了民族文化的整体性。"刚开始我们学校是聘请长鼓舞传人赵明华、赵旺生两位民间艺人来学校里给学生传承长鼓舞的，但是现在我们很少聘请了，因为聘请的开支太大，上级部门说好承担聘请的费用，最后一直没有兑现，最后只能我们学校自己掏腰包来买单。""说实话，当时县里指定我做我们村的长鼓舞传承人，我是有点不愿意的，因为这种传承一点好处都没有，而且还要你到处去参加各种演出，太累。像我师傅李长鼓王（李根普）那样，做了一辈子的长鼓舞传承工作，县里给他什么了？最后什么也没有得到，去县里参加授课与演出的车费还是自己掏的腰包。上面拨了钱，都给上级部门给分了，我们最后什么也没有。"③在师资建设方面，由于学校教育经费紧缺，又无法引进民族文化知识比较专业的教师或专家，上级部门招聘的教师大多又都是外族的教师，缺乏相关的民族文化传承意识，以至于民族文化的校园传承有心而力不足，加上传统的教育评价方式和应试教育的价值导向更是让很多老师宁愿为了"业绩"加班加点也不愿意花费一点点时间去教学生们吹拉弹唱。④缺乏相应的教育考试评价方式。由于受城市主流文化评价制度的影响，我国许多中小学教师们还是迫于应试、绩效工资等的压力，对民族传统文化进校园、进课堂等民族文化传承活动并不是很重视，乃至于少数

民族地区的学校教育也是照搬城市主流文化的评价标准。从人类学的角度来说，在文化的多样化和多元化发展趋势的背景下，用一种主流文化的单一评价标准来对多元的民族文化进行分析评价是不科学、不合理的。因为"每个民族所生活的独特背景，创造出了具有独特民族风格的文化知识，教育在传承这些'知识'的过程中，却往往通过'规范'作为过滤网，将发生于原生态背景中的原生态文化一概滤出，只剩下一元的、主体的、标准的知识内容，从而使民族传统文化被边缘化"[25]。例如，笔者在江华县考察时，有教师这样谈道："平时我们在学校中也想多给学生们教一些长鼓舞文化，但是就现在这个'以成绩论英雄'的教育制度，我们也没有办法，你看一切评优都要看成绩，就连我们的工资都和学生成绩挂钩，所以谁不想方设法地把学生成绩弄上去呀。现在的家长评价老师的好坏还是以学生的成绩为主，学生成绩好，你就是一个优秀的老师，反之，就说你是一个差老师。所以说，有时候我们也是被逼无奈的……"学校里缺乏对民族传统文化传承的考评制度，以至于很多教师为了追求应试考试的绩效、为了考评不惜忍痛割爱。因此，只有建立科学、有效、长期的民族文化传承机制，才能建立起相应的激励机制，亦能将教师、学生、家长有机结合起来，这样的民族文化传承才有希望。

五、结语

文化是维系一个民族生存、发展与延续的灵魂，"一个民族如果对自己民族的历史和文化中断了记忆，如果不爱惜自己民族的文化和传统的话，那就注定要受到历史的惩罚"[26]。在全球化与现代化的冲击下，不少研究者呼吁将"民族文化引进校园""进课堂""进教材"，希冀通过有组织、有计划的学校教育来解决民族文化的传承困境，以拯救日渐消亡的民族传统文化，其最初的愿望是好的，但是通过对江华县的长鼓舞进校园的个案调查发现：学校教育作为一个专门培养人的特殊机构，虽然有其传授知识的集中性、系统性、目的性的特性，但这种特性也注定了其在传承民族传统文化的过程中存在着很大的局限性。因为民族文化作为一种具有本土性的"地方知识"，其大多还是依靠各种固有的文化传承方式来传承的。因此，我们不应该把拯救与改善民族文化困境的重任完全交由学校教育来完成，而应注意家庭教育、社区教育、宗教教育等校外教育形式的传承作用。

因此，在今天的民族教育课程改革中如何在文化观上寻求异文化的"文化位育"之道，是当下我国民族基础教育课程改革的根本出发点。"民族文化进校园即是将民族文化引入到学校教育中，通过对多元文化生态系统的关注，加强本土课程资源的开发与利用，凸显学校教育课程对民族文化与本土知识的开发与利用。"[27]为此，就需要我们在开发与利用少数民族文化时，理性地看待学校环境下的民族传统文化传承的有限性问题。文化的传承离不开一定的环境，现实中的校园文化与社区文化、家庭文化、社会文化的差异已使得学校成为一个脱离学生生活、脱离社会现实的文化孤岛，已使少数民族学生出现文化的非连续性。加上随着目前农村地区学校布局调整政策步伐的逐渐深入，我国许多民族村小学就存在一个保留与撤并的问题。学校教育中民族文化教育的逐渐缺失，在学校根本学不到自己民族的传统文化，长此以往，必将导致民族文化的丧失。文化丧失"是由于教育依循社会价值观念的更迭，在一定社会价值规范和社会目的的引导下，将这种文化剔除于传承的范围，使文化在代与代之间形成'断层'，失去继续传承下去的根基"[28]。学校作为外来孤岛，有着不同于民族社区的文化环境，学校布局的调整忽视民族学生的思维模式和文化背景，使奔走于学校与社区之间的学生无法在家庭文化、学校文化和社区文化之间找到平衡点而产生文化疏离。为此，"导致许多少数民族学生在学校教育中，会感到因文化'非连续性'带来的文化压力，并出现不同程度的文化适应困难现象，如'文化休克'、情感满意度和行为能力降低，排斥和回避学校教育等，从而增加了出现文化边缘化或同化，民族认同弱化、学业成就较低的可能性"[29]。少数民族学校教育的目的应该是使人学会生存，实现人的全面发展，应该"帮助学生获得知识、技能和态度去有效地理解并掌握国家普遍文化，自己族群的亚文化和其他族群的亚文化"[30]，而不应该只是简单地成为少数民族学生学会认字、掌握初级水平教育的场所，而应根据地方的差异因地制宜地教学。我们应注重对民族文化传承内容的精选与课程开发，通过精选适合学校教育传承的民族文化内容和开发多元化的课程资源等方式来改善学生的文化非连续性现状，帮助少数民族地区的学生由被动的"退缩型适应""同化型适应"向主动的"双重文化适应"方式转变，进而实现少数民族学生与民族传统文化环境之间的"安所遂生"发展。现在的民族教育过分地强调以"民族"为中心来看待教育，导致少数民族学校教育关注的焦点是如何比照城市的主流教育，或使之教育模式向城市主流教育靠拢，而忽视了发生在"民族"地区的"教育"究竟是什么？应该是什么？作为建设和服务民族地区的教育，其目标应立足于如何有效地促进少数民族地区的每个青少年全面、健康地发展。因此，在当下我们需要重新甄定民族教育的根本目标，民族教育之所以为民族教育，是因为它的发生是在一定的场景中展开的，所以立足于民族地区，服务于民族地区青少年的积极健康的生存姿态和健全发展应该是民族教育的根本目标，民族教育的培养目标应"既要培养少数民族学生使之成为本民族的优秀人才，又培养他们成为国家的优秀接班人和建设者"[31]。民族传统文化进校园的实施一定要关注"进校园"后的"民族文化"发展问题，特别是文化的创造者、传承者——人的发展问题。人并不是民族传统文化传承的工具，而是独立发展着的个体，因此教育应当关照人的生活世界。当前的民族基础教育之所以陷入困境，很大程度上就是由于人们忽视了教育中的"人"的存在，没有从民族文化的特色与具体情况出发来发展教育而造成的。"人的发展应该是立足于'人本'的同时还要立足于'族本'，并整合各民族优秀文化而获得发展，而不是丢掉文化传统的'跨越式发展'，丢掉本民族文化根基，人也谈不上获得充分、自由和全面的发展。"[32]因此，关注多元文化背景下的民族文化"安所遂生"之道，关注人与自然的"共生"、文化与文化的"共生"问题，是实现"各美其美，美人之美，美美与共，天下大同"的文化多元一体格局的和谐发展之路。

参 考 文 献

[1]杨翠丽. 瑶族长鼓舞的体育文化社会功能及资源开发[J]. 体育学刊, 2006(7).

[2]白雪静. "还盘王愿"祭祀仪式中的舞蹈形态研究[D]. 中央民族大学, 2006.

[3]钱民辉. 多元文化与现代性教育之关系研究[M]. 民族出版社, 2000.

[4]曹能秀, 王凌. 少数民族地区的学校教育和民族文化传承[J]. 云南师范大学学报, 2007(3).

[5]玉金宇, 龙纯敏, 黎映成. 学校教育传承民族传统文化的困境及对策研究——基于对广西金秀自治县六巷乡的考察分析[A]//张诗亚, 杨如安. 文化强国战略中民族文化特色传承会议论文集. 西南师范大学出版社, 2014.

[6]吴晓蓉, 张诗亚. 贵州省民族文化进校园的教育人类学考察[J]. 民族教育研究, 2011(3).

[7][27]吴晓蓉. 我国民族地区学校教育质量提升对策研究[J]. 民族教育研究, 2009(6).

[8]赵山涛, 谭菲菲. 江华瑶族自治县长鼓舞的开展现状及其资源开发研究[J]. 今日科苑, 2010(12).

[9]卡尔·雅斯贝尔斯. 人论[M]. 邹进译. 生活·读书·新知三联书店, 1991.

[10]杨俊. 民族文化进校园的实效性问题研究[J]. 黑龙江高教研究, 2009(10).

[11]冯增俊. 教育人类学教程[J]. 人民教育出版社, 2005.

[12]王策三, 孙喜亭, 刘硕. 基础教育改革论[M]. 知识产权出版社, 2005.

[13]鲁洁, 吴康宁. 教育社会学[M]. 人民教育出版社, 1990.

[14]迈克尔·阿普尔. 意识形态与课程[M]. 黄忠敬译. 华东师范大学出版社, 2001.

[15]郑也夫. 代价论: 一个社会学的新视角[M]. 生活·读书·新知三联书店, 1985.

[16]杨福泉. 论我国现代化进程中的少数民族文化保护[J]. 思想战线, 1998(5).

[17]曹能秀，王凌. 试论教育中的少数民族文化传承面临的问题与挑战[J]. 当代教育与文化,
    2010（1）.

[18]隆荫培，涂尔充. 舞蹈艺术概论[M]. 上海音乐出版社, 2009.

[19]李远龙. 传统与变迁——大瑶山瑶族历史人类学考察[M]. 广西民族出版社, 2001.

[20]马克思，恩格斯. 马克思恩格斯选集[M]. 第三卷. 中共中央马克思恩格斯列宁斯大林著作
    编译局译. 人民出版社, 1972.

[21][22]王道俊，郭文安. 教育学[M]. 人民教育出版社, 2009.

[23]方铁. 经济全球化与民族文化多元发展[M]. 中国社科文献出版社, 2003.

[24]Banks J, Banks C. Multicultural Education: Issues and Perspectives[M]. Allyn & Bacon, 1997.

[25]哈经雄，滕星. 民族教育学通论[M]. 教育科学出版社, 2001.

[26]邵龙宝. 全球化与"文化自觉"及其教育[J]. 社会科学, 2001（10）.

[28]郑金洲. 教育文化学[M]. 人民教育出版社, 2000.

[29]李怀宇. 少数民族学生在学校教育中的文化适应：基于教育人类学的认识[J]. 贵州民族研究,
    2005（4）.

[30] Banks J A. Multicultural Education: Issues and Perspective[M]. 3rd ed. Allyn and Bacon, 1997.

[31]王锡宏. 少数民族教育双重理论与实践探索[J]. 贵州民族研究, 2003（4）.

[32]白红梅. 文化传承与教育视野中的蒙古族那达慕[D]. 中央民族大学, 2008.

课程与教学论

民族地区小学语文教材研究

——以昭觉县某小学为例

魏　曦

（成都工业职业技术学院　成都天府新区　610218）

摘要： 民族地区儿童的汉语教学的目的，是使儿童获得使用汉语在生活世界中自我证明、自我完善的能力，即使用汉语生活的能力。语文教材作为汉语知识的系统化展现的媒介，关涉到整个教学活动的教育价值。民族地区小学语文教材使用的困境表现在教材编者双语水平有限，教材脱离生活，学生教材利用率低下，外部环境与教材脱节。其深刻原因在于，民族地区小学语文教材割裂了彝族儿童的教育世界和生活世界。民族地区小学语文教材使用回归儿童生活要关照与教学休戚相关的四个问题：教材使用的跨文化素养与学科专业水平、教材内容的难度与生活适切性、学习者文化与认知水平及其学习体验、教材编制的外部环境。改善教材编制机制，构建彝汉双通的教材编制队伍；围绕彝族学生生活选取教材内容；充分利用现有教材优势互补；调动各方力量和开发现代化手段提高教材使用的教育价值，使民族地区小学的语文教材回归彝族儿童生活之中。

关键词： 民族教育；语文教材；生活世界；彝族

一、昭觉县某小学语文教材现状调查分析

以学校所处的自然地理环境、所在区域人口分布和学校办学规模为依据，昭觉县教育局将县域内学校分为两类[①]，本研究中涉及的样本包括城乡四个片区两类。

[①] 凉山彝族自治州（以下简称凉山州）自 1978 年恢复高考以来，以汉语文为主要教学语言，开设一门彝语文的双语教学模式，即二类模式，1984 年举办各科以彝语文为主要教学语言，开设一门汉语文的双语教学模式，即一类模式。

针对小学语文教材的现状考察主要从四个维度着手：教师与教材、学生与教材、教材编制和教材使用环境。本研究采用了访谈法、文献法、观察法、问卷调查法四种调查方法，基于不同的调查目的采用了适宜的调查方式。考察过程展开时，对教师的教材使用方法、教材体验、对教材使用的自我评价等内容主要通过访谈和观察来获得；对学生教材使用方法、教材体验、教材使用困难集中在哪些方面等问题主要是采用问卷获得。针对儿童年龄特点和汉语水平，问卷的编制时考虑的主要对象是高学段的小学生。问卷发放遵照随机抽样原则。向学校高学段发放问卷 73 份，回收 73 份；其中彝族学生问卷 70 份，无效问卷 3 份；对教材编制过程、教材内容主要通过文献梳理获得；对教材使用环境的了解主要通过对彝族家庭成员访谈、对民族地区社会变迁的文献梳理、对学校周边环境的观察获得。

（一）教师与语文教材

教师是教学活动的引导者，是国家教育体系的终端，承担具体的教学任务，是重要的教育资源。凉山州自 1978 年恢复高考以来，学校教育最初采用开设一门彝语文，使用彝语教学，其余科目是要求教师使用汉语教学的彝汉双语教学模式，即现行的二类模式。1984 年起，凉山州在前期教学模式的同时上，开办一门汉语文，其余科目是要求教师以彝语开展教学活动的教学模式，即现行的一类模式。以上两种教学模式都离不开通晓两种语言的教师。双语教师是彝族地区两类双语教学模式顺利展开的重要基础。教师要胜任彝族地区的双语教学任务必须达到两个标准：一是能够在教学生活中无障碍地使用两种语言与汉语基础不同的学生进行沟通；二是具备过硬的专业知识，能够胜任教学的专业劳动。上述两个条件缺一不可，否则双语教学无法顺利展开。结合对昭觉县教育局的走访和 5 所小学的汉语文教师的访谈，笔者调查发现以下两个问题。

1. 教师汉彝双语总体水平低下

对于彝族学生来讲，汉语是第二语言。笔者在走访中了解到，昭觉地区学生在入学前几乎没有汉语基础，学校教育是彝族儿童习得汉语的依赖性方式，因此，教师双语水平的高低，关系到师生交流沟通的有效性和学生习得汉语的学习效率。笔者在 6 所学校按照学段分组随机抽样，选取了 30 名汉语文老师开展访谈，包括 17 名汉族老师和 13 名彝族老师。通过对 17 名汉族老师的访谈，笔者发现，仅 1 名汉族老师表示对于彝语是"能听不能说"，其余 16 名汉族老师则表示完全不能在彝语环境中交流。究其原因，这些老师在访谈中表示：教师在上汉语文课时不应该同时也不必要使用彝语（3 位老师）；学校或教育局没有组织过彝语学习，自己也没有自学的积极性（7 位老师）；彝语虽然可以提高课堂教学的效率，但学习彝语太困难（7 位教师）。

然而从彝族教师的角度来看，虽然他们可以在课堂教学中实现与彝族儿童的有效沟通，课堂管理效率较高，但在汉语学科素养方面又有所欠缺。参与访谈的 13 名彝族老师普通话水平参差不齐，其中获得普通话水平测试二级甲等的 1 名，二级乙等的 2 名，而其余 10 人均表示未参加过任何形式的普通话水平测试考试。没有参加普通话水平测试考试不能说明他们的普通话水平不高，但可以说明教育管理者与教师自身对师资的普通话水平重视程度不足。同时，笔者在小学旁听语文课时还发现，教师随着课堂的展开普遍出现的几个问题：教师在低学段课堂上教授语音时，存在发音不标准问题；存在汉字书写不规范、笔顺错误、结构错误等问题；自身对成语没有清晰的理解，给学生的讲解也歪曲了成语的含义；不了解彝汉文化的异同，在讲解涉及文化差异的内容时照本宣科，使得学生理解困难。

综上所述，民族地区汉语文师资队伍中同样存在着"懂学科而彝语水平欠佳，懂彝语而无法胜任学科"[1]这种民族地区双语师资中普遍存在的问题。

2. 汉语学科专业素养良莠不齐

笔者在昭觉县教育局了解到，在教育局编制内的教师职前接受的大部分是中等师范学校的职业教育或函授大专教育。以前述中笔者访谈的 30 位汉语老师为例，最高教育水平为全日制大专且仅有 1 位，其余 29 位接受的是中等师范职业教育。考察中笔者还在某小学了解到，某小学教师共 112 名，学历分布为：本科 11 名，大专 75 名，中专 26 名。其中大部分获得大专文凭的教师为函授大专或成人大专。

访谈中笔者还了解到，由于评定职称的需要，许多教师选择通过函授教育或成人教育获得大专文凭，且评定职称的学历不会与所承担的教学科目挂钩，通过这种方式获得的文凭与其应有的专业水准是不对等的。

教师的汉语专业素养要通过教学活动的实施来展现。笔者在考察中发现，昭觉地区将内地的传统的语文课教学模式整体移植到民族地区的汉语教学中，忽视了彝族儿童基于本民族生活实际的文化背景和认知特点，使用的是内地使用多年而现在已走到尽头的"老办法"：识记字词，讲述篇章，课后背诵等教学序列。这种教学方式没有关注学生的文化背景，同时也没有根据不同的教学内容实施不同的教学方案，仅仅是照本宣科地"念"完使用过多年的教案，机械地完成教学流程。[2]老师为了完成上级下达的教学任务，自觉不自觉地整体移植了内地的"老语文课"。同时，上级制定的教学任务也是单纯采取了内地语文的"老标准"，使彝族汉语教师走入"教教材，而非用教材教"的误区。同时，昭觉县教育局引进人民教育出版社 2007 年版的九年义务教育语文教材（以下简称人教版语文教材），同时以《全日制义务教育语文课程标准（2006 年）》（以下简称语文课标）为彝族地区教学指南。但是人教版语文教材和语文课标的编定都是针对母语为汉语，具有汉语文化背景，且在入学前已具备汉语基本交流能力的儿童，其教学目标是提升儿童的母语水平。这显然不符合当地的实际情况，是外在于彝族儿童的生活世界的。例如，在昭觉县民族寄宿制小学的二年级语文课堂上，针对课本中出现的"木棉花"一词的讲解，该老师讲"木棉花就是木棉开的花"。昭觉没有木棉，通过课后的访问发现这位老师也不知道"木棉"为何物，有的学生以为"木棉"与彝族地区常见的羊毛一样的。像这样机械地从字面解释词语，笔者在考察中遇到不少这样的情况。教学内容脱离生活，教师不想办法通过一定的教学方式将学生思维拉回正轨，而是忽视学生的思维逸散，生硬地完成既定程序是民族地区小学汉语教师的常见问题。

（二）学生与语文教材

如前所述，民族地区儿童的汉语学习，与其说是儿童对外在语言符号系统的被动接受，毋宁说是一种使儿童学习一种新的生活方式，即使用新的物理方式（即汉语的字音字形）描述生活、认识生活、选择生活，使儿童获得使用汉语在生活世界中自我证明、自我完善的能力，即使用汉语生活的能力。彝族地区的汉语课堂教学，就是要使学生通过对教学内容的理解与内化，获得使用汉语表达自我的过程。笔者通过对 5 个小学的实地考察发现，不论是在理解方面还是在表达方面，学生都面临着以下两方面的困难。

1. 语文教材内容理解困难

教材内容通过课堂教学来呈现。民族地区的汉语课堂包括多方面内容：教学物理环境、师生的文化背景、师生开展的教学计划、师生的活动反馈与互动，等等。课堂是学生习得汉语的主要场所，也是决定学生习得汉语效率高低的关键。对 5 所小学高学段学生的抽样问卷表明，对于语文教材中出现的课文，表示理解的学生占 11.9%，表示部分理解的学生占 27.6%，其余 60.5% 的学生认为自己根本不能理解课文讲的是什么。考察中笔者还发现，昭觉地区普遍存在低年级小学生基本无法使用汉语进行交流、汉语词汇量十分低下的情况。

【案例一】

  昭觉县某小学五年级二班语文课学习《草船借箭》。《草船借箭》是内地经典名著选段，故事背景是群雄争霸的三国时期，故事情节跌宕起伏，引人入胜。然而，笔者见证的课堂状态却是：老师在讲台上用汉语卖力地讲解故事的起承转合。58人的班级却只有几个学生表现得比较专注和投入，大多数的学生只是表情木然地坐在座位上，后排甚至有几个没有课本的学生在小声地嬉闹。课间10分钟，笔者在班里汉语流利的学生的帮助下对其他学生进行了简短的访谈，大家都表示在这以前不知道《三国演义》，大部分学生表示可以读懂课文里的部分句子或段落，对故事情节的理解也是片段的场景，只有一个学生能够复述故事。在课下对老师进行访谈时，她表示："每次上课我都用想尽办法吸引学生的注意力，但是每次反馈都不好而且很费力，有的学生开始还比较认真，但后来又走神了，我也不好太责备这些孩子，这个课本对他们来说还是太难了，一节课下来能有七八个学生在认真听，我就觉得很不错了。"

  在笔者对教师的访谈中，多次有教师表示，现在采用的语文教材对于彝族学生的汉语水平要求太高。教师既要考虑跟上全州（凉山州）的教学进度，又要顾及学生薄弱的汉语基础，只好按照实际情况寻找一个平衡方法，这个过程没有科学的指导，完全靠教师自己摸索，更多的时候是一个盲目尝试的过程，教师往往陷入辛苦工作却成绩平平的怪圈。

  学生对语文教材理解不良的一个重要因素是儿童入学时汉语基础薄弱。目前，昭觉县有昭觉县幼儿园和四开乡幼儿园两所幼儿园，这两所幼儿园正在尝试使用汉语教学以改善小学生入学无汉语基础的现状，同时正在加紧筹办尔比乡幼儿园，但根据在昭觉县教育局了解到，昭觉境内大约有近万名学龄前儿童不能得到学前教育，幼儿园教育发展相当滞后。

  这种情况并不算是特例，小学生在进入小学一年级时都无任何汉语文基础的现状还会持续一段时间。尤其是在农村地区，教学质量相对较差，学生大多对课堂内容不能消化理解。

2. 语文教材内化程度低

  语言根植于生活，脱离了生活的语言是无源之水。彝族学生在作为学校教育的受教育者之前，更基本的属性应该是一个生活着的人。教材存在的意义是帮助学生更好地生活。教材的内化程度与否与语言表达是否流畅自如有密切的关系。现行语文教材在低学段都有大量的日常生活用语，但在口语表达方面，笔者在当地学校的田野考察时发现，对小学低年段的学生的观察中，常常从他们的眼神中体会到他们想同笔者说话的愿望，但基本不会使用教材中的日常生活用语表达，而大部分高年段的学生都用汉语正确地表达自己的想法，这也是笔者能对高年级学生进行访谈的原因。笔者在对某乡①一名六年级学生的访谈中了解到："村里都是彝族人，老师住在山下，同学之间只说彝族话，家里人也说彝族话，我可以简单说话（讲汉语），家里人去县里卖东西会带上我们，但很多时候我们用不上书里的话。"

写作是表达的书面形式，也是教材内化程度最好的体现方式，在笔者访谈中大部分语文老师表示学生写作文是"老大难"，学生也异口同声地表示最不喜欢作文课。在问卷调查中，约 71.23% 的学生认为汉语学习中最大的困难就是写作文。

【案例二】

　　彝族学生的书面表达能力比较低，在学生作文中常出现的两种典型情况是文不对题与生搬硬套。任教于昭觉县东汽小学四年级的一位语文老师谈道："这一次作文课的题目是'一件快乐的事'，为了让他们体会'快乐'，我们特意组织篮球比赛。学生玩得很开心，是能够体会到'快乐'的，但就是写不出来。有一篇习作竟然是这样的：'我的家里有很多人，有爸爸、妈妈……'没有关于这次活动的描写，也没有关于心情的表达。"在习作中，还有一种现象，例如，民族寄宿制小学五年级要求学生命题作文"我的家乡"，老师为了引导学生思考，列举了一些常用词如"风景秀美""牛羊遍野"等。而学生的习作通篇都是老师举例的词语的累加，所有人笔下的家乡都是风景秀美、牛羊遍野。而这位老师也表示：大家认真地记住了我说过的话已经很不错了，学生的汉语积累很少，基本上就是我告诉他们的那些，所以我只能尽量多地告诉他们一些不同的（汉语）说法。"

（三）语文教材的编制

文章是语言表达的最好范本，故而"文"在语文教材中占据首要地位，但人

---

① 昭觉县某乡，位于昭觉县城以西的高寒山区，属于典型的彝族聚居区域。

教版语文教材对于民族地区的儿童来说具有以下两方面的不足之处。

1. 教材选文脱离彝族儿童生活

人教版语文教材第一学段①安排故事、短对话、简单诗词以及少量介绍物品的说明文；第二学段文体包括记叙文、说明文以及传记传说等，篇章长度有所增加；第三学段新增散文、戏剧等文体，内容也有所扩展。人教版语文教材侧重于对文章的关注，这些文章体现了如何使用汉语完美表达的范例，学生具有现在的基本汉语能力，先要"会"然后才"精"。民族地区儿童生长于非汉语的语言环境中，没有汉语会话的基础，即便近年来，昭觉县城表现出彝汉双语的语言环境，而这也仅仅限于小的地域范围以及有限的语言场合，而且儿童最初的家庭教育环境全然是彝语环境。笔者在考察中发现，许多儿童在进入高年级后，成为家人与外界汉语沟通的桥梁，起到了文化反哺的功能，日常语言的交流对汉语的要求并不需要达到能写经典文章的水平，故而，人教版语文教材的选文对彝族儿童来说脱离生活、难度过大，而且这种难度是不必要的。

2. 教材选文容量超出儿童接受能力

对以汉语为母语的儿童来讲，人教版语文教材中出现的不同体例的文章有利于扩展其视野，扩大阅读量，提升汉语语感。笔者对人教版语文教材进行了统计，一至六年级共需要学习课文478篇，要求师生精讲精读的就达到359篇。每篇精讲精读课文后会要求学习15个左右的生词。对汉族学生来讲，学习的初期只需掌握字音与字形的联系就可以习得生词；但这对彝族学生来讲挑战是巨大的，他们必须掌握熟练"音-形""音-义""形-义"三组联系才能习得生词，学习量是以汉语为母语的学生的三倍。这也是笔者在访谈中很多语文老师反映教材总也教不完，生词今天教了明天忘，学生总也记不住，教师筋疲力尽，学生苦不堪言。糟糕的教学体验伴随不可能完成的教学任务一直困扰着师生的原因，同时也导致许多教师对彝族儿童认知能力的负面评价。人教版语文教材并不适合民族地区小学生现有的发展水平。

（四）语文教材使用环境的考察

昭觉县位于艰苦闭塞的高寒山区，随着改革开放，昭觉县城的语言环境从早

---

① 第一学段为小学低年级，即一二年级；第二学段为小学中年级，即三四年级；第三学段为小学高年级，即五六年级。

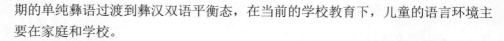

期的单纯彝语过渡到彝汉双语平衡态，在当前的学校教育下，儿童的语言环境主要在家庭和学校。

1. 家庭环境

目前，彝族传统的血脉家族社会系统逐渐被小家庭取代，家庭的成员是直系亲属，故对彝族儿童的汉语学习环境的考察主要集中在直系亲属情况和父母对儿童学习汉语的态度方面。

笔者的抽样调查显示，城乡分别有 10.6%和 23.8%的家长对儿童学习汉语持消极态度，具体表现在不愿意送子女参加学校教育，不关注子女的语文学习效果，不关心子女的学校教育内容和学习任务完成情况；将家庭的生计劳动放在第一位，甚至要求老师让自家孩子回家劳动；甚至有家长为了躲避义务教育的强制要求在外地开具子女已入学的虚假证明，实际上将孩子送出去打工谋生，挣钱补贴家用。

综上所述，汉语教学在彝族社会中日益得到重视，但由于传统社会的封闭性、家庭生计的困难、教育收益的滞后性等原因，汉语教学虽然责任重大但普及依然有阻碍。这更突显了学校教育在推进汉语融入彝族儿童生活，为彝族儿童构建良好汉语学习环境任务的艰巨性。

2. 学校环境

笔者基于选取的 5 所学校的语言环境展开访谈和问卷调查，考察内容涉及以下两个方面。

一是汉语在教学生活中的使用程度。首先是学校教学生活场景中，汉语是师生教学的首选教学语言。特别是在儿童刚入学阶段，彝族教师会在必要的时候使用彝话下达指令，而汉族教师只能使用有限的彝话词汇、表情动作，甚至是声调的高低来向儿童传达意思。汉族老师在访谈中告诉笔者一些他们自己摸索出来的与彝族学生的交流方式，以及构建这种两个民族之间独特的互动方式的过程，通过面部的喜怒表达对于儿童某种行为的鼓励或制止；通过固定的动作指令将儿童的注意力引向特定的对象。但这种语言之外的表达方式对于教师来说能够表达的意义有限，同时十分费力，汉语老师会逐渐追加汉语指令，到小学五年级左右，大部分学生可以使用简单汉语交流之后，使用普通话成为学校的强制要求，汉语老师的教学管理难度便大大降低。这种教学管理的困难对彝族老师来讲相对小一些，师生之间可以使用彝话交流，课堂管理相对容易，但由于推进汉语的难度较大，在彝族教师的引导下学生的汉语课堂语言从彝话向汉语过渡这一过程虽然平稳但进程缓慢。

二是师生对汉语学习的体验和态度。学生在学校生活中主动使用汉语的积极性不高，根据考察的数据统计，在学校和家庭生活中 21.7% 的学生表示很少主动讲汉语，67.9% 的学生表示不会主动讲汉语。通过谈话，笔者认为学生不愿说汉语有两方面原因：一是汉语表达水平有限，使用彝话交流更加流利、轻松；二是非必要的情况下讲汉语心理上有接受困难，同时在彝族群体中讲汉语会引起社会交流的困难，彝族成年人之间不会主动讲汉语，这一点在农村地区表现得尤为突出。学生在日常生活中使用汉语会有表达不畅和不被本民族群体接收两种体验。

二、民族地区小学语文教材困境的归因分析

昭觉县是民族地区的典型代表，当地人民长期采用"山地耕牧型"的生计方式，由于生产力低下，气候恶劣，灾害频发，单个小家庭抵御风险能力低，故而长期维持与此血缘家族的社会组织结构。随着现代化的推进，彝族地区人民在生计方式、组织结构和价值观念都发生了巨大变化。这种变化同样表现在学校中。

随着社会结构的变迁，受教育权随着彝族传统社会等级制度的瓦解而转移到广大人民手中，2012 年，昭觉县共有小学在校生为 34 961 人，小学阶段入学率为 99.35%，辍学率为 0.25%，毕业率为 99.84%。[①]在学校语文学习成为彝族新一代人联系外部世界，展现民族文化的主要手段。但民族地区语文教材仍然问题颇多，困难重重。笔者认为导致上述困境有以下四方面原因。

（一）语文教材编制脱离民族地区实际需求

1984 年，根据国家的民族教育政策，双语教学模式在凉山州所有的小学全面实施。随着我国教育投入的增加，双语教育模式分别于 1990 年和 1993 年在凉山州中学全面实施。

一类模式，指的是仅汉语文教学汉语，其他科目使用彝语，这种模式适用于位于纯彝族社会的学校和位于彝汉杂居社会环境中学生几乎全部为彝族学生的学校；二类模式，指的是仅彝语文教学使用彝语，其他科目使用汉语，这种模式适用于位于彝汉杂居社会的学校，这些学校大多位于县城和离县城较近的郊区，这些学校的学生也多为彝汉兼有。

在昭觉县教育局笔者了解到，二类模式更加受到彝族学生家长的欢迎，但二

---

① 资料来源：昭觉县教育局，2013 年 7 月统计。

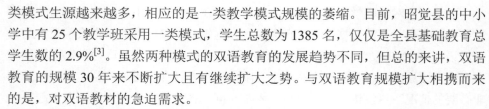

类模式生源越来越多，相应的是一类教学模式规模的萎缩。目前，昭觉县的中小学中有 25 个教学班采用一类模式，学生总数为 1385 名，仅仅是全县基础教育总学生数的 2.9%[3]。虽然两种模式的双语教育的发展趋势不同，但总的来讲，双语教育的规模 30 年来不断扩大且有继续扩大之势。与双语教育规模扩大相携而来的是，对双语教材的急迫需求。

昭觉地区小学现行的人教版语文教材的编纂依据是 2011 年教育部颁布的《义务教育语文课程标准》。该标准从识字与写字、阅读、写话、口语交际、综合性学习五个方面提出了具体的语言能力要求。[4]在识字与写字方面，第一学段认识常用汉字 1600～1800 个，其中 800～1000 个会写。掌握汉字的基本笔画和常用的偏旁部首，能按笔顺规则用硬笔写字，注意间架结构。初步感受汉字的形体美。然而从昭觉县学生的角度来看，学生入学前大多出于家庭保育环境中，语言环境几乎为单纯的彝话，对于汉语的认知很少或没有。学生要参与到现代学校教育中，入学的第一要务是学会听懂和表达简单的汉语日常用语，但现行语文教材默认地跳过了这一点，直接从口语跳跃到书写，陵节而施，给师生都造成了不小的困难。在阅读方面，第二学段要求诵读优秀诗文、典故，注意在诵读过程中体验情感，展开想象，领悟内容。语文教材中的诗文典故大多建立在汉语文化之上，包含汉语文化的审美倾向和历史韵味，对彝族学生来讲这些文化要素是完全陌生的，例如，《咏柳》中"二月春风似剪刀"对凉山州的学生来讲就与当地气候不符；《草船借箭》的故事来源和经典人物也与彝族传统文化联系不大，造成学生在学习过程中很难产生共鸣。

目前，民族地区语文教材编制脱离民族地区的实际，没有系统地适应民族地区生活的语文教材，只有为数不多的彝学专业教师能够编撰少量双语课程教材，彝语文课在大部分情况下只是存在在课表上而没有具体实施过。对于教材的评价往往采用应试教育导向，前述访谈中，30 位老师均都没有使用过人教版语文教材之外的语文教材；有 10 位老师表示参加过教育局和学校组织的语文教材研讨和交流活动，但参训的老师表示研讨机械化、程式化，流于形式，对语文教材编纂帮助不大。

（二）整体移植汉族地区传统的语文教材使用方式

随着民族交流的频繁，学习汉语的族群日益扩大。现行的语文教材涵盖了三方面内容：以提高母语为目的的语文教材；以国内民族交流为目的的、针对非汉语母语的民族地区学习者的语文教材（即民族地区语文教材）；以中华民族文化与世界其他文化类型交流沟通为目的的、汉语作为学习者外国语的语文教材（即对外汉语语文教材）。[5]现在的语文教材一般是汉语母语学生的母语提高教材。通过对民族地区的调查笔者认为，民族地区语文教材使用虽然有两种模式，但实际却是内地传统语文课本使用方式的整体搬迁。民族地区教育管理者同样明白这种整体搬迁的现状，但是为了缩小和内地发达地区的教育差距，不得不在教材选用、教材内容、教材使用评价等方面完全仿照汉族地区。在这一整体搬迁过程中，彝族儿童的生活经验和语言基础，以及民族传统的价值观都被忽视了。以昭觉县为例，彝族儿童在生源中占据极大比重，笔者在昭觉县教育局了解到，县域内小学生共有 25 764 名，其中彝族学生 24 685 名，占总人数的 95.81%。[①]语言是生活的工具，应用于生活才是学习语言的最终目的。汉族的语文教材对彝族学生来讲是外在其自身的。因为无法与民族生活产生共鸣，汉族的语文教材移植入民族地区以后只能保留下程式化的操作策略，在汉族地区可以比较容易地达到的教材使用效果在民族地区却是很难达到的。

（三）语文教材内容脱离民族地区儿童生活

在移植内地传统语文教材讲授方式的背景下，民族地区小学语文教材的使用被教育者简化为一本教科书。昭觉县所采用的人教版语文教材的适用对象是具有汉语母语基础、以汉语的精通和完善为目标的儿童。纵观该教材内容，第一学段引用大多数汉族儿童驾轻就熟的古诗，如《春晓》《咏柳》《悯农》《静夜思》等；出现了汉族儿童耳熟能详的传奇人物，如诸葛亮、孙中山、鲁迅、陈毅等，这些内容常常作为汉族儿童启蒙的内容，在入学之前就已知晓，儿童只是缺乏书面表达的形式，但是对民族地区儿童来说，该教材的内容既不是彝族代代口耳相传的内容，也与实际生活相去甚远，这无形中给彝族儿童的学习增加了难度。再加之移植针对汉语母语学生的评价标准，教学效果上不去成为必然。

【案例一】

　　东汽小学校长在笔者访谈中表示："孩子们的日常生活实际上是两条线，一条在学校里学习以汉族儿童生活为背景的书本知识，一条在校外过着本民族的生活。彝族儿童的生活是富有民族特色的，但同时也是封闭、单纯的，学生的阅历浅，书本上的知识很难联系到自我的生活实际

---

① 数据来源：昭觉县教育局，2012 年 9 月统计。

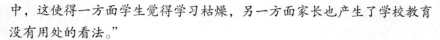

中，这使得一方面学生觉得学习枯燥，另一方面家长也产生了学校教育没有用处的看法。"

【案例二】

在笔者访谈中许多老师也表达了对现行的汉语教育内容脱离彝族儿童生活实际的看法。四开乡中心校的二年级某语文老师表示："课本上的课文和我们彝族自己的生活联系不大，课本上描述的许多自然风光、人文圣地都是内地的，我们的孩子没有见过，何来喜爱？还有很多传说故事也是没有听过的，在教学中很难激发学生的共鸣。"

（四）封闭的语言环境

早期整个中国的落后状态，也维持了凉山州封闭社会形态和文化形态延续的外部条件。[6]以彝语为主要交流方式的传统文化也绵延了千年。随着现代化进程的推进，中国西南部的彝族文化环境逐渐向外部打开，表现在语言上是从纯彝语社会转变为根据彝汉双语在生活中使用的比重不同而生发的三种彝汉双语模式的双语社会。[7]根据滕星教授的看法，昭觉县县城和农村地区分别属于彝汉双语平衡态的双语社会和单纯彝语社会，由此看来，昭觉的语言环境正由封闭单元走向开放多元，但这是一个长期的过程。现代化的进程带给民族地区的冲击是一把双刃剑，如何将传统与现代、民族与世界有机结合，构建开放多元的语言环境是摆在彝族人民面前的一道难题。

对于儿童个体而言，学习汉语需要一个开放多元同时有所引导的语言环境。由于昭觉人民的社会交流语言依然首选本民族语言，汉语在学生生活中出现的场景几乎只限于课堂上，上文指出，移植内地教学方式的汉语课堂实际上在儿童生活中是缺位的，汉语言并没有成为优化学生生活的手段。当地某位小学校长也表示："（对当地儿童来讲）汉语是上课说的话，彝话才是课下说的话。"课堂生活时间短暂，环境狭小，内容脱离生活，这正是民族地区小学汉语教学环境封闭性的表现。

三、改善民族地区小学语文教材的路径

（一）"生活世界"与民族地区小学语文教材

语言是生活必不可少的部分，对异文化学习者来说，习得非母语语言即是运

用不同外化方式进行生活、表达生活的体验。研究者普遍认为，语言与生活的联系紧密，能否将生活融入语言教学关涉到教学过程本身有无意义。引导学习者习得第二语言的关键落脚在于帮助学习者借助新的语言体现生活的过程与意义，实现生活意义与语言意义的共同展开、互为表里，实现语言习得者对自身的再认与表达，帮助交流的另一方更好地理解自己所表达的意思。对彝族人民来讲，汉语在形式上是作为舶来品闯入他们的生活世界的。但从汉语作为交流工具被使用时，它就不再是外在于生活的表面形式了，随着民族交往的多维深入，汉语已经成为彝族人民生活的一部分，成为裹挟着民族生活特色的语言。如何帮助彝族儿童习得汉语，实际上就是帮助他们获得利用汉语外化生活的能力。

1. 教育与生活的关系

教育与生活关系十分密切。教育肇始于人类生产劳动，随着生产技术的提高，人类在物质富余的同时也产生了将生产信息传递给下一代的需要，继而产生了专门的学校。但是由于学校教育的专门性，教育渐渐从实质上脱离了生产生活。直到工业革命后期，教育的这种脱离生活的学究气质发展到极致。教育家们没有纵容这种趋势，斯宾塞呼吁教育是为了学习者未来更完满地生活。而杜威更是直接将教育的目标领域从未来拉回至当下，认为儿童教育与儿童眼前的生活共时发展、水乳交融，这就是教育回归生活世界理念的雏形。

工业革命带来的物质财富的极大提高和生活世界的极度科学化使人们开始反思科学技术与人类生活的关系。在教育领域，人们也开始反思根据科学的价值观建立起的教育世界与儿童的生活该有什么样的关系？怎样使教育回归生活同时又不失其关注领域的独立性？所以，对"生活世界"的意义追索有助于我们寻找到教育回归生活的契机。

在20世纪20年代之前，"生活世界"作为一个概念被胡塞尔零星地使用过，到20世纪20年代，这一概念成为胡塞尔哲学中的根本性概念。他认为"生活世界"是一个非课题性的、奠基性的、主观而相对的、直观的世界[8]，即生活世界是一个日常的、伸手可及的、非抽象的世界，因而也是一个直观的被经验的世界。

站在胡塞尔的立场来看，教育世界、科学世界、生活世界有着千丝万缕的联系。形而上的教育世界因其兼具科学性与人文性的特点，跨越了科学与哲学的范畴同时，教育与日常生活世界亦有不同，教育世界生发于日常但又高于日常。教育世界的所有概念、意义、范畴都生长于生活世界。教育不能自证，教育的存在价值只能借助生活来证明。当今世界，凌驾于自然的认识方式与人为规定的意义系统、重新地规划了世界，教育也被规划于其中。当人类惊觉生活已被自己亲手缔造的世界观与方法论改造成如斯面目时，作为人的主体性面临空前的挑战。教育领域要做的事是，如何让下一代主导而不是被外在规则主导生活。[9]生活世界是教育的根基、前设、归宿，教育没有外在于生活世界的意义。

语文教材是教育的微观结构和终端活动，语文教材的使用是传递经验、传承生活的实践。教师和学生在进入课堂教学场景之前，更加本质的属性是存在着并生活着的人。课堂教学与其说是向下一代传递知识的给予接受过程，更本质来讲，应该是师生双方通过教学活动展开自身生活的过程，在此过程中，教师通过引导学生获得新的生活体验以证明自身的存在，学生通过习得新的生命意义以自证。

2. 改善民族地区彝族小学语文教材的途路径探讨——回归彝族儿童的生活世界

汉语学习场景对于彝族学生来说是脱胎于其本民族生活的一个微观生活场。在这个场域中，既有教育者外在的引导激发，也有学习者透过自身文化背景对教师行为的个性化的动态的解读。彝族儿童汉语学习场景中的一切先在的文化背景、师生双方无意识的态度、儿童的语言习得体验等变动不居的因素都构成汉语教学奠基的生活世界，特别是民族文化背景，构成了彝族儿童不同于内地汉语母语儿童的生活世界的另一番景象。外显的彝族文化形式与内隐的彝族文化体验决定了汉语学习中生活世界不同于汉语母语儿童的展开方式。语文教材作为实证的科学世界的微观展现，其教学成效和存在价值同样要到民族生活世界中去检验。

语文教材的使用作为生活的展开过程，学习者在其中的主体地位不言而喻。当今的教学体系建构于科学的框架中，其中也包括语言的教学。肇始于笛卡儿与伽利略的近代自然科学给"蒙昧"的人带来启蒙，这种启蒙包括三个维度：第一，世界是可以用数学描述的；第二，人内在的认识能力是可靠的；第三，人的任务就是不断"探索"表达世界的公式，提高描述世界的精确性，即工业社会强调的效率。人们带着这三个"法宝"，在现代化的路上高歌奋进，尝到巨大的甜头，并试图将这种好处推广到所有领域，仿佛这样就可以使人有限的生命实现尽可能多的价值。这种思维方式同样体现在汉语教学中，汉语被认为是外在于生活的词汇与规则，学生应该首先掌握这些关于语言的概念和公式，现行语文教材力图促使学生掌握尽可能详尽的语言规则。教材用微积分的方式展现语言，就像数学中一条曲线可视为由无限数量的直线构成的。语文教材试图用尽可能多的语言规则逼近自然的汉语世界。但这样描述的世界是存在死角的"像素世界"。胡塞尔表示"数学化的纯净状态与精确化的状态在真实世界中不可能达到"[10]。要获得较高的精度就必须以教师和学生双方繁重的劳动为代价，这也是语文教材使用中师生低效与疲劳双重体验的根本原因。同时，由于教学过度依赖学生内在的认知能力，在教材使用效果不佳的情况下，教师对学生的评价常常偏于负面，于是笔者在考察中常常听到老师的"学生脑子反应慢""不是不懂就是太懒"这样的一些描述，学生也陷入了明明用了功，学习还是差的怪圈。

更进一步讲，民族地区的语文教材不仅整体移植了这种教师耗尽心力从外部建筑汉语世界的方式，同时，由于这种内地语文教材的建构方式默认了学生以汉语为母语的文化背景，这样教学就不仅仅是师生双方的疲劳战了。该民族地区移植了一整套内地的语文评价标准，在这之下即使师生勉强获得了良好的教学效果，学生构建起逼真的汉语世界，儿童原本的生活世界也将进一步窄化。生活于民族地区的儿童感受不到丰富的民族文化，这对儿童的归属感、认同感以及民族自尊心来说都是不小的冲击。

综上所述，民族地区小学现行的语文教材迫切需要回归到儿童生活世界。这种回归涉及两个方向：一方面，语文教材的各个要素需要关涉的彝族儿童的民族生活基础，将儿童语言学习的机械被动过程转化为主动生活过程；另一方面，突破教材的限制，改善儿童在教学活动之外的生活体验，丰富儿童的生活世界，让学生在教学之前获得先在的文化体验。这样，语文教材的使用过程作为生活体验的表现手段，在儿童表达汉语中才会有更多的内化与习得方式。

（二）改善民族地区小学语文教材的具体策略

1. 改善语文教材编制机制，构建彝汉双通的教材编制队伍

作为目前普及最广的教育模式，双语教育在民族地区将会长期存在。但就民族地区的发展现状来看，民族交流日益频繁的大趋势不可逆转，语言交流更加迫切。鉴于此，语文教材要帮助实现民族间的交流，教师作为民族教育的实践者，应该加入到彝汉双通的教材编制队伍中。对民族地区教师来讲，彝汉双通成为教师素养的必要条件。

（1）引进优秀教师与培养现有教师参与民族地区语文教材的编制

语文教材要体现的民族文化与专业知识有两个途径。一是鼓励具有多民族文化素养的优秀教师参与语文教材的编制，例如，在汉语言专业具有较高教育程度

的彝族教师、对彝族文化有充分理解的汉族教师等。但这样的老师目前还比较少。另一个可行的途径就是着眼于现有教师队伍内部，加强对在职教师民族文化和专业素养的培训，充分发挥现有教师的优势，加强教师间的沟通与交流，鼓励教师在教学资源上互通有无，促进无形教材资源的共享。

鼓励已有师资队伍参与到语文教材的编制，可以从队伍中的教学标兵、教学带头人、民族文化精通者、经验丰富的教师等入手。首先，民族地区的语文教材要关注的是语言，双语教师的基本素养是具有彝汉双语无障碍沟通的能力，虽然语言是双语教育发展的瓶颈，但由于民族地区有丰富的文化资源，可以充分发挥地方的本土文化力量，如鼓励汉族教师深入彝族家庭体验生活，为彝汉教师互相帮扶提供硬件设施，鼓励师生多种语言的课外交流，开展教师之间、师生之间、学校生活之间的文化展示活动等。其次，转变单纯依赖一种语文教材的方式，改善教学资源的结构，如鼓励民族文化浓厚的学校发掘自身的教学资源，大力扶植偏远学校教师的培训等。

（2）鼓励本土编者"出去学"，邀请专家编者"进来教"

目前，昭觉地区的教师培训普遍流于形式化，培训中的学习内容含金量不高。要想学习先进的教学理念，教师必须走出封闭的教学场景，到民族教育成功的地区"取经"。然而，教师离岗学习的时间不可能太长，这就给教师培训提供了另一个思路——将具有丰富民族教育理论和实践经验的专家们请进来。

请专家"进来教"，不仅有利于为现行教材补充新鲜血液，同时，将专家带入实际的教学场景，现场的观摩与活动有利于第一时间发现问题，提出具有针对性的改进意见。同时，昭觉县偏远山区的学校还面临办学规模小、自然条件恶劣等现实，面对这种现状，建议与邻近学校抱团"取经"，这样既减少了不必要的浪费，又提高了教材的编制效果。

（3）语文教材编制突出民族文化

民族地区汉语教学要区别于内地教学就必须突出彝族的民族特色。落脚于教材标准上就是要达到彝汉兼通。笔者在昭觉县教育局获悉，未来昭觉的语文教育会逐步提高语文教材的双文化要求。由此看来，只有在教材编制上体现彝族的特色才能避免教材选用照搬内地模式。汉语对民族地区儿童来讲属于第二语言，针对民族地区儿童的汉语教学横跨彝汉两种文化背景，教材编者要站在儿童的视角思考问题，编者要与学生达到充分的理解与共鸣，也要对儿童的文化背景有深刻的理解，这就不仅仅局限于突破语言障碍，更要突破的是跨民族的心理障碍。教师在培训中有很多关照民族文化的方式，如彝族有许多经典文献——《勒俄特依》

《玛穆特依》等，在培训内容中可以添加民族经典选段；彝族人民生活独具特色，鼓励教师深入彝族儿童的生活，向儿童"取经"，也是理解彝族文化、改善教材文化结构的重要手段。

2. 提高语文教材使用方法与民族地区学生生活世界的适切性

对语文教材的学习是民族地区学生第二语言学习的主要方式。[11]同时，课堂生活也是学生生活的一部分。学生在课堂生活中的意义体现为"学"。彝族学生是带着生活经验来学汉语的，同时也期望通过教材学习获得更丰富的生活体验。首先，关注教材使用要关注彝族学生的学习体验，教材使用设计和展开的中心都是学生，语言教学要以丰富学生的生活经验为目的。为了帮助学生获得内化教材展开生活的能力，如何灵活展现教材内容对课堂效果至关重要。彝族学生的传统生活中同龄人的互动是丰富多彩的，这种互动常常通过游戏来展开。同时，这种互动与彝族学生的自我认识、族群归属、文化儒化具有密切的联系，很多游戏都涉及彝族传统的耕牧方式、家支体系、自然崇拜以及习惯法等与学生社会化息息相关的方面。同时，语文教材是区别于日常生活的系统的科学体系，教师要对朴素的游戏进行深入研究和提炼，设计出既有趣味又有教育性的教材呈现方式，引导学生借助教材体会到在生活中使用汉语的乐趣。

3. 编制语文教材和充分利用现有语文教材相结合

就目前来看，语文教材依然是民族地区小学汉语教学的主要媒介。彝族学生既具有学生年龄段的认知特点又独具区别于汉族学生的明显的文化特征，因此现有教材既有可取之处，也有需要改善的地方。在充分利用现有教材的前提下，扬弃不适宜彝族学生生活现实的内容，对彝族文化特点适度添加教材内容是一种较为经济适用的办法。

（1）扬弃不适宜彝族学生生活的内容

如前所述，在语文教材内容的容量上，现行教材容量不适合彝族学生，改善这种现状的途径是：通过对民族学生的认知特点的研究以及收集教育一线工作者的教学反馈，重新编制生字词的安排和课文的篇目内容，保证教学任务在学生通过努力能够到达的范围以内。同时，针对教学内容脱离生活实际，不能引起共鸣的现状，教育工作者深入彝族学生生活，通过调查走访彝族家庭成员，深入理解彝族文化在学生身上的延续方式，考察儿童真实的教育需求；改变自上而下的教材给予方式，从学生的生活中寻找教材。

（2）添加有助于学生展开生活的内容

目前的语言教材离不开课文的呈现。选文内容的丰富性、趣味性、适用性和教育性都是一篇文章能否入选的重要依据。学习者才是真正甄选文章的人，一篇文章是否适合入选教材关键在于学习者的反馈情况。[12]彝族小学语文教材虽然充分考虑了学生的认知特点，但对彝族学生而言，仍有较大的不足之处。

首先，添加"说"的内容。语文重文，而对民族地区学生来讲，语言交流是弱项，因此民族地区语文教材要适当添加语言交流的内容。汉语老师依据本班学生的语言特点，适当添加教材里原本没有的对话内容，以培养学生主动通过汉语表达自我并理解他人的意识；模拟日常生活场景，帮助学生获得用汉语展开生活的能力；特别在入学初期，要舍弃"啃课本"的教学方式，通过有趣的生活场景激发学生说汉语的兴趣，让课堂教学在"说"中展开。这样，既弥补了民族地区学生汉语零基础的缺陷，又有利于生发学生对汉语的兴趣。

其次，补充"文"的内容。着眼于广大的民族地区，需要补充的"文"应该富有民族特色。民族地区学生将来作为民族交流的使者，首先对自身文化要有充分的了解并懂得怎样用汉语表达文化。表达文化就是表达自我，通过语言表达自我，让对方能够理解本民族的生活与文化，从微观上来讲，这是民族交流的第一步。在语文教材中注入彝文化，在凉山州有充分的教学资源可供借鉴。在民族教学研究成果方面，2002 年，凉山州开始自主编订本土的彝语文教材，彝族传统文化占到教材内容的近 80%，通过凉山州语言文字委员会和凉山州基础教育委员会十多年的不断编纂打磨，《彝语文》已具有比较完整的教材体系，囊括了大量彝族传统家庭教育中常常用来教育子女的民族习惯、传奇英雄、谚语诗歌、传说故事等；借鉴《彝语文》对现有教材进行补充，组织彝汉双通的教育工作者根据汉语教学需要选择一部分内容进行翻译编制，这样选定的教材内容贴近彝族生活，符合彝族学生的民族归属感，同时，由于内容来源于代代相传的文化，有利于家长参与学生教学生活，可以带动更多的资源成为教学助力。

4. 改善汉语学习环境

语言是脱胎于生活的符号系统，就第二语言学习而言，能够用非母语生活才能算得上真正的习得。因此，生活为语言学习展现了什么样的环境至关重要。生活环境是语言动态生长的场所，不论何种语言都需要在生活环境中进行自证。[13]从汉语教学方面，当前的民族地区语言环境既存在积极因素，同时也具有消极影响，针对其消极影响，笔者提出以下建议。

（1）发动多方力量，促进彝族人民对汉语的理解

随着改革开放的推进，彝族人民的生计方式发生转变，产生了以农产品买卖为基础的经济交往，政府也给予凉山州极大的经济和政策扶持，民生状况得到极大的改善。民族地区社会正在经历经济、制度乃至价值观的转型，但是，其语言环境依然处于半封闭状态。政府应该发动多方力量，帮助民族地区人民认识用汉语交流的重要性与必要性，改善民族地区群众特别是偏远山区的群众对汉语的看法。

（2）构建信息化的学校教育空间

皮亚杰的儿童认知发展理论认为：儿童产生具体运算结构的年龄是 7～12 岁，期间出现逻辑思维萌芽；这一时期的儿童思维依托于具体对象，指向直观的体验。身处民族地区封闭语言环境的儿童几乎不能得到关于汉语的直观经验，在语言学习初期容易产生认知困难。然而，现代化教学器材给儿童的教学直观提供了出路，多媒体的教学手段可以借助声音、图像、视频多维构建儿童的第二语言学习环境。

四、结语

三十年来，民族地区基于彝汉民族文化背景的两类语言教学模式为民族地区小学语文教材的改善注入了极大的助力，同时要看到，现行人教版语文教材只是完善教学过程的暂定教材而非最终教材，多年的双语教学实践暴露出的问题，更突显尽快研究推广与民族地区学生生活有机结合的语文教材的紧迫性。本研究选取我国最大的彝族聚居县——四川省昭觉县为田野考察区域，力图通过考察反映当地小学语文教材现状。

民族地区小学语文教材的困境在于师资双语水平有限，教材脱离生活，学生教材使用率不高，外部环境与语文教材不契合。笔者立足于大量学者在民族教育问题领域的研究经验，通过分析民族地区小学语文教材的突出困难，站在彝族学生的生活世界立场，关注涉及小学语文教材的内部和外部因素。民族地区小学语文教材要展现出彝族学生的生活特点，务求使学生获得运用汉语展现彝族文化、表达自我生活的能力。民族地区小学语文教材回归学生生活要关照与教材休戚相关的四个问题：教材编制队伍的跨文化素养与学科专业水平、教材内容的难度与生活适切性、师生教材的使用方式和体验、语文教材使用的外部环境。改善教材编制方式，塑造彝汉双通的教材编制队伍；围绕彝族学生生活改善教材使用方法；编制教材和充分利用现有教材优势互补；调动各方力量和开发现代化手段改善教材使用环境，使民族地区小学的语文教材回归彝族儿童生活之中。

　　本研究还有很多不完善的地方，例如，关涉语文教材的四个维度挖掘得不够深入；调查区域比较小，用来代表民族地区不够有力；很多访谈内容是通过向导获得的，并且访谈对象也不够多，这可能导致访谈结论不够准确。由于不能够长期驻扎在当地进行研究，本研究结论稍欠深刻，还有很大的研究空白，这同时也为笔者未来研究提供了更广阔的思考余地。本研究期望能够引发学界和社会对民族教育事业的关注，通过些许浅薄的意见为民族地区教育事业的发展略尽绵薄之力。

参 考 文 献

[1]明兰，张学立. 彝汉双语教育发展的困境及对策——以毕节实验区为例[J]. 贵州民族研究，2010(1).

[2]王木华. 关于少数民族汉语教学的若干思考[J]. 课程·教材：教法，2002(11).

[3]《四川省昭觉县志》编纂委员会. 昭觉县志[M]. 四川辞书出版社，1999.

[4]教育部. 义务教育语文课程标准[S]. 北京师范大学出版集团，2011.

[5]《中国大百科全书》总编辑委员会. 中国大百科全书语言文字卷[M]. 中国大百科全书出版社，1988.

[6]林耀华. 凉山彝家的巨变[M]. 商务印书馆，1995.

[7]滕星. 文化变迁与双语教育——凉山彝族社区教育人类学的田野工作与文本撰述[M]. 教育科学出版社，2001.

[8]胡塞尔. 欧洲科学的危机与先验现象学——现象学哲学导论[A]//胡塞尔. 胡塞尔全集[M]. 第6卷. 马蒂努斯·尼伊霍夫出版社，1976: 469.

[9]王鉴. 论教育世界与生活世界的关系[J]. 华中师范大学学报(人文社会科学版)，2006(5).

[10]埃德蒙德·胡塞尔. 生活世界现象学[M]. 倪梁康，张国廷译. 上海译文出版社，2005.

[11]陈昌来. 对外汉语教概论[M]. 复旦大学出版社，2005.

[12]赵金铭. 对外汉语教材创新略论[J]. 世界汉语教学，1997 (2).

[13]方窝廉，方格，林佩芬. 幼儿认知发展与教育[M]. 北京师范大出版社，2004(2).

西南民族地区校本课程实施中的"虚假表演"问题研究

——以甘孜州康定县为例

黄学伟

（西南大学西南民族教育与心理研究中心　重庆北碚　400715）

摘要： 通过对甘孜州康定县的实地考察与相关资料的分析，发现该地区校本课程实施出现很多实践性问题，如教育目的的功利性、课程内容选择的随意性、校本课程实施的外推式等，这些折射出校本课程在实施中"虚假表演"的问题。本文就这些"虚假表演"的现象从纵横两个维度进行剖析，试图找出促使校本课程实施中的虚假因素。最后，归纳出校本课程实施中"虚假表演"的原因，在此基础上提出自己的想法，以期能够对当前的现状有所改善，促使校本课程在健康有序道路上发挥出应有的文化价值，满足民族地区对民族特色人才培养的诉求。

关键词： 校本课程；虚假表演；拟剧理论

一、甘孜州康定县校本课程的实施现状和存在问题

（一）甘孜州康定县校本课程状况的调查

康定县是藏族重要的聚居地区之一，是甘孜州的政治、文化的中心。它历史悠久，地处川藏地区的咽喉重地，是一个民族成分多样、教派多元、文化多异的地区。特定的历史时间、空间，加之特定的文化底蕴构成特色的区域内文化环境，丰富而独具内涵的自然人文资源依托于校本课程的东风而借力发展。"生态立州，文化兴州"的发展定位给予校本课程在大力弘扬和开发民族优秀文化的今天更加充裕的发展空间，民族文化进校园的强势推进使得民族文化更加迅速的传播。在这样的环境背景下，以校本课程为载体的民族文化教育内容在民族地区呈现一片繁荣的景象。笔者通过考察康定中学、康定县藏文中学、回民小学、藏族小学、

康定民族中学等学校，分析校本课程存在的问题，并借助访谈法、参与式观察法、资料分析法深度了解校本课程实施中的问题，并将康定藏文中学、康定民族中学作为本次考察的重点。

藏文中学是甘孜州康定县唯一一所重点寄宿制藏文学校，也是该地区第一所进行双语教学的中学。该校地处康定县藏民族聚居区的折多山以西新都桥镇，目前学校设有初中和高中部共有 32 个班级，共 1580 人。其中初中部 16 个班级以执行"藏加"模式（藏汉双语教学）为主（13 个班级），"藏单"模式（藏语教学）为辅（3 个班级）。该校共有教师 137 人，其中少数民族教师占教职工总数的 70%，藏族教师 81 人。该校被誉为"双语教学的典型，农牧区办学的希望"。就目前教育现状而言，该校积极推行"一类"模式（藏汉双语）、"二类"模式（藏文教学）等。虽然学校规模也在扩大，但是面积的增加并没有带来教学质量的提高。传承民族文化的教材没有凸显出来，展现民族文化精神的课程没有形成体系，教师并没有实质性地参与校本课程，已有的校本课程也只是起到辅助性作用。

康定民族中学地处康定县城，该校共有 1000 多名学生，教师 115 人，共 22 个教学班，其中藏文班 2 个。虽然没有州级政策要求，但是该校还是积极地鼓励教师参与校本教材的编写。面对无政策、无资金的支持，学校、教师也只是仅凭个人的知识经验、自身素质进行适时的编写教材。除此之外，该校也在积极地开展"第二课堂"，希望能够满足学生发展的要求。

总之，民族地区几乎每个学校都存在本校的校本课程，尤其是介绍有关藏族的历史、文化、生态生产等方面的书籍，如藏语历史课本、藏传佛教等。根据观察发现，民族地区的文化并非都是以教材的形式展现出来的，很多学校都将藏文化渗透在学校的日常教学中，如将藏文和汉语并用，包括学校的课程表、墙壁、课桌上等都有藏文的影子。笔者发现，藏文学校的师生会利用课余时间或者是集体活动的机会跳藏舞，在藏文课上观看藏传佛教历史的视频。伴随着民族文化进校园的深入发展，藏文化也在进行着潜移默化的影响。下面是访谈内容的片段：

> 教务处廖主任：学校存在校本课程，但是在实施中由于考试不是很重要就慢慢地降低了其重要性。教师参与校本课程热情不是很大。有的老师本身的专业知识不能够胜任校本课程开发的需要，这样教师更加不愿意参与其中。虽然学校要求校本课程教师要全员参与，但是在实施中情况并非如此。目前，学校接到上级文件，要求开发校本课程，本来事

情是我带头实施的，由于学校的其他事情很多，就委托另一位教师暂代。上级要求我们学校最迟在 8 月份要完成学校校本课程的开发规划，所以时间很紧张。

学生处负责人王老师：在一定程度上，虽然教师了解校本课程的含义，但缺乏民族文化的特色，曾经开发的校本课程，部分学生也参与其中。但是更多的校本课程的开发是在假期进行的。部分学校组织教师进行"以研代培"，促进教师的专业成长，上级也有政策要求。目前最大的困难是老师对藏族文化了解不深，校本课程在实施中存在很多不足之处：挖掘不深入，不了解，浅尝辄止，不太了解藏族文化的内涵等。这使得教师在参与校本课程实施中以汉文化固有的思想对待，降低了文化特色的内涵。

数学课李教师：学校曾经开发过校本课程，主要是老师自行编排的课程，涉及物理、化学等，但是学生不是太了解其中的含义。由于校本课程资源有限，学生以"走读"的形式进行校本课程的学习。另外，参与校本课程开发的教师，他们并不是很了解藏文，有些不太专业。学生的考试成绩，尤其是高考，是另划分数线的，藏文成绩不计算在总分内。学生多以内地汉文化课程学习，除非回到本民族聚居区时，藏文成绩才能加分，这样对于学生学习藏文有一定的负面影响。

学生甲：从小就开始接触汉语，但是在生活中更多的还是使用藏语，但没有进行更为专业的培训，如汉语中的普通话水平测试。自己了解的有关藏族的文化知识更多的还是来自父母。学习的目的还是为了高考，如果考不上再复读继续考大学。有时学校也会组织学生进行舞蹈、服装等方面的比赛，但是为什么比赛并不是了解。学生参加这些活动也仅仅是因为学习生活枯燥，借此逃避考试的压力。考不上大学是一件非常接受不了的事情。有的学生从小就离开家乡，和父母以及当地文化存在隔离。

（二）甘孜州康定县校本课程存在的问题

1. 课程内容选择的碎片化

康定是一座享誉世界的历史文化名域，历史上是川滇青藏四省区周边山地重要的物资集散地，是四川连接汉区与藏区的门户，在政治、军事、经济上具有重要的战略地位。该地区包括众多民族，如藏族、汉族、回族、彝族、蒙古族、苗族、壮族、布依族、满族、瑶族、白族、土家族、纳西族等。因此，该地区蕴藏着丰富多彩的文化，如康巴文化、渝通文化、木雅文化、外来文化等。丰富多彩的文化资源却给资源选择出了很大的难题，造成选择上的混乱。例如，藏文学校开设的藏语课，并编制教材《藏文的历史》。另外，有的学校开设有关藏族手工方面的课程，介绍藏族首饰加工、雕刻等方面的知识；有的则对学生教授有关藏族舞蹈、体育等方面的内容，学生在课下进行练习。总之，学校中所开设的校本课程无外乎是关于藏族历史、体育、手工、舞蹈等方面的，而与人们生活密切相关的衣、食、住、行等内容涉及较少。通过学习校本课程，学生只是了解到一些简单的文化形式，并没有对有关本民族文化形成较为系统的、翔实的认识。校本课程内容选择的碎片化直接造成学生知识、认识的零碎性。

校本课程作为学校教育中传承优秀文化资源的一种载体，不可能包含民族文化资源的全部。因此，选择什么样的文化资源作为校本课程开发的内容，也即什么知识最有价值和意义，最能适应民族地区文化发展的问题，是实施校本课程中首要考虑的问题。对于民族地区的校本课程而言，不仅是学校通过对民族文化的选择、评价、编写成书成册的简单操作，而且是学生了解本地区、本民族文化的有效方式，起到培养本地区人才和传承民族文化的双重作用。然而，校本课程实施中，却偏离了原有的价值定位，逐渐趋于形式化。课程论中著名的"泰勒原理"给予我们在课程开发过程中提供完整的步骤。因此，民族地区校本课程实施趋于形式化的根源在于对其所要实现的目标并没有进行准确的定位，对人才培养的规格没有清楚的认识。

在实施中，校本课程的内容趋于低层次性。"如今人们日益把教育中较为微末和功利的东西拿来鼓吹，并在鼓吹中自我膨胀，试图反过来吞没或替代基本的教育思考。"[1]校本课程内容的选择过于重视"微末"和"功利"，满足于人们猎奇的爱好和兴趣。随着康定县"旅游兴州""文化扬州"发展战略的实施，国内外游客量不断增加。为了迎合游客好奇的需要，增加地方旅游的人数和地方旅游品牌的影响力，上至教育行政部门，下至学校的学生都积极地参与到这种全民创业增收的运动中来。这种只重视短期经济利益的行为，可谓是竭泽而渔式的发展，对民族地区文化的深入、长远发展是百害无一利的。

2. 课程导向的功利性

我国《基础教育课程改革纲要》规定，"要建立促进学生全面发展的评价体系，不仅要关注学生的学业成绩，而且要发现和发展学生多方面的潜能，了解学生发展中的需求，帮助学生认识自我，建立自信"[2]。审视当前民族地区校本课程实施效果，其评价体系存在相当严重的功利化倾向。在考察中，我们了解到在当前的学校评价体系中，升学率始终是第一评价指标。学校、教师的成绩主要体现在为升学率所做的贡献上，这种情况在毕业班表现得更为明显。在与高三班的一位老师谈话中，该老师表现出相当的无奈。"学校评价你的成绩就是要看你所带班级学生的升学率如何，至于是否参与校本课程，以及把多大的精力放在校本课程的开发上，那是次要的。"学校以升学率评价老师，教育行政部门以升学率评价学校。

在民族地区学校教育中，主流文化作为核心驻守在自己的文化场域内，与具有自然和人文特色的民族文化长期对峙在文化的阵营中。民族文化要素体现在学校的方方面面，如学生的穿戴、墙壁上的民族文字、教室内的布置、民族文化的特殊图案、学生参加民族文化比赛的作品等。然而，在课堂教学中，主流文化始终处于"主课"的位置。在学校可以明晰地看到"距离高考/中考还有××天"的宣传标语。学生在升学的压力中奋笔疾书，至于课程中有关民族文化内容的校本课程则束之高阁。笔者听过一节藏语课，但是并没有教师授课，学生只是通过观看汉藏语的视频来学习藏语。显然，对于时间、经历、知识都不是很充裕的学生来说，自学藏语以及有关藏族的民族文化无疑是力不从心的。例如康定中学，它与成都第七中学直接进行合作，学生通过网络方式在线学习成都第七中学的优秀教学资源，虽然能够共享优秀的资源，但是却丢失了自己的特色。学校的培养目标和教育目的仅仅局限于升学率，这是片面的、功利性的。

3. 外推式的虚假繁荣

该地区很多学校都开设校本课程，即使没有校本课程的学校也在上级的行政压力下开设校本课程。从各个学校上报给教育行政部门的资料、图片来看，可谓是一片欣欣向荣的景象。资料中都是介绍校本课程所取得的成绩，学生都是身穿民族服饰，积极参与民族文化的传承和保护，学校、学生参加民族文化比赛获得的奖项等。

然而，笔者在考察中并没有发现资料中所呈现的情景。学生在学校中很少穿民族服饰，只是在上体育课、校园文化宣传、上级领导检查或者参加比赛活动时学生才穿上。同学之间的交流也是使用汉藏语进行，语言是文化的外在表征，这些有声和无声语言恰是民族文化精神的外显。当问到学生为什么要做手工艺或者参加体育活动时，他们回答说"自己闲着也没事"，"学习压力大，参加这些活动让自己的心情变得愉悦以便更好地学习、考试"。校本课程的实施对他们而言似乎是一种无奈的举动或者是闲情逸致的方式。学生从校本课程中并没有学习到过多的有关民族文化的内容，对民族的精华可谓是一知半解。这种不求实效的校本课程实施实际成为学生的负担和教师工作的压力。当地教育部门和学校应认真反思当前的校本课程在民族地区的现实状况，倾听教师和学生的心声。

伴随着民族文化进校园的时代大潮，民族地区的学校根据其自身发展目标和文化资源的特点，积极开展校本课程工作。深入剖析校本课程在民族地区的实施现状可以看出，校本课程在西南民族地区的实施具有外推式模式，即校本课程的开发在很大程度上是外部行政力量强制推行的结果。从宏观层面来说，校本课程在民族地区的实施大多是依据国家制定的教育改革规划，三级课程管理模式给予地方更多教育管理权限。从微观层面来说，校本课程的实施多数是在区域内教育行政部门的指导下进行的。具体来说，学校校本课程宏观政策的制定，经费的投入，大部分是由行政部门直接干预的结果。笔者在考察中发现，几乎所有的学校都组成以教务处为领导小组的校本课程编写组，虽然表面上是起着领导表率的作用，但是因为领导者工作繁忙，部分领导者会将开发的重任全权委托给某个老师专门负责，编写组只负责定期的总结。与此同时，工作、学习在第一线的师生以及民族地区的成员不仅不清楚什么是校本课程，而且即使知道，对其也是鲜有热情。因此，民族地区校本课程表面的红红火火绝大部分是由行政指令直接干涉的结果，这与校本课程实施的应然状态相差甚远，正如杜威所说："改革仅仅依赖法规的规定，或是惩罚的威胁，或仅仅依赖机械的或外部的安排，都是暂时的，无效的。" [3]

二、"独特的剧场"——拟剧视角下的学校

欧文·戈夫曼从日常生活中的行为出发，提出社会拟据理论，并在《日常生活中的自我呈现》中给予具体阐述。该理论认为社会是一个大舞台，我们每个人都是演员，每个人都在自己的舞台上不断地调节自身的角色，以达到预期的表演目的。每个人竭力通过各种方法进行自我修饰以到达预期的"前台形象"，而至于"后台"的表现就鲜为人知了。它类比电影表演，并将影视中的很多专有名词运用到社会学中，包括剧本、前台、后台、印象管理、导演、演员、观众等要素。本文将从社会拟剧的角度来分析校本课程在民族地区实施中出现的问题。

（一）表演剧本——校本课程开发者的角色期待

剧本是使表演有序进行的一种文本，它预先设计故事的情节、剧情的发展方

向，以及通过演员的表演展现出剧本的主题思想。社会拟据理论认为，整个社会就是一个大舞台，社会有其自然的运作规则，社会中的各种规章制度、社会伦理道德、法律体系共同构筑成社会的剧本，每个社会成员都应该按照已有的"社会大剧本"进行各种人与人之间的互动，通过一种印象管理的手段，达到彼此交流交往、影响他人对自己评价的目的。

在教育系统中，我们不难发现，这种已经存在的剧本正在对我们的学校教育产生着规定和指导作用。它体现在教育的规章制度、教育发展规划、教育目的、培养目标、教学目标等上。在宏观上，它对教育的发展起着隐含的制约作用，规定教育性质及发展方向。同样，校本课程的实施作为教育系统中改革的重要环节，也将在很大程度上影响着整个学校教育的培养目标。民族地区的校本课程实施，首先，要按照民族地区文化大环境，优秀文化资源的传承和保护的"剧本"进行，校本课程开发者应展现出忠实于民族文化内核的价值取向和角色期待，以培养民族地区优秀的地区特色人才为自身的使命。其次，"剧本"的编写要根据民族地区人才目标进行，不能脱离自身的使命，任何背离文化内在要求的人才价值取向都是在文化的外围打转，也必将是毫无意义的"表演"。最后，在实际的情况中，我们发现整个校本课程的剧本并不是遵守着民族地区的特殊的文化背景进行的，"剧本"的编写和制定具有较大的随意性、目标的不确定性以及开发者自身角色的混乱性，这将从根本上不利于校本课程的实施以及教育目的的实现。

（二）导演：校本课程的管理者

导演是戈夫曼在分析剧班的印象管理中所谈到的一个重要角色。在影视剧作的表现中，导演是一个边际的角色，即处于演员与群众之间。导演的责任主要体现在两个方面：一是纠正表演者的表演行为与剧本之间的不协调，一般采取安抚和制裁的方法。二是根据情境需要和剧班成员的特点来分派表演中的角色以及每个角色所使用的个人前台。[4]因此，在影视剧作中，导演起着调节、指导和管理者的作用。

1. 调节和控制：现实与人为

调节和控制是导演为了达到剧本目的而采用的手段。在校本课程的实施中，校本课程的管理者是导演，主要包括各级教育行政部门，学校校本课程管理部门和管理者等，这些层级不同的导演共同执导着校本课程实施的"戏剧"。他们时刻监督校本课程实际完成情况与剧本目的的偏离程度，并及时采取纠偏措施，给予调节控制。"导演们"极力通过人为的调控来实现校本课程的现实结果。每个校本课程管理者都发挥自身的角色特点，通过自身的调控能力和方式来影响校本课程实施这一"戏剧"的进程。因此，"导演们"自身综合素质的高低将直接决定着校本课程实施的成败。在西南民族地区，校本课程实施的"导演们"却存在影响其效果的众多因素，例如，当地的教育行政部门虽然明确要求各学校在民族文化进校园的社会背景下，积极地组织各自的教师参与校本课程的实施，但是至于如何实施，实施中应注意哪些问题，遇到问题该怎么处理，资金、资源的支持等却无从谈起，支持仅仅存在于口头上，这种"前面说话，后面摆手"的行为，将直接造成实施中的管理不善、开发的混乱。因此，从导演的角度来看，他们本身就是处于"虚假表演"的状态，是不能指导整个校本课程实施剧本的。

2. "戏剧"实现

剧本是戏剧表演的外在规定，戏剧的表演将按照已有的剧本进行，并根据实际情境的变化进行适时的调整。"戏剧"实现是剧本表演的现实结果。在表演中，导演通过现实与人为的调控，借助奖励和惩罚的手段，同时结合表演者自身的素养以及现实环境状态，最终实现戏剧表演的目的。

在校本课程实施中，我们首先要明确校本课程的真正含义，明确校本课程的现实定位，它的实施应该是在准确的、体现民族文化精神的"剧本"规定下进行的。其次，民族地区的校本课程蕴含着民族地区的文化，课程是文化的载体，是传承文化的有效方式之一。校本课程不应成为我们实现培养目标的辅助工具或者丰富学生学习的课外读物。因此，校本课程的管理者自身应具有民族文化保护的意识，在思想意识上重视校本课程，避免本末颠倒、主次不明。最后，作为校本课程的管理者应具有管理的方法和能力。校本课程既不是为应付上级教育部门检查临时编写的样本，也不是展示自己学校成绩的手段。作为管理者要密切关注校本课程实施中的效果，建立健全实施效果的评价和监督体系。对学校、教师、学生进行积极的引导，将校本课程落实到实处，避免校本课程流于形式。然而，这种现象在民族地区的学校中正在一幕幕地上演着。

（三）表演舞台：承载民族文化传承责任的学校

表演舞台必须具备前台和后台两个基本要素。在前台，表演者在剧本的指导下，结合自身的表演技巧，运用恰当的印象管理手段，通过塑造完善的、理想化的自我展开表演。在后台，一方面表演者要通过自身的努力为前台的表演做准备，另一方面表演者则进行另外一种形式的表演，相对于前台的表演，这不是呈现在观众注视之下的，能更加地展现自我的心理状态，它不是以剧本为基础的表演，表演具有更大的真实性，这是摘下面具后的本我状态，展示出更加真实的自己。

同样，对于承载着民族文化的校本课程来说，民族地区的学校正是表演者进行表演的舞台。表演者——校本课程的实施者，借助学校这个表演舞台，通过表演前台——在学校内，实现表演的目的。前台是我们能够很容易看到的，是外显的实施者的日常行为，表现都是处于人们的注视之下的，是借助学校外在的形式表现出来的。至于后台则是相对于前台而言的，是前台行为被隐匿、不易为外界观众看到的。在校本课程实施中的后台则是校本课程实施的背后的推动力量、影响因素等。虽然这些并不能很外显地表现出对校本课程的影响，但是后台的因素却是更为重要的。

1. "前台"特色的消解

在社会拟据理论中，前台是"个体在有意无意中使用的、标准的表达性装备"[5]。它是剧作表现中的表演场所以及局限观众的环境的直观的舞台。戈夫曼认为，前台制度化以至于其所表现出的"集体表象"，这种现象的出现导致在前台上所表现的倾向是表演内容，是被选择而不是被创造的。校本课程在民族地区的实施，是借助于学校这个前台，因此，前台的表演不代表校本课程的真实性。同时，民族地区学校的前台逐渐弱化其作为民族文化传播阵地的功能。在主流文化强势推进的民族文化阵营中，承载着民族文化传播重任的校本课程，在面临着学校前台特色逐渐失去的同时，应该通过调控自身的角色，完善目标定位及前台的文化环境，避免其特色的消融。然而，事实并非理想中的那么美好。学校这个可以为表演者提供舞台的前台，似乎还沉浸在已取得成绩之中，它们总自以为豪地相信自己、教师、学生是最好的，对于存在的问题熟视无睹而任由表演者"驰骋"。作为传播文化阵地的前台，学校在文化大潮的环境里迷失自身的方向和使命，不能准确辨析自身努力的方向以及应该承担的重任，仍沉迷于表面的一片叫好声中。这种环境变化而不知、自身使命而不明的状态是虚假地迎合自身的虚荣。

2. "后台"混乱

后台是舞台表演中相对于前台而言的，它不直接呈现在观众面前，与前台之间被人为地分割开来。我们很难能够在观众席上看到后台或者幕后演员所展现的行为，但是不可否认，演员们在前台近乎完美的表演，在后台可能更加地趋于真实，它不需要演员过分地掩饰自己内在的真实感受，可以更加肆意地宣泄。

对于校本课程的后台表演，我们首先要了解影响校本课程实施的后台因素。校本课程应具备三个基本要素：由学校进行开发、编制；在学校中；为了学校的发展。因此，校本课程实施效果的后台影响因素包括：各级教育行政部门、学校校本课程管理部门、负责校本课程的相关人员以及教师等。

这些后台影响因素是我们通过外在的表现看不到的，但我们可以通过前台的表现对其后台的现状进行推测。在当前的民族地区，校本课程的实施现状的"虚假表演"恰是因为后台管理者、执行者之间的角色混乱、职责不明、相互扯皮、相互推诿的结果。

（四）演员与观众：校本课程的开发者和使用者

综上所述，校本课程的实施者是扮演着各种角色演员，他们是校本课程实施这个剧本的真正主体，他们表演的好坏受多种因素制约，如"剧本"的质量、导演的素质、表演者自身的表演能力和自身素质等。

1. 演员的类型

运用拟剧理论，表演者即是扮演某种社会角色的人员。而校本课程的表演者主要分为以下几类：一是校本课程的管理者，主要包括教育行政部门的负责校本课程的人员、学校中主管校本课程的部门和相关人员，如教务处长、主任等；二是校本课程的开发者、参与者，除管理者之外，还有学校的教师、学生等；三是校本课程的使用者，主要是教师和学生。校本课程中各种类型的演员都是依据校本课程开发的总体规划这个剧本进行的，彼此之间应该相互分工协调，共同实现戏剧表演的目的。

2. 表演的类别

从人类生存和生活意义上而言，表演性行为是人类基本的生活方式和存在方式之一，在人类社会中具有普遍存在的意义。表演中的基本要素包括表演者、观众、表演内容、表演过程、表演舞台等。那么，表演到底是什么呢？从本质上来说，表演就是人的问题，是通过表演形式展现表演者个体的生命存在，其核心是"角色问题"，即通过对某种角色的承担或者扮演，较为真实地反映人物在具体的情境下应该体现出的自我投射、自我呈现的状态，达到表演意图达到的最大化的目的。所以，表演的客观存在性决定其可以存在于现实的任何场景或情境中，我们对它的存在应该持坚定的态度，认清表演的实质。

3. 演员与观众的角色失调

角色失调是心理学中的术语,它是指个体在扮演自身角色过程中出现的障碍、矛盾,甚至是遭遇的失败。它分为角色间的失调和角色内的失调。前者指的是表演者在几种角色之间的转化过程中产生的失调现象;后者指的是表演者在一种角色的扮演过程中产生的失调现象。根据上文的分析,我们知道表演者所指代的对象,观众则是观看演出的人。演员与观众是戏剧表现中两大主要的要素,他们是戏剧得以进行的必要条件。然而,他们之间的不协调则会导致整个表演的失败。

校本课程实施中的观众主要包括上级教育行政部门,以及学校的教师、学生等。这些人员有时充当着演员的角色,而有时则充当着观众的角色。一旦他们没有明确的角色定位和认同,就会出现角色失调的现象。在实际调查中,这种现象可谓是不胜枚举。例如,对于教育行政部门而言,它们的应然职责是规划、调控整个校本课程的实施,起着战略指导性作用,扮演着导演的角色。除了对学校的校本课程发展给予政策支持外,它们也要尽可能满足校本课程实施所有的要求,保证校本课程的顺利实施。然而,在角色扮演中,情况却差强人意。它们混乱了自身的职责定位,自己只好大喜功地对外宣传自己所管辖的学校的校本课程所取得的丰功伟绩,但没有正确地认识到学校所呈报的校本课程实施资料中存在的问题,只是在做表面性的文章。

总之,透过拟剧视角下的学校场域,深入探析拟剧视野下的各种因素,我们不难发现,校本课程表演"剧本"本身就存在很大的不足之处,这样的剧本在好大喜功的"导演们"的指导下,必将是满足于内心虚荣要求的"虚假表演",加之学校前台特色的弱化甚至消解,承担着唯升学率是举任务的学校必将在校本课程实施的道路上越来越偏离自身的使命。演员与观众角色失调,但为了完成预定的任务,实现既定的目标,上至剧本,下至观众实际上都在进行着一场没有意义的"演出"。这种远离本质目标、自身自责不明的演出实质上只是在生搬硬套的"虚假表演"。

三、剧场表演——校本课程实施中"虚假表演"的维度分析

(一)纵向分析

从纵向的角度来分析当前西南民族地区校本课程在实施中的"虚假表演"问题时,其关键是找出"虚假表演"所依据的"剧本"和指导戏剧的"导演"。

1. "剧本"的制定

剧本是由舞台指示和台词组成的，是戏剧表演的依据、大纲、文本基础，它是以一种文字、图像的形式展现出来的文学形式，演员与导演都将按照剧本的要求进行演出。而实现剧本价值的关键将是其能被搬上舞台并进行恰如其分的演出，这样才能完成艺术创造的最终要求，也就是说"演出剧本"才是艺术最终的呈现形式。借鉴拟剧理论的研究成果，笔者将从以下几个方面分析"剧本"制定、选择的虚假。

（1）课程目标

教育目的是对培养什么样的人才的总要求，它包括不同的层次。从宏观角度看，我国的教育目的是全面贯彻党的教育方针，坚持教育为社会主义服务，为人民服务，与生产劳动与社会实践相结合，培养德智体美全面发展的社会主义事业的建设者和接班人。从微观的角度看，学校培养目标是要在按照国家教育目的的指导下，结合学校自身发展层次、特点等因素而制定的人才培养规格的要求。因此，西南民族地区因有其特殊的地理环境、特色的文化资源，在制定学校目标时要紧紧围绕学校的特色发展定位，以培养民族地区特色需求人才为目标，而不是一切以升学率等功利性指标为依据。民族文化的传承与发展应以特色民族型人才的培养为关键。然而，校本课程在实施中却背离了自身培养目标，唯升学率至上，或者仅仅传授民族文化最表面的内容，而对于其实质性内容却远远未能触及。因此，这种的学校培养目标只能是在培养民族特色人才的道路上越走越远，背离了民族地区教育发展应有的规律，不可能达到学校教育的真正目的，偏离实质内核的培养目标不过是外在一片欣欣向荣下的"虚假表演"罢了。民族地区的校本课程应反映课程的普遍特性，体现课程的基本原则，达到课程的基本目标。任何违反或者曲意迎合课程目标的行为都是一种"虚假表演"。

（2）课程内容的选择

课程内容的选择正确与否，主要依据是它能否符合社会的发展要求、学科自身特点的要求、学习者身心发展的特点与规律等。面对着五彩缤纷、灿烂无比的民族文化资源，什么样的知识是最有价值的，怎样的知识形态才能满足我们社会的、学科的、学习者的要求是校本课程这个"剧本"要面对和解决的问题。"选择比努力更为重要。"校本课程作为一种深度挖掘具有民族特色和价值的乡土教材，理应立足于民族地区特有的民族生存智慧，并从其中汲取有益的发展养分，获得持续发展的动力。另外，校本课程在民族地区实施，我们在选择课程内容时同样要求有选择的智慧，即筛选机制的问题。民族文化博大精深，选择真正适合民族文化传承和发展的优秀文化资源才是应该坚持的原则。校本课程的实施是一个持续的、整体的过程，不是一蹴而就的。就当前的民族地区校本课程实施的现状而论，课程在实施中表现出明显的、简单化的加减思维模式。在这种思维的指导下，校本课程内容的选择只是通过简单的加或减的方式，但是加减的原因却不甚明了，更多的是根据学校或者学生自身而随意为之。课程内容选择的虚假必将指引整个课程目的走向不恰当的发展方向，从而使学校的发展走向另一个误区。

（3）课程的实施

课程是文化的载体，优秀的文化资源通过课程的形式传递给后代，民族地区校本课程必然反映本地区、本民族的价值诉求，符合民族发展方向。从实施的主体看，有的学校忽略了教师参与的主体性，使得教师在参与实施的过程中，迫于时间、教学的压力而敷衍了事。从校本课程编写的标准看，民族地区真实的校本课程编写的标准首先要体现校本课程的地方性，应服从和服务于地方经济、社会、文化的发展；其次，选择内容上应体现民族地区文化的特色，选择民族优秀的课程文化资源而不是毫无依据地选择；最后，在文化的目的指向上要体现为民族地区培养特色人才的要求，任何功利的、随意的、应景的目的指向都将是"虚假表演"。从实施的评价上，校本课程的实施在评价上趋于功利性的价值评价标准。对学校而言，校本课程是为了行政达标，满足行政部门的应急检查或者是其他外在社会的积极评价。对教师而言，校本课程按量进行，并且和教师的考核、薪资、晋升挂钩。教师参与校本课程的实施过程并非出于内心的真实想法，这将造成实施中的错乱无序。对学生而言，在部分学校，校本课程只是学生的选修课或课外读物。由此种种，我们不难看出，校本课程的价值在实施中并没有给予充分的重视，只仅仅作为辅助性教材。

2. 导演：层级不同的管理者

层级不同的管理者在校本课程实施中扮演着重要的角色，他们起着计划、组织、指导、协调、控制的作用。因此，他们职责履行以及作用发挥程度如何直接影响着校本课程的实施效果。在实地的考察中，我们不难看出，管理者对待校本课程在民族地区的实施似乎仍有不同的意见。以康定县城为例，当地教育局紧扣州级"文化强州"的战略部署，提出"教育强县"的主张，它们似乎也在为实现预定的目标而不懈地努力着，校本课程在该县的发展也是"以点带面"，由原来的"四校同盟"发展到几乎每个学校都存在校本课程。这似乎是个可喜的发展局面和现状。然而，表面的繁荣掩盖不了现实的虚无。从教育局的层面而言，它们并不存在有关校本课程开发的实质性指导文件，校本课程的开发似乎只是每个学校自身的任务，教育部门仅仅就口头上表示赞同和支持，他们只是一个好大喜功的监督者，指标性地规定每个学校的任务，但至于如何开发，遇到问题怎么解决，开发所需要的资金、资源等却没有实际的支持。这种仅靠口头指令、指标检查而造就的校本课程开发的繁荣无疑是一场虚假演出，并不能对学校的发展起到实质性作用。从学校的管理者层面而言，他们也有实施校本课程的想法或者计划，但是在执行过程中却没有具体落到实处。

（二）横向分析

社会是个大舞台，每个人都是演员，表演具有普遍性和客观性。从人类生存和生活意义上而言，表演行为是人类基本的生活方式和存在方式之一，在人类社会中具有普遍存在的意义。教育作为社会的子系统，也需要表演，其根本问题是人的问题，通过表演形式展现表演者个体的生命存在，其核心是"角色问题"，即通过对某种角色的承担或者扮演，真实地反映人物在具体的情境下应该体现出的自我投射、自我呈现的状态，达到表演意图最大化的目的。我们尊重和倡导教育中的真实表演，坚决反对任何"虚假表演"。众所周知，教育是一种培养人的社会实践活动，教育系统是人的集合，为构成要素的社会系统的一部分。在教育中，人的集合主要是指教师与学生这两个基本要素。

1. 教师角色

教师是履行教育教学任务的专业人员，教师职业是专业性职业。教师在教育教学中应正确地履行"智如泉源，行为仪者"的职责，扮演职业特点所赋予的角色。从教育普遍意义上而言，教师的角色具有多样性，如"传道者"，"授业，解惑者"，以及示范者、研究者、管理者、父母或朋友等角色。本文主要谈及教师在校本课程实施中所应扮演的角色。教师是校本课程开发、实施的主体，是校本课程的研究者、实施者，也是管理者，教师参与其中的程度决定校本课程实施效果的深度。就目前教师所扮演角色的实然状态与应然状态相比仍是一种虚假表象。一是教师角色不清。教师仍然以教书匠的身份自居，认为仅仅"耕耘自己的一亩三分地"就万事大吉，对校本课程嗤之以鼻，即使是学校要求教师全员参与，教师也是手动心不动，整天"过山车"。即使有教师积极参与校本课程的实施，但总是借口自己知识、语言等不足而敷衍了事。二是教师角色冲突。教师一方面要完成学校要求的教学任务，提高学生的成绩，实现学校升学率的目标；另一方面也需要参与校本课程的开发，这使得教师在两种角色之间疲于奔命，最终将是所有工作都没做好。因此，教师在自身角色扮演中总会遇到很多的不协调因素，"凡事预则立，不预则废"。教师作为校本课程实施的主体，应该明确自己的职责和角色扮演的应然状态，而不是处处借口推脱。诚然，在民族地区限于现实的种种限制，在校本课程实施中必定会遇到很多的问题和阻力，但是这并不能成为教师在校本课程实施中"虚假表演"的理由。

2. 学生角色

学生是教育中另一基本要素，他们具备人的本质属性，但也有其本身特有的特点。学生是具有发展潜力的人，有发展的需要。因此，学生作为教的对象、学的主体，在校本课程的实施中是不可忽视的影响因素。在新课程改革中，我们强调要使学生"知识与技能、过程和方法、情感态度和价值观"全面、均衡发展。在实践中，学生仍然退回到原来的纯粹听众角色，他们对校本课程既没有认识，也没有看法，完全处于被动地接受知识的状态。即使犹如康定民族中学、康定藏文中学的藏文班学生也是将仅有的校本课程当作课余闲情逸致的读物，他们学习的重心始终是为应对中考、高考。学习是手脑并用的劳动，是高级心理活动，学生应积极参与校本实施之中，而不是充当储备知识的容器的角色。

四、西南民族地区校本课程"虚假表演"归因

"一个民族的形成，离不开三个因素，生物的遗传，地理的环境，文化的遗业。"[6]从深层次理论而言，校本课程是基于特定民族文化场域的一场文化自觉的活动，它的应然状态是自觉承担起民族文化智慧融入，不是也不应该仅仅局限于校本课程开发的表面的、形式化的"虚假表演"。从文化生态学的角度来说，校本课程应是促使西南民族地区学生生命本真的回归，完善校本课程在民族地区的育人功能。它的实施过程是一个涉及范围广泛、触及人员较多、涵盖校本课程目标的制定、课程内容的选择和评价、校本课程实施效果评估的完整过程。西南民族地区校本课程实施中的"虚假表演"问题并不是某个学校的特有现象，而是体现在校本课程实施的各个环节之中的。

（一）校本课程实施的物质条件匮乏

经济基础决定上层建筑。现存的物质条件直接决定我们能否将想法付诸实

践。但是，这里的物质条件匮乏并不仅仅是缺少校本课程实施的必要的经费支持，更多的是缺乏实施校本课程的图书资料、仪器设备、科教文化设施等。以康定藏文中学为例，该校所处的文化圈是以木雅文化为主，它有别于康巴文化。作为一种古老的文明，尤其是存在大量的方言，要研究该文化存在很多障碍。该校在校本课程改革浪潮的影响下，也坚持积极有为的发展策略，但局限于现实资料的缺乏，学校、教师参与校本课程的热情受到很多的冲击。在访谈中，笔者能清楚地感受到教师的无奈。一方面，他们希望能够尽自己的能力去开展校本课程工作，深度挖掘有益于学生、甚至民族发展的有价值的文化，使得在学校的场域内能更好地得到传承与保护。另一方面，限于当前文献资料的限制，学校以及教师确实无计可施。面对来自教育行政部门考核的压力，该校还是积极地组织教师参与校本课程开发，结果却是不仅数量不多，而且质量更是令人担忧。面对现实条件的不足，学校、教师只能是硬着头皮完成既定的校本课程开发的指标，这无疑是隔靴搔痒，对于文化价值的挖掘所起的作用微乎其微。

（二）校本课程管理部门知识观偏见

教育行政管理部门在校本课程实施这个"戏剧"中起着导演的作用，不仅在宏观上规定着整场戏的发展顺序、主题，更是对整个"戏剧"发展起着调控作用，使其按照预定的目标和方向前进。教育部门对校本课程的重视程度是直接影响校本课程实施效果的重要因素。国家实行的"三级课程管理"模式，极大地提升了教育行政部门、学校领导管理的权限，能否得到他们的极力支持，是校本课程实施成败的关键。在现实的操作中，校本课程管理部门却有严重的失职倾向，错误的知识观在指导着他们的行为。存在过分地使用行政指令的形为，对学校校本课程的实施并没有实质性指导，而是通过发布命令规定着学校校本课程的开发进程，至于学校怎么开发，开发什么样的校本课程，校本课程的内容选择如何并没有针对性的指导。在学校层面，却把校本课程看成自己的负担，总会找到一堆看似合理的理由拒不实施。在学校内部，到底开不开发校本课程还是一个需要商榷的问题。校本课程所体现的应是一种文化自觉，而不是行政指令干涉的结果。

校本课程管理部门在意识层面上只把校本课程看成是学校的"副科"。在思想上根本没有重视校本课程在民族地区的积极作用，学生学习的目的也是为了考试。学生成绩的好坏还是取决于国家课程。因此，这种课程定位在本质上就是有失偏颇的，对正确认识校本课程在意识层面上产生了巨大的阻碍。校本课程仅以数量的多少来衡量学校的成绩，这是不客观的。因此，校本课程的"导演"如果仅仅带着"有色眼镜"看待校本课程，这种行为只能造成学校校本课程开发的混乱和无序、思想上的随意性、工作中的忙乱性，造成校本课程实施的虚假性。

（三）校本课程评价的功利导向

校本课程评价是对校本课程实施效果的评估、产生的影响、分析存在问题的一个系统的工程，不能以简单的"好"或"坏"作出价值判断。评价只是一种手段，它的目的是分析存在的问题，找出预期目标与现实之间的差距，以便及时调整实施的方向，使校本课程在民族地区得以持续有效的实施。

然而，在实际校本课程评价中，却表现出较为浓厚的功利色彩。一方面是评价者。评价者以什么样的标准或尺度评价校本课程是一个重要的问题，这表现出评价者的动机。在民族地区，校本课程的评价并非有着统一的评价指标，唯一的指标即是校本课程的数量。评价者并没有根据民族地区不同的文化特色给予相应的评价标准，这种"一刀切"的评价指标只能促使学校敷衍了事，即所谓的"上有政策，下有对策"。另一方面是评价的对象。实施校本课程的学校则是被评价者。在现有的评价体系中，对学校成绩的考核，还主要依据升学率的高低，校本课程实施如何只占很小的比例。我们可以想象，当学校对校本课程持抵触情绪时，它的实施效果能在多大程度上发挥出来。这种"上下级"之间心理、行为的博弈更像是戏剧中的表演，而且是"虚假表演"。学校通过印象管理的手段，极力作出对上级的顺从之状，实则是"阳奉阴违"，继续自己唯升学率至上的路子。因此，过分地重视学校的升学率则导致极大地忽略校本课程的作用，忽视身边丰富多彩而极具内涵的乡土课程。

（四）学校缺乏必要的合作途径

校本课程是一项系统的工程，学校是校本课程得以有效进行的重要阵地。其实质是学校开发属于自己的课程，发挥自身特色，提升整个学校文化影响力的重要途径。应加强民族地区学校与高等学校，科研院所的专家、学者，各学校教师之间的联系。积极鼓励他们参与到校本课程实施之中，发挥他们的智力资源优势，提升校本课程的品位。校本课程工程巨大，不仅仅是编写某本教材的行为，更要具备高屋建瓴的思想准备，进行顶层设计。由于各个学校都具有自身的优势，也存在发展中的不足，如经费不足、师资力量欠缺、缺少经验等，这为校际的合作提供了可能。

虽然在西南民族地区的学校也能看到校际合作的影子，但并不限于校本课程的实施领域内。比如，康定中学与成都第七中学存在着较大的联系。康定中学借助互联网共享成都第七中学优秀的教育资源，每年支付给其经济报酬。当我们查看分享的内容时，发现完全是应试教育的内容，并不涉及校本课程。横向地分析各学校之间的关系，可以发现它们之间的联系很少，这样对于整个地区的师资人员的合理配置将产生阻碍作用。在笔者所考察的学校中，每个学校也是各自为战，彼此之间的联系甚少。

（五）教师校本课程意识淡薄、能力欠缺

教师是校本课程的主要实施者，在校本课程整个系统中居于主体地位。教师对校本课程的态度、参与开发的意愿、能力、专业等对校本的实施产生直接的影响。

在考察中我们发现，有的教师其实并不知道校本课程为何物，即使知道校本课程的含义，但是限于能力、精力等原因，也是谈校本课程色变。校本课程本应该有专门的组织领导机构，但是在部分学校，这种机构却名存实亡。在笔者所调查的学校中，有一所学校虽然由教务部门主管校本课程，但是由于其经常忙于各种行政工作，所以校本重任转移给某个老师负责，教务部门只是起到遥控或者临时监督的作用。另外，管理部门在分配任务上存在偏差。在调查中我们发现，有的教师除本身有很重的教学任务外，还要承担很多的校本课程开发的工作，所以有些教师时间、精力都严重超负荷。这种超过教师所能承受范围的任务，教师们只能是应付了事。其中，最大的问题是知识欠缺、语言不通。康定是以藏族为主的聚居区，其文化背景是康巴文化，其文化的深层更多是有关藏族的文化历史、民风民俗、居住饮食、婚丧嫁娶、舞蹈体育等，对于具有汉文化背景的教师来说，攻克藏文则是件难事。这就使得教师在参与校本课程中遇到巨大的挑战。即便是藏族教师，也会找出各种理由变相拒绝参与校本课程的开发。但在学校强制要求教师全员参与校本课程开发的情况下，这就使得教师心理逐渐出现抵触情绪，学校与教师之间的心理博弈再次出现。

五、解决校本课程"虚假表演"的对策

（一）以文化为本，回归校本课程文化角色

课程是承载着民族文化的现实表达，它展现出某一群体文化。它应是体现民族地区优秀文化精神的内核，并通过现代校本课程的选择、编制成为民族文化得

以有效保留下来的方式。人不仅是符号的动物,更是具有文化品质的生命体,校本课程的实施应追求与民族地区主体文化精神内核相一致,融入到民族地区人民生活最本真的地步。我们倡导校本课程以文化为本,即校本课程的实施不是脱离民族生活本真的摇旗呐喊,而是植根于民族文化环境的内核,彰显民族文化的张力,校本课程回归文化的角色是忠诚于民族文化发展的要求。民族地区的民族文化与现代主流文化应相互融合,共同实现培养民族人、文化人、特色人才的目标。

1. 转变文化工具,强化民族文化自觉

校本课程是民族地区现代课程改革的必然要求,它既是丰富学校课程体系的手段,又是深度挖掘民族文化品质,增强学生对民族文化的熟识度,强化民族认同,对民族文化进行有效传承与保护的正确途径。校本课程在实施中的"虚假表演"在意识层面上就是文化工具的取向。"知识世界遵循的是认识论与决定论的原则,它追求的是普遍的、绝对的、价值无涉的结论与定论。课程作为文化传承的工具,就是将文化化为系统化的、可量化的、程序化的、等级化的知识。这样文化便被"物化"为可占有的、可获得的财产、权力及资格。"[7]当文化一旦成为对外宣传自身的工具时,就会被物化,失去原有的本真内涵。因此,我们要转变校本课程作为文化工具的意识。在进行校本课程实施中要坚定其文化自觉的核心和主线。它的实施是文化外显的内在要求,体现出自身的文化自觉要求,并非为实施而实施的工具理性。

2. 增强管理的科学性,改变随意性和功利性倾向

校本课程实施是一项系统、宏大的工程。因此,作为"导演"的管理者要统筹规划校本课程的发展阶段、目标、方向。在政策层面上,以系统、科学的政策体系支持整个校本课程的快车步入正轨,完善管理体系和责任制度,及时发现并纠正校本课程在实施中出现的问题,实现科学管理调控。在实施过程中,实行问责制,合理分配各级管理部门以及学校教师的任务,确保责任到人,防止在实施中出现敷衍了事的"虚假表演"行为。另外,健全校本课程实施的评价体系,以多元化的指标评价学校校本课程的实施效果,各学校在根据国家的校本课程评价指标的指导下结合自身的特点,努力实现评价的多元化,克服一切唯升学率至上的思想及行为。

(二)正确定位学校校本课程

标签理论认为,我们一旦对某事物打上某个标签,就不能对其进行客观的评价,它会影响我们对事物的判断,对事物产生一种刻板的印象。它误导我们带着

"有色眼镜"去看待身边的事物，而得出一种消极的或与事物本质相反的结论。校本课程从诞生之初就被打上了"副科"的标签，使得校本课程在学校教育中的地位一直较低。学校对它的定位出现较大的偏差，以"轻视的"或无所谓的态度对待，面对教育行政部门的硬性指标，学校只得在仓促间编制校本课程以应付考核，这样的校本课程只是学校的无奈之举。因此，在学校层面，应改变对校本课程的不恰当定位，改变自己狭隘的视野，将校本课程作为学校的文化品牌，提升学校整体的文化品位和文化竞争力。

目前，国家课程体系分为国家课程、地方课程、校本课程，这种课程体系的划分方式渗透着科层制的思想。根据科层制的观点，一旦事物按照某个固定的标准进行划分的时候，如果各层之间的通路不畅就会影响事物整体功能的发挥。三级课程体系的划分总会给人以误解，即三者之间是按照彼此的重要性进行排列的，实质上三者之间并不存在重要与否的区别。对其划分的出发点则是站在不同的位置上，区分彼此在国家课程体系中的位置，不能以重要程度进行意象中的划分。

（三）增强师生校本课程的自觉意识

教师与学生作为教育领域中的两大要素，教师更是校本课程实施的主体。开发校本课程是教师专业发展、提升自身理论素养、增强科研能力的一种方式。教师与学生应把校本课程看作是自己学习的好机会，其应然角色是一种自觉行为。然而，在实际的教育教学中，校本课程却束之高阁。在有关校本课程的课堂上，教师总是习惯于学生的自学，他们认为校本课程只是学生生活知识的再现或者只是一些常识性的内容，没有什么难度。事实上，无论是从学生的心理发展还是知识水平的高低，每个阶段的学生都会遇到很多自己不清楚的问题，即使是学生日常生活中熟悉的也不一定知道事物的来龙去脉、前因后果。这就要求教师能给予及时的指导。

以调查中的一所学校为例，笔者旁听了一节用汉语讲的藏文课。内容是关于佛教的起源及其历史。奇怪的是，在藏文课上并没有教师，他们是通过学校里配备的投影仪让学生自学课程内容。学生在自学中，只是关注故事的情节，对于事件发生的背景及历史原因，他们并不知道。当看到好的情节时，学生偶尔哄堂大笑。学生也只是把藏文课当成是自己"主课"学习之后的业余课程。这种现象并非是某个学校偶尔出现的，笔者在其他学校都曾发现过类似的事情。总之，师生作为教与学的主体，应自觉履行传播科学文化知识的责任，树立自觉的课程意识，把优秀的课程资源的优势充分地发挥出来。

（四）拓展校本课程开发的合作渠道，实现良好发展

校本课程的实施是一项巨大的工程，仅以单个学校的单打独斗并不能达到预期的目标。在大力开发民族文化资源的浪潮下，一方面，教育行政部门应及时整合本地区学校的资源优势，将成功经验鼓励推广到劣势学校，先进带动后进，努力实现本地区学校的优势互补，充分发挥协作效应。另外，积极学习、借鉴其他地区校本课程实施的经验，积极组织教师外出培训，提升师资水平，努力缩短与优势学校之间的差距。另一方面，学校之间也应该正视自身在校本课程实施中出现的问题，加强与其他学校在实施安排、师资培训、问题应对策略等方面的交流合作，发挥彼此的优势能力，实现共同发展。随着校本课程在西南民族地区的深入开展，限于语言、专业、知识等方面的原因，加强校际的合作与交流更是大势所趋。同时，拓展合作的渠道，发挥高等学校、科研院校的智力资源优势，为校本课程在民族地区的实施提供理论支撑。

（五）健全合理的校本课程师资队伍

教师作为校本课程实施的主体，直接关系着校本课程的实施效果。限于民族地区特殊的文化氛围，师资更将是校本课程实施的关键要素。首先是具有汉民族成分或者是不熟悉任教地语言的教师，努力加强民族语言和知识的学习，努力提高自己参与校本课程的能力。同时，也要积极尽己所长，为校本课程在民族地区更好地发展贡献自身的才能。其次，教育部门以及学校应及时对教师进行培训，在校本课程实施的全过程进行指导，及时纠正偏差。对于师资力量薄弱的学校要给予重点扶持，分阶段、分批次地对教师进行培训，提高他们的理论素养和实践能力。最后，加强校校之间的合作，做到优势教师资源的合理流动，为更好地实施校本课程作出自己应有的贡献。

参 考 文 献

[1]杜普伊斯·高尔顿. 历史视野中的教育哲学[M]. 彭正梅, 朱承译. 北京师范大学出版社, 2006.

[2] 教育部. 基础教育课程改革纲要. http://baike. haosou. com/doc/6728196-6942477. html#6728196-6942477-7[2001-6-8].

[3]约翰·杜威. 民主主义与教育[M]. 王承绪译. 人民教育出版社, 2001.

[4][5]欧文·戈夫曼. 日常生活中的自我呈现. 冯钢译. 北京大学出版社, 2007.

[6]潘光旦, 潘乃穆, 潘乃和. 潘光旦文集[M]. 北京大学出版社, 1994.

[7]郝德永. 新课程改革中的文化学研究[J]. 课程·教材: 教法, 2004(11).

字源识字教学文化渗透研究[①]

杨华丽

（西南大学西南民族教育与心理研究中心　重庆　400715）

摘要："人生读书识字始。"文字的本质是字形，语言的本质是语音，文字以"形"示"义"，语言以"音"示"义"。字源识字抓住了文字的本质，凸显以"形"示"义"。应物象形，以形显义是字源识字显而易见的优势，这种优势体现在教学中即为"音、形、义"结合，能有效吸引学生注意力；"形、义"相行，促进学生识字有效迁移；字根为本，识字效果显著；有效识别字形，对字形的文化内涵认知及字义理解不明显。

关键词：字源识字；教学；文化；行动研究

一、字源识字教学阐释

（一）字源识字释义

字源识字历史悠长。张诗亚指出，字源识字教学理念是"以发展人的整体思维为中轴，学习文字，提升文化素质，奠基历史，掌握阅读写作"。张庆认为，"通过追溯汉字的本源，分析汉字的结构，利用汉字的构字理据识记汉字的方法"，即是字源识字。傅东华认为，字源识字是"寻溯现行汉字形体的来源，尽可能地追到它们图像阶段位置，以期各字的原形都视而可识，无待说明。然后将它们的演变形态依次列举，一直衔接到现在的形体，是的现在形体中的一点一画都能显出它的意义来，以作识字教学过程中掌握字形的帮助"[1]。

---

① 本文系教育部人文社会科学重点研究基地重大项目"以民族文化为基础，促进多媒体汉语学习研究"（项目批准号：10JJD880015）的阶段性成果。

刘翔"以汉字所生发的文化出发，基于对汉字由形象到抽象的发展演变规律和对学生由具象到抽象的思维发展规律的认识，采用多种方式追溯汉字字源，使学生在对汉字字源的理解的基础上，了解汉字及其背后的文化，从而掌握汉字字义、读音与应用、形成汉字思维的一种识字方法"[2]。涂涛表明，字源识字法，即利用汉字的字源识记汉字。具体方法是通过分析汉字的结构，利用汉字的结构特点识字。[3]综合以上观点，本文将字源识字定义为：发展人的整体思维为中轴，提升文化素质，奠基历史，掌握阅读写作。通过追溯汉字的本源，分析汉字的结构，利用汉字的构字理据识记汉字的方法。①

从识字教学层面来看，汉字教学无论从理论上还是实践上都有较为完整的体系。从字源识字层面来说，字源识字的呈现方式及字源识字所体现出的优势都有所研究。字源识字在儿童识字方面有其独特的优势和作用：能让儿童轻松辨字形，习字音，达字义。

字源识字研究对象囊括学前儿童、小学生和老师。作为一种理论上行之有效，实践上又不乏明显效果的字源识字，在系统的教学领域却运用不广。本研究是基于字源识字最基础的挖掘，进入小学基础识字阶段，以查其效果。

目前，我国小学语文识字教学采用的方法各有所长，在不同程度和情境中促进着识字教学。对于字源识字，在梳理和总结的过程中，以下问题值得进一步的思考和探究。

1）如何最优化使用字源识字教学。字源识字作为众多识字教学法中的一种，利用字源及其演变历史这一时空桥梁来识记汉字。一方面可以增强汉字教学的直观性，增加趣味性，另一方面更重要的是可以挖掘汉字的文化基因。可单独使用，也可与其他方法灵活结合。如何与其他教学方法配合达到好的效果需要进一步探究。

2）如何让字源识字与家庭教育相衔接，让儿童从认字起，就受到字源的熏陶。

3）师资培训的系统化和专业化。这一问题的研究还相对缺乏，有必要进行探究。

（二）字源识字符合小学低段学生的认知特点

印度原总理尼赫鲁曾对他女儿说："世界上有一个古老的国家，它的每一个字，都是一幅美丽的画，一首优美的诗。"字源识字就是从每一个字的"画"（甲

---

① 本文中，字源识字与字源识字法同义。

骨文等象形文字）开始了解，知字形变，晓字本义。

根据皮亚杰的认知发展阶段论，儿童的认知发展经历四个阶段：感觉运动阶段（0～2 岁）、前运算阶段（2～7 岁）、具体运算阶段（7～12 岁）、形式运算阶段（12～15 岁）。[4]儿童在刚开始接受正规学校教育时，正处在具体运算阶段，并表现出显著的认知发展。儿童在该阶段上的认知结构也已经发生了重组和一定程度上的改善，儿童的思维也已经具有了一定弹性，同时他们还获得了在长度、体积、重量和面积等方面的相关概念。然而，概念的形成、问题的发现以及问题的解决也都与他们自己已知或熟悉的物体及场景有着很大的联系，简单地说，就是他们在这个时刻还达不到进行抽象思维的程度。

学生在一二年级时的认识过程还与学前儿童有着诸多的相似性，主要都表现出以具体形象性和无意性的认知过程。但是，在学校教育环境下，抽象的概括性和有意性迅速发展，而形象记忆在一年级儿童记忆中仍占主要地位。

皮亚杰认为，"七岁这个年龄和形式教育的真正开始是十分配合的。这个时期标志着心理发展的一个具有决定性的转折点。这个时期，在心理生活的任何一个复杂的领域内，无论在智力、情感、社会关系或个人活动方面，都出现了新的组织形式。这些新的组织形式不但保证了前一阶段所勾画出来的结构已经趋于完善，而且已经获得比较稳定的平衡并且为未来形成了一系列不间断的新构造"[5]。

一年级儿童的思维特点也是以具体的形象思维为主。字源识字法就是让学生从汉字的起初和源头学起，更进一步了解字源相关知识，让学生能建立汉字的形—义联想，把所学汉字更加清楚明白地理解与掌握，从而让学生学会汉字的学习方法。象形字取自生活，发展于生活的实物或实景，是现实生活的符号写照。字源识字法教学利用汉字最初的象形性，生动直观地反映汉字的形变过程，让学生从形变中获取汉字本义，便于记忆。

（三）识字是语文教学的基础，字源识字契合汉字文化思维

《义务教育语文课程标准（2011 年版）》指出，语言文字是人类最重要的交际工具和信息载体，是人类文化的重要组成部分。语言文字的运用，包括生活、工作和学习中的听说读写活动以及文学活动，存在于人类生活的各个领域。当今世界，经济全球化趋势日渐增强，现代科学和信息技术迅猛发展，新的交流媒介不断出现，给社会语言生活带来巨大变化，同时，也对中华民族优秀传统文化的继承，对语言文字运用的规范带来新的挑战。时代的进步要求人们具有开阔的视野、开放的心态、创新的思维，对人们的语言文字运用能力和文化选择能力提出了更

高的要求，也给语文教育的发展提出了新的课题。语文课程致力于培养学生的语言文字运用能力，提升学生的综合素养，为学好其他课程打下基础；为学生形成正确的世界观、人生观、价值观，形成良好个性和健全人格打下基础；为学生的全面发展和终生发展打下基础。语文课程对继承和弘扬中华民族优秀文化传统与革命传统，增强民族文化认同感，增强民族文化认同感，增强民族凝聚力和创造力，具有不可替代的优势。语文课程的多重功能和奠基作用，决定了它在九年义务教育中的重要地位。[6]

《义务教育语文课程标准（2011年版）》同样指出，课程目标从知识与能力、过程与方法、情感态度与价值观三个方面设计，三者相互渗透，融为一体。具体要求："在发展语言能力的同时，发展思维能力，学习科学的思想方法。"[7]字源识字是一种有效学习汉字的方法，尤其是在小学低段。识字作为语文教学的基础，同时也是其他学科的基础。不同的是，识字不仅仅是认识字，其更大的意义在于传承民族文化。在基础识字阶段渗透汉字的文化内涵具有重要意义。而如何进行渗透，或者说采取何种方式进行也至关重要。字源识字让学生观察汉字形变，回到汉字造字之初的具体情境或事物中，汉字思维一览无余。

本文主要运用行动研究法，旨在解决实际问题。具体来说，本文通过计划、实践、观察、反思四个步骤，创造性地运用理论指导实践，从而解决实际问题。通过实地调查，得到字源识字在课堂的现状。进而拟订行动计划，在课堂里采用字源识字进行教学并对其进行观察。了解字源识字在系统的课堂里的"真相"。

二、小学语文低年级识字过程文化缺位问题

小学是基础中的基础，小学阶段的任务要求学生掌握一定量的汉字，掌握识字工具，熟练运用识字方法，在运用硬笔和毛笔书写汉字时，体会汉字的优美，以及养成识字、写字的良好习惯。小学阶段是对小学生良好的语文素养和人文精神培养的重要时期。然而，现实中的教学由于教师对汉字的了解不透彻，很容易陷入只看重识字的工具性，而忽视识字的人文性，总是不经意地把汉字的定义局限在脱离文化内涵的一些声音或符号的范围。

（一）重读音、淡形义

同学们早读。读着昨天所学的生字、词组。他们把小手扬起。随着字、词的声调上升、下降。老师还会请出学生当小老师，在讲台前拿着字卡，同学们齐读。

在反复的朗读中记住字音。在课堂中，老师更多的是关心学生能不能读出这个字的字音并组词。

例如，课伊始，老师在黑板上写好了"15 陈平的手"，电子屏幕 PPT 上呈现了一个谜语。

"一棵树，五个杈。

不长叶，不开花。

做事情，全靠它。"

师：是什么呢？

生 1：手。

老师讲到，说说你用双手都干了什么？

生 2：我用双手劳动；我做了作业；我帮妈妈洗碗、炒菜；帮爷爷扫地；帮婆婆洗碗。

老师引导说，在学校，用手写作业、吃饭、做清洁。

师：预习了生字宝宝，还会读吗？

生 3：会。

师：举手。

生 4（看着 PPT）：爷。

师：什么爷？

生 5：老爷、少爷、大爷。

师：老爷再加爷，老爷爷；大爷前加老，老大爷。

（接下去。）

生：拿，ná 拿，拿，拿。

师：拿东西的时候？

生 6：用手。

老师把手打开，问道：那这样可以拿吗？

生 7：不能。

师：手合起来，合一合，拿什么？

生 8：拿笔，拿东西，拿球拍，拿苹果，拿书画。

师：下一个。

生 9：nǎi 奶。

师：什么奶？

生10：奶奶，牛奶，奶牛，花生奶，酸奶，老奶奶。

师：告诉你们，除了牛奶，还有羊奶。

生11：一片惊叹声。

师：夏，什么夏？

生12：夏天的夏，折文旁。

师：还有什么夏？

生13：秋夏。

师：应该是春夏秋冬，接下来。

生14：妈，妈妈。

师：左边女表意思，右边马。

生15：表读音。

师：在家里谁付出最多？

生16：妈妈做饭、拖地。

师：妈妈像牛马一样，辛辛苦苦，所以要听妈妈的话。除了妈妈，还有什么妈？

生17：大妈，舅妈，后妈，亲妈。

师：舅妈，不是新旧的旧。接下来？

生18：爸爸，爸妈，老爸。

师：爷爷是爸爸的爸爸。请一个小老师。

生19：怎。

师：什么怎？

生20：怎样，怎么，整理。

师：最后一个字？一起。

生21：样。

师：怎么记？合一合。

生22：木+羊，左右组合成样。

师：什么样？

生23：样子。

师：有的小朋友样子很可爱，有的很认真。

此时，有些学生立马坐好。

生24：一样。

师：模样。

生25：同样，不一样。

接下来是分组读生字，摘果子。

爷、拿、奶、夏、妈、爸、怎、样。

师：昨天预习了，课文总共有几个自然段？

生25：6个。

老师核查，并讲到，请6个小朋友读，读后评价。

每学一个字，教师必定会让学生大声地多读几遍。可以说，一篇课文的第一课时就在读中度过。由此看出，教师在字音上下的工夫是多么的深。

（二）讲形不顾义，违背构字规律

张志公曾提到"不可小视汉字的'形'所起的作用，尽管现行汉字已经不象形了，但是我们一定要十分重视形的作用"[8]。

以"照"字为例，教师会编歌谣为"一个日本人，手拿一把刀，杀了一口人，留下四点血"。虽然歌谣朗朗上口，也便于识记。但是"照"字四点底表示的是火，晚上用火来照明，白天的太阳光照。本义是明亮光明的意思。又以"晶"字为例，老师讲解"日"是太阳，有光，"晶"字就是表示有光芒，明亮。但"晶"字 ❋→ ⚬ ❁（甲骨文）、晶（小篆）是三颗（表示许多之意）星星放在一起，表示明净晶莹之意。

同样是对"照"字进行讲解，但是歌谣中的解析却违背了汉字的构字规律，导致其字义不清。同样是对"晶"字的讲解，但是却违背了其本来之意。根据汉字的造字原理进行讲解，形义相结合，形象鲜明，生动有趣，有助于学生识记，能达到事半功倍的效果。但是，多数教学法讲字"形"，而忽视字"义"，让学生机械地死记硬背来识记汉字。

（三）以写促识

通过课堂观察发现，教师把最多的时间用在了写字上面。虽然是依据新课标而为，但不难发现教师遵循的程序：教师书写，学生认真听，教师详解后让学生在书或本子上书写。教师写完一个字后让学生马上按照书上生字模板描摹，书写完整。与此同时，教师到学生处查看学生书写情况，并及时矫正，有时还会评出书写得最好的学生。

在一个课时的学习中，书写汉字历时最长。这也表明了教师的目的在于让学生完全掌握字形。

书写过程以笔画、组词为主。汉字的笔画不仅构成了汉字的主要线条，同时也是汉字结构中最小的单位。由笔画组成的部件是组配汉字的构字单，这样的部件也称作字元、字素、字根或位。汉字拆分是指将汉字拆分成一个个的部件，汉字的拆分是对汉字外部结构特点的一种分析方法，拆分的原理也仅仅根据字形，对于汉字的字音、字义仅做次要考虑，甚至不考虑。在很长一段历史时期实践过程中，将汉字拆分的教育方法都取得了优异的成绩，且教学效果显著，然而随着实践经验的积累和这种教育方法的发展，它的不足与弊端也随之显露出来。

在小学汉字教学中，存在这样一个普遍规律，就是教育工作者通过汉字拆分成笔画和部件，或者把汉字拆分成偏旁和部首作为汉字教学的基本方法。但这种方法存在着弊端，格式化式地将汉字定义为某个部首和某个偏旁的组合，在小学生的头脑中变产生了对汉字硬性化的认识，这种方法会忽视汉字的本性。以下是N老师主讲"买文具"[9]课堂实录。

课始，老师强调要求：①读准字音；②圈出生字，勾出词语。读了课文题目，老师叫同学用"文"组词，学生组了"文字、文具、天文、人文、语文、中文"等词组。老师重点强调了"文"，讲解了"文"怎么写，然后一笔一画地在黑板上写出来。

> 课文第一句："一个书包十二元。"
>
> 其中"书包"采用的就是拼音读汉字。说到"元"字。
>
> 老师问：怎么记？
>
> 生1：二+儿子的儿。
>
> 师：用加一加。
>
> 生2：园，去掉国字框。
>
> 师：用减一减（并在黑板写园-囗=元）
>
> 接下来即是组词。
>
> 师：什么"包"？
>
> 生3：打包、书包、红包。
>
> 老师用卡纸展示：大包、小包、包子。

两个本子七角钱

师：什么"子"？

生4：瓜子。

生5：儿子。

老师用卡纸展示：本子、儿子、瓜子。

接下来的一句是：三支彩笔三元三，小刀橡皮共两元。

师问：什么"刀"？

学生陆续答：菜刀、大刀、刀子、剪刀、镰刀。

老师展示：小刀、刀子、刀口。

师又问：什么"皮"？

学生答：橡皮、狗皮、皮带、凉皮、皮子、马皮。

师展示字卡：牛皮、羊皮、皮衣。

把生字都说了一遍后，就到了抢读"生字娃娃"的环节。

刀、子、文、皮。

包、元、本、角。

上述生字依次出现，同学们都积极抢读。读后，老师让同学们"摘星星"，即同桌之间，把生字的拼音用笔盖住，看看能不能快速、流利地把生字说出来。

摘完星星后，老师让同学们读课文，之后老师及时进行评价，课堂互动。

接下来，学习了数量词并进行了操练：

一（口）井、一（颗）星星、一（把）尺子。

为了熟悉课文，老师让同学们做了个"角色扮演"的游戏。老师做示范演卖东西的，一同学演买东西的。并指出同学的问题，回答问题要完整。

老师让同学们按"我的（文）具盒里，有小（刀）、橡（皮），还有彩笔"中"有……还有"句型造句。该堂课，老师善于运用不同的教学策略，课堂流畅完整。

最后进行写生字。生字的书写步骤是老师先让学生观察字的占位，然后教师自己在黑板上一笔一画地书写。书写完一个字，就立即让同学在自己的书上描画、书写。老师进行检查，并进行反馈。写字的时间一般分布在第四节课的20分钟及午餐后的40分钟。

教师采用机械训练的方法来加重学生负担，其实只是重在"声带"上，重在

"写"上，而并非重在思维上。值得注意的是，"认识汉字"不仅包括"认字"还包含"识字"，但"识字"却不同于"认字"，认字是要有一定情境作为衬托的，而识字却是独立的。研究表明，60%的3岁儿童可以在特定的情境中认出那些经常会出现的文字，如熟悉的超市名称——肯德基、麦当劳等，但是当这些文字作为独立个体出现时，只有不到30%的3岁儿童能够认出这些字。因此，我们说，只有在特定情景中才能认出汉字的行为叫"认字"，而识字是指儿童无论在何种情境下都能认出汉字。

"此外，刚入小学的儿童对客观事物的知觉是一种大体轮廓的知觉，空间知觉的精确性和分化性发展水平不高，常分不清字体各部分的上下左右空间结构。所以字音教学在小学低年级中显得尤为重要，只要准确地掌握字音，儿童就能通过读出字音，并与字义建立起联系。"但是笔者在调查中发现，学生能读出字音却并不能与字义建立起联系。

现阶段小学识字教学的流程大致是：分析字形、指导抄写、强迫记忆。这种教学方法大多忽视了学生的实际需要，把学生当作识字的容器去"填充"和"灌输"。在学习汉字的过程中，单纯抄写和机械训练对小学生来说是枯燥乏味、痛苦不堪的，毫无兴趣可言。这种长期以来在小学识字教学中占主导地位的识字方法与《小学语文新课程标准》所倡导的学生是识字的主人，培养学生主动识字的愿望，并养成主动学习汉字习惯的理念是相违背的。

三、字源识字教学行动研究方案

通过观察，笔者对现在小学低段语文教学的现状有了一定程度的了解。由于识字法的多样性，课堂教学中教师也能自如地选己所需，进行多样化的教学。猜字谜、编歌谣、演示法、联想识字法、图画法都是教师常用的课堂教学方法。例如，"猜字谜"："一口儿"——西，"牛儿没了头"——午，"身体的水没了"——汗。这在识字教学量的提高上具有积极作用。

在此情况下，《小学语文新课程标准》中要求的识字量容易达到，但汉字音、形、义统一的本质和性质也被忽视了。汉字的学习不光是认识、会写，更重要的是了解汉字的内在意义。日本著名的汉字专家石井勋研究得出，儿童识字能力的强弱具有年龄差异，一年级学生识记汉字的能力最强，往后逐年递减。由此，《小学语文新课程标准》就提出识字是低年级的"教学重点"。然而，识字过程文化缺位使课堂显得枯燥，汉字美妙的感觉也失去了不少。

从字源识字教学理念"以发展人的整体思维为中轴，学习文字，提升文化素

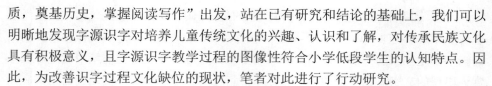

质，奠基历史，掌握阅读写作"出发，站在已有研究和结论的基础上，我们可以明晰地发现字源识字对培养儿童传统文化的兴趣、认识和了解，对传承民族文化具有积极意义，且字源识字教学过程的图像性符合小学低段学生的认知特点。因此，为改善识字过程文化缺位的现状，笔者对此进行了行动研究。

行动研究之前，C 老师说："你的这种识字法（字源识字），对老师的要求很高，需要有很高的文化素养，也是识字法中最难的。"笔者随机选取静观中心校一年级 4 个班中的 2 个班进行课堂参与式观察。为了更清楚地了解课堂现状，笔者进行了课堂全程笔录，确立了研究问题：通过字源识字教学改善识字过程文化缺位状况，从而进行有目的的行动研究。

根据本研究的研究目的和研究思路，在确定采用行动研究作为本研究主要研究法之后，行动方案设计如下。

（一）行动研究目标计划

行动研究的目标是识字过程中文化渗透和讲解：首先，观察学生在字源识字课堂上的反应，以查字源识字教学效果，包括学生注意力、观察力、积极性、思维发散、联想力等；其次，认识学生认字与识字现状，通过行动研究改善目前识字过程中的文化缺位现象。

（二）行动研究对象的选择

本研究采用目的性抽样，选取了重庆市北碚区 J 镇中心小学作为实地调查点。选取该校理由有二：其一，该校为 J 镇中心校，办学设施相对完备，运用多媒体教学，颇具代表性；其二，其虽为镇中心校，老师们接触过字源识字，但是一般课堂上不使用字源识字的教学方式。选择一年级作为参与式观察对象，原因是低年级是识字的关键时期和学段，同时研究的时间段恰巧是一年级刚学完拼音进行识字教学的时期。一年级（4）班为行动研究班级，该班共 41 名学生；该班的语文课任教老师 N 老师有着 10 年的小学语文教学经验，也是区级骨干教师，曾多次参加过教师培训并了解字源识字。

（三）行动研究两个阶段

常见的有三种行动研究类型：一是单个教师独立行动研究，是指某教师对该班某一学科（如语文教学）实行字源识字法，或将自己的新观点转化为行动。二是协作型研究，即专业研究人员、教师、政府主管部门、资助者等组成研究队伍，一起参与行动研究。三是由学校联合所有教师而实施的行动研究，叫作学校范围内的行动研究，是指学校组织若干教师组成研究小组，在外来研究者的指导下自行开展研究。[10]

根据实际情况，笔者采取了协作型研究和单个独立行动研究。行动研究分为两个阶段：第一阶段为协作型合作研究，该阶段通过班级语文课任教老师 N 老师的协作进行，行动研究的材料和内容为课文生字。第二阶段为独立行动研究。该阶段只用字源识字法进行生字的讲解。为了不妨碍 N 老师正常的教学顺序，教学材料和内容并不是随文的生字，而是字源识字基础性的独体字，再在此基础上进行合体字的学习，生字的选择依课堂情况和课程进度而定。

每一阶段的行动研究均包含计划、行动、课堂观察、反思和再计划，呈螺旋式前进。

（四）行动研究内容的选择和依据

第一阶段为协作型合作研究，研究内容为西南师范大学出版社出版的小学语文一年级上册随文生字。

第二阶段筛选字源识字课堂的材料。"古者庖羲氏之王天下也，仰则观象淤天，俯则观法于地，视鸟兽之文与地之宜，近取诸身，远取诸物，于是始作《易》八卦，以垂宪象。及神农氏结绳为治而统其事，庶业其繁，饰伪为萌生。黄帝之史仓颉，见鸟兽蹄迒之迹，知分理之可相别异也，初造书契。"[11]行动研究识字材料的选取，遵循汉字"近取诸身，远取诸物"的原则。行动研究期间，选取的 41 个汉字都是象形字和会意字。

笔者根据《义务教育语文课程识字教学要求》《义务教育语文课程标准写字教学基本字表》《义务教育语文课程常用字表》中，识字、写字教学的基本字表中的字"构形简单，重现率高，大多数能成为其他字的结构成分。先学这些字，有利于打好识字、写字的基础，有利于发展识字、写字能力，提高学习效率。这些字应作为第一学段教科书中识字、写字教学的重要内容"[12]的要求，将"子、女、好、人、大、太、立、全、衣、虫、会、生、学、天、雪、胖、走、力、刀、农"等 20 个汉字作为字源识字行动研究的基础。

《义务教育语文课程常用用字表》共收录常用汉字 3500 个，"根据它们在当代各类汉语阅读材料中的出现频率和汉字教学的需要，又分成两个字表。提供这样的字表，便于在教材编写中安排汉字教学的设计，也便于开展对汉字教学的评估"[13]。笔者选取了"孕、犬、礼、如、母、姓、福、教、育、灭、芽、丝、奔、欠、吹、吸、武"等 17 个汉字。

还有"鑫、妆、堰、鸢"等 4 个汉字是行动研究过程中增加的超纲生字。

四、字源识字教学行动研究过程

行动研究中，第一阶段为协作型合作研究。时间为 2014 年 11 月 23～30 日，行动班级一年级（4）班。

1. 第一阶段合作行动研究过程

在这一阶段，笔者与 N 老师进行合作式的行动研究。让 N 老师明确目标，在课堂上用字源识字教学。笔者仅提供了一些字源识字资料供 N 老师自己筛选，做成多媒体课件。在课文"叠一叠"课堂导入中，N 老师把作业中会出错的字又讲了一遍（分与合的异同）。N 老师的 PPT 中呈现了几张很美的森林图片，并用"森林"一词作为导入。进入今天课文"叠一叠"后，随即出现了"木、林、森"的字源演变图片（图 1）。

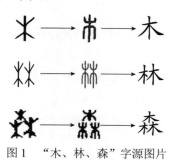

图 1 "木、林、森"字源图片

师问：看到森林，你有什么反应？

生 1：森有三个木，林有两个木。

师：森林是生长有很多树木的地方，注意森是平舌音。相同的字，我们把它叠起来。打开书，圈生字，读词语，像这样的结构，我们今天有一个专门的词，大家认真听。

学生们打开书本，老师走下讲台督导学生圈读。尔后，老师讲了一下所见情况，并说明如何圈词语。

双组词，双方，双胞胎，双眼皮。老师道，双数量就是"二"的意思。说到

"从"字时，N老师像往常一样让学生用"从"字组词（图2）。

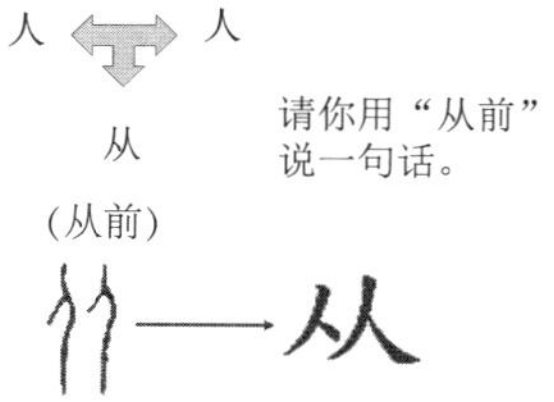

人 ⇆ 人

从　　　请你用"从前"
（从前）　说一句话。

彳彳 —— 从

图2　"从"字字源

学生依次组词：从前往后、从小、从来、从头、从前明月光、花丛、丛林、萤火虫。学生以为只要是一个读音就是一样的组词。

师：用"从前"说一句话。

生2：从前有一个唐代诗人。

师：是谁啊？

生3：李白。

生4：从前有一只大灰狼。

学习"众"字时，老师问，除了"民众"还有什么？

生5：观众。

师：观众，上面有人表演，下面看的人。还有什么zhòng音字？

生6：种萝卜，大众汽车。

师：咱们今天还有一个大众超市。还有告诉大家，用眼睛看的是观众，用耳朵听的是听众。

（品组词，品尝、品味、品德）

在学到"晶"字时，N老师在PPT上展示了"日"字和"晶"字的字源演变（图3）。

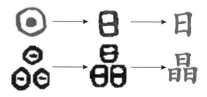

图3　"日""晶"字源演变

师：什么晶？

生 7：张晶晶、水晶、亮晶晶。

师："日"是太阳，有光，"晶"字就是表示有光芒，明亮。我们班张晶晶同学的妈妈给她取这个名字，就是要她发光发亮。（N 老师指着墙上的个人表现排行榜）你看班里的五角星是不是她的最多，所以同学们各方面都要表现好。

2. 第一阶段合作行动研究反思及调整

N 老师在课前备课时就明确了目标：在课堂上用字源识字教学。刚开始，为了使字源资料详细、具体，笔者给 N 老师提供的生字字源资料包括生字、生字的字形演变、造字解说（表 1）。但是，N 老师说："课前，你第一次发给我的材料很详细、具体，但是，看得很累。"因此，为了实际操作的需要，笔者对其进行了简化（表 2）。N 老师说："第二次的就很简洁、明了。所以我采用了其中的几个字。"

由于课前备课阶段的改进，N 老师在课堂上进行得非常顺利，课堂效果很明显，学生们都很认真地听老师对字的讲解，课堂气氛很好。但是，值得注意的是，课堂效果的达成，并不能表明字源识字起了很大的作用。因为 N 老师在本堂课的课件中使用了多张精美的森林景物图片。学生们都非常赞叹，有如此美丽的森林。更重要的是，N 老师除了在课件中增加了字源图片之外，讲解方式与以前并无太大差异，还是以组词居多。不过，对"晶"字的讲解，除了从字形中讲到由"三个日"叠加而成外，在字义方面，也结合身边同学的名字，讲解得非常通俗、易懂，并强调学生注意改字音为后鼻音，并让学生反复诵读。

为了更进一步了解字源识字的课堂效果，在 N 老师的帮助下，笔者将行动研究计划进行了调整。接下来的行动研究进行字源识字的课堂集中识字。

表 1 "众"字字源识字相关资料

生字	众								
字形	甲骨文	金文	篆文	隶书	楷书	行书	草书	繁体标宋	简体标宋
演变									
造字解说	从，既是声旁也是形旁，表示相随、同行。众，甲骨文 州州（从，相随）、州（从，相随），表示相随、同行的一群人。有的甲骨文 昂 在"从" 州（相随，合群）字上方加"日" 日（太阳），表示蓝天红日之下合群生活的广大人群。有的甲骨文 、 将"从" 州 写成 州，强调"从"者之广大。造字本义：蓝天红日之下合群生活的广大人群、百姓。简体金文 州 和简体篆文 州 承续甲骨文字形 州；有的金文 界 承续甲骨文字形 界。有的篆文 昂 误将金文的"日" 日 写成"目" 目。隶书 州 将篆文的"目" 目 写成"目"上加一撇 ，将篆文三个人形状 州 写成 州。俗体楷书 众 回归甲骨文"三人成众"的结构 州[14]

表 2 "从、林、众"字源演变[15]

生字	直观图画	字形演变
从		𠈌（甲骨文）→ 𠈌（金文）→ 𭅫（小篆）→ 从（楷书）
林		𣓀（甲骨文）→ 𣓀（金文）→ 𣓀（小篆）→ 林（楷书）
众		𠈉（甲骨文）→ 𠈉（金文）→ 𠈉（小篆）→ 众（楷书）

五、字源识字教学行动研究结果

笔者根据行动研究期间的观察和整理《字源——汉字会说话》总结，可得出以下结论。

（一）"音、形、义"结合，有效吸引学生的注意力

汉字是"音、形、义"三位一体的文字，那么识字教学就应该关涉"音、形、义"三者，三者尽识才算识字。在进行字源识字行动研究之前的课堂上，笔者注意到班上有数名男生注意力总是不能很好地集中在课堂上，眼睛也未跟着老师在黑板上的进度而移动。这样很容易陷入困乏状。但是在字源识字的课堂上，笔者注意观察了这几位男生。他们都非常积极，且情绪很高涨。试卷《字源——会说话的汉字》，其中一名学生还得了满分。汉字中有些是形近字，在字源课上，笔者也特意安排了一些形近字，与甲骨文非常接近。例如，"大"[𡗗→大[16]，大（甲骨文）[17]、大（金文）、大（小篆）]像一个直立的人形，古代早就把人类看作"万物之灵"，是伟大的，所以用以表示"大"义。在甲骨文、金文中，"大"和"太"[大→大（小篆）]常通用。"立"大[大（甲骨文）、大（金文）、大（小篆）]一个人两腿分开，直立在地上，本义是"站立"。古文通"位"字，如《楚辞天问》中"登立为帝"；《韩非子》中"将复立于天子"。"天"[大→，大大（甲骨文）、大（金文）、大（小篆）]是"颠"的本字，意为头顶。"大、太、立、天"四字的甲骨文很相像，为了考察同学们的观察力，笔者特意将这几个字放在一起让学生学习。

"走"[图→图，大（甲骨文）、图（金文）、图（小篆）]和"奔"在金文的字形中，上部都是一个人在奔跑的样子，不同的是"走"的下部只有一只脚（止，即趾，）而"奔"却有三只。所以，"走"是跑；"奔"是急跑。"奔"[图→图，图（金文）、图（小篆）]"奔"字的上部是一个人在奋力奔跑的样子，下部是三只脚，强调速度之快，本义是"急跑"。《诗经》："骏奔走在庙。"引申为"逃亡"等义。当 N 老师问到，这两个字的不同时，学生就观察出来了，"走"字下面只有一个脚印，而"奔"字下面有三个脚印。

爱因斯坦说过："想象力比知识更重要，因为知识是有限的，而想象力概括着世界上的一切，推动着进步，并且是知识进步的源泉。"在看到汉字的字形演变时，学生也能由此联想到其他的更多字。

（二）"形、义"相行，促进学生识字的有效迁移

在字源识字课堂的第一节课，学习"子"[图→图，图（甲骨文）、图（金文）、图（小篆）]。

师：这会是什么字呢？

学生们争相回答。

生1：是"人"字。

生2：是"干"字。

生3：是"十"字。

生4：是"个"字。

当老师说不对之后，学生们又继续回答。此时，教师让学生停止回答，给出答案——"子"，并作出解释。而对于再接下去的一张 PPT [图→图（甲骨文）、图（金文）、图（小篆）]，还没等老师问，就有学生回答"人，人，人"。但是也有学生回答是"女"字。

师：为什么？

生：最后一幅图很像一个"女"字。

对于这张 PPT 中所呈现的字，[图→图，图（甲骨文）、图（金文）、图（小篆）]。

师问："图"（小篆）这个字的左边是什么字呀？

生异口同声答："女"。

师又问：右边呢？

学生再答："子"。

学生最后说出了这个字是"好"字。

从以上课堂实录可看出：学生们对于图画中特定场景能说出较多的字，但是当面对一个一个以字源形式出现的汉字，学生们虽兴趣高涨，但因为从没见过，仅凭个人感知，说出自己认为对的汉字。我们发现，在学习作为独体字"子"和"女"之后，当出现"好"时，只要老师稍微一点，学生们就很快能从字形演变中识别出正确的字。学生的迁移能力运用得很好。

（三）字根为本，识字效果显著

在字源识字的行动中笔者发现，先教简单的独体字，再合成其他结构，诸如上下、左右的字，效果显著。在识字教学中，独体字的学习具有重要意义。独体字有很强的构字能力。就是在平常的课中，老师们也会应用已经学过的独体字进行合体字的学习。例如，在 N 老师"汉字魔法城堡——合一合"一课中。

日+十=早

师：怎么组合的？

生 1：日+十，上下组合。

师：日+门=间，太阳门中间来，怎么组合的？

生 2：门里有个日。

师：叫什么结构？

生 3：不知道。

师：这叫半包围结构

师：给"合"字编一个字谜。

生 4：加两点。

生之意即变成谷。

（师往下讲）

师：把顺序颠倒过来。

生 5：一人一口。

师：一口人，叫什么组合？

生 6：上下。

师：什么合？

生 7：合川、盒子。

师：合的反义词是什么。

生 8：关，开。

师：可以组成什么词？

生 9：分合。

师：AABB。

生 10：分分合合。

师：怎么写好这个字？

生举手回答。师一笔一画教写，一画撇，二画捺，三画短横，四画竖，五画横折，六画横。

日+月=明

读后，老师问，什么明？太阳与月亮在一起。

生 11：明亮。

师：还有什么明？

生 12：光明。

师：谁给我们带来光明？还有什么明？

生 13：小明、文明、明天。

老师让学生齐读明亮、光明。

师：什么光？

生 14：光头强、光头、光辉。

师：日光、月光。

并解释日光是阳光，月光是月亮发出的光。

小+大=尖。

师：什么组合？

生 15：小大上下组合成"尖"。

师：什么尖，看过什么尖？

生 16：尖刀、笔尖、顶尖

师让生齐读笔尖、顶尖。讲解顶尖，说一些公司是顶尖的企业，就说明好。上边小，下边大，小勾不见了。

田+力=男。

多名学生一见就说，田和力，上下结构组成男。

师纠正道：田和力，上下组合成男。什么男？

生 17：男女、男生、男厕所、太难、蓝天。

生 l8，n 混合，不分。把生活中同音的字词，直接拿来用。

户+方=房。

生 19：户和方半包围组成房。

师：你都见过哪些房？

生 20：房屋、新房、楼房、房子、旧房、烂房、危房。

老师指着教室说，这就是新房。危房，就是要垮了的房子。

我们可以看出，在学习"早、间、合、明、尖、房"这样的合体字时，教师都是把字拆分为独体字，将其看作是独体字的合成。这样，学生不仅容易记住也能更快地掌握。在字源识字行动中笔者也发现此现象。在学生并未接触字源识字的情况下，先进行字根的学习，不仅使学生对字源识字倍感兴趣，更重要的是，图文对照的方式契合小学低段学生认知的直观性、形象性特点。有些字学生们一眼就能认出，晓其本义。

字源识字的教学，充分利用了象形字依然保留着实物形态表明意思的特点，按照实物图→抽象图→古体字→楷体字的顺序，以图文对照以及解析字形的方法，解释字义，巩固字形，从而达到读准字音、认清字形、了解字义的教学目的。图文对照进行识字的方法让学生能把汉字和日常生活接触或记录的事物相联系。由于小学语文教材的编排中，第一学段安排了大量象形字，这也为字源识字提供了基础。以"女"的教学为例。通过"女"[🖼 → 🖼（甲骨文）、🖼（金文）、🖼（小篆）]的学习，学生很容易掌握"姓"[🖼 → 🖼（甲骨文）、🖼（金文）🖼（小篆）]、"妆"[🖼 → 🖼，🖼（甲骨文）、🖼（金文）、🖼（小篆）]、"如"[🖼 → 🖼，🖼（甲骨文）、🖼（小篆）]、"好"[🖼 → 🖼，🖼（甲骨文）、🖼（金文）、🖼（小篆）]等几个字。

象形字为独体字，具有很强的构字能力，不仅容易辨认，也容易识记。现行汉字大多数都是由象形字构成偏旁（部件）或部首的，因此，在实际教学中，通过象形字进行教学，能让学生在中高阶段更快地掌握汉字的意义。

（四）有效识别字形，但对字形的文化内涵认知及字义理解不明显

字形，作为文字内容之形式载体，是文字的物质基础和依托。通过字形，使

文字具有文化功能，同时也是汉字文化蕴含的投射。对于一年级的学生，字源识字直观、形象的字形更能引起学生的注意和兴趣，也更容易接受。学习汉字过程中，通过对比形声联结与形义联结后发现，形义联结比形声联结更具教学优势。在教学方法上，字源识字在讲解的过程中对字形也有解释，让学生由形知义、形义联结。

虽然识字教学要把"音、形、义"三者结合起来，但是通过行动研究笔者发现，认清字形对音、义具有重要作用。结合"音、形、义"三者有其内在的原因，但字形的地位也不容忽视。其一，儿童书面语言的发展在口头语言之后。入学前儿童就已经对生活中的一些字有所了解，尤其是对字音有一定的了解。入学后，字形成了学生的切入点。其二，汉字的数量多，字形繁杂。大量的形近字让刚入学的学生分辨吃力。其三，小学低段学生的空间方位知觉能力尚缺。字的大概轮廓很好辨认，但在细节处却容易出错。例如，笔者在行动研究过程中发现，"农"和"衣"就有学生写错。

从张田若[18]等对"识字"的概念出发，笔者发现识字就是掌握汉字音形义。即学习者能把所学汉字的"音、形、义"建立起稳固的联系，做到见字形，读准字音，想到意思。在听到字音的时候又能写正确字（图 4）。

字形 ⟺ 字音、字义

图 4 "字形、字音、字义"关系图

汉字不仅是中华民族古老文化的记录载体，也是一种特有的文化现象。尤其是古汉字，把自然界的事物用象形的符号加以记录。宋永培在《<说文>汉字体系与中国上古史》中明确提出："汉字也是史料，汉字的本义具有直接表述古史的宝贵价值。"[19]李圃先生在《甲骨文文字学》中说："殷商甲骨文字又是图画性表意性最突出的文字，它积淀着上古丰富的文化内涵。我们可以通过这些表意性很强的文字，探知先民的原始文化心态，例如原始思维，审美意识，神经心理认知等。"[20]可以说，汉字是了解和研究华夏民族历史和文化的活化石。汉字文化蕴含字形文化意蕴、字义文化意蕴和字音文化意蕴。虽然从理论上说，字源识字有助于对学生识字的文化渗透，使其能更清楚、彻底地了解字义，但对于字义，没有达到预想的效果。学习下面一些字时，学生们都倾向于挑战或比赛性质地看看谁或哪组能说对字音。"福"[🔮→🔮，🔮（甲骨文）、🔮（金文）、福（小篆）]，甲骨文"福"字是双手捧着一个大酒坛，在祭台（"示"）前求神赐福的样子，后来省

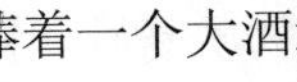

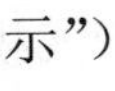

略了手形，逐渐演变成现在的字形。"如"[🐘→🐾，🐾（甲骨文）、🐾（小篆）]，本义是"随从""依照"。《左传》："有律以如己也。""如"字的一边是"口"，表示主人的命令；另一边是"女"，表示被迫服从的女子，后来多用作连词。"母"[🐘→🐾，🐾（甲骨文）、🐾（金文）、🐾（小篆）]，一个妇女跪坐着，胸前有一对乳房，这是母亲的象征，本义是"母亲"，也作"女性的长辈"（如"祖母""伯母"等）、"雌性的"（如"母畜"）。"礼"[🐘→🐾🐾（甲骨文）、🐾（金文）禮（小篆）]，原作"豊"，字形像一个礼器里放着两串贵重的玉，用以祭神，本义是"敬神"，如"礼神"。"胖"（🐾→🐾），本义为古代祭祀用的半体牲，是一个会意字。其字形左边像一块肉，右边为"半"，意思是把肉分为两半。对古人来说，祭祀是一件很神圣的事情，所以他们选用的祭牲都是最肥的，"胖"就由此引申为"肥胖"之义。这也是现在该字的常用义。此外，这个字还读 pán，意思是安泰舒适，如心宽体胖。

对于以上汉字，能传递很多文化。但是，学生们只关注"由形辨字（字音）"，对老师的汉字解说，兴趣明显不高，这也可能是由于教学的内容不符合学生的接受范围所致。理论上的汉字文化的渗透没有通过此次行动研究显著地表现出来。

除此以外，字源识字对提高学生学习汉字兴趣和积极性很明显。苏霍姆林斯基说："所谓课上的有趣，就是学生带着一种高涨的、激动的情绪从事学习和思考，对面前展示的真理感到惊奇甚至震惊，学生在学习中意识和感觉到自己的智慧力量，体验到创造的欢乐，为人的智慧和意志的伟大而感到骄傲。"[21]由此可见，学习兴趣的力量是多么的惊人。在求知欲的强烈驱动和感到愉悦的心境下，学生积极主动学习能带来意象不到的效果。在识字教学中，教师根据小学低段学生思维的特点，引导学生进行想象，抽象符号进行具体形象化，以培养和提高学生的识字能力。学生在课堂上看到汉字的字源展示（图 1～图 3）[22]都饶有兴趣。字源识字能有效结合音形义，但能否促进写有待进一步验证。

六、字源识字教学行动研究思考

从字源识字在课堂上的运用可以看出，字源识字对学生的识字具有积极的作用，但也有值得思考并进一步改进的地方。

（一）完善相应的成系统的字源识字资料并创建网络课堂

由于缺乏与课本相配套的字源识字资料和课件，教师在平时课堂上的运用也减少甚至不用。有一些关于字源识字的网站，如字源识字资源平台，其集中关注汉字的演变、字源的定义、字源的图片、实际图像和其他信息。为了方便教师使用，该平台收集西南师范大学出版社出版的新课标教材一至四册的所有生字，人民教育出版社出版的一至六年级小学语文教材的所有内容，江苏教育出版社出版的一到五册的内容。在平台中，小学语文教师可以找到每册课本上的生字，这也为教师使用该平台提供了方便。每一个生字有在线生成 PPT、部首、词频、笔画、笔顺、发音、字形演化，字源的解释也提供了相关有趣的图片。

但资料相对零散，资料的罗列让老师们不能高效利用。在访谈中 N 老师提到，她只参加过一次培训公开课，讲"琴"字时运用了字源。因为在网上搜查相关的字源图片非常耗时。

综上所述，创建与各版本配套的字源资料，精心制作字源课件加以有效引导非常有必要。创建网络课堂，既可扩散字源识字的广度，又能让更多有意之士加入讨论，修改相关资料和课件。

（二）开发相应的学生、家长字源识字读本

对于课堂时间有限而课外时间相对宽裕的学生来说，仅依靠老师课堂的讲解，不能满足学生对字源识字的好奇和进一步学习。字源识字读本能促进学生们对汉字的探索，引导学生们发现其中的规律，培养学生们一定的独立识字的能力。在日常生活中我们也会发现，有些孩子对父母的话并不十分上心，但是对学校老师的话却格外听从，因为在学生心目中教师是不可动摇的权威者。低年级的学生习惯听从老师的话并把老师说的话当成真理。因此，"学生习惯于课堂上听教师教，课下自己独立识字的意识不够。独立性是学习活动必需的、最重要的意志品质之一。小学生的特点是易于轻信。他对'教师极端信任。为使学生形成正确的行为，成人（教师、父母、年长的同志）起着领导作用"[23]。

开发相应的学生、家长字源识字读本，学生们就能独立自主学习的同时，又能在家长、老师的引导下更正确和有趣地学习。

（三）编制字源识字相关课堂游戏

心理学研究发现，小学生尤其是年龄相对小的小学生的有意注意时间短，无意注意时间相对较长，因此，要想在整个汉字学习过程中使学生保持对汉字学习的兴趣，教学的形式就不能太单一，否则就会把学生刚刚点燃的兴趣火花给浇灭，导致学生对汉字的学习失去兴趣，教学的目的就更难实现。通过引导学生以不同

的形式去学习汉字，不断激发学生对汉字的好奇心，是促进学生达到对汉字学习效果的重要措施。游戏是孩子乐意为之的活动。在课堂上，教师要找准与教学内容结合的游戏，并积极开展游戏，使学生真正"动"起来，达到边玩边学、边学边掌握的效果。[24]

在游戏中，学生能尽可能地表现出自己的个性和学习方式，在愉快的环境中，自己探索世界。因此，有人提出游戏也应成为低年级小学生学习的课堂内容。在行动研究后期时笔者发现，尽管学生对字源识字很有兴趣，刚开始甚至当成是汉字游戏课，但由于课堂上缺少灵活的组织方式，尤其是少了字源识字游戏一环，课堂顿显单调。

值得一提的是，字源识字运用尤其局限，首先是课堂的局限性。小学一堂课40 分钟，对于一年级的老师来说时间是很紧的。由于课程内容多，老师们安排得都很紧凑，而字源识字比较一般的读一读方法耗时较长。其次是字源识字本身的局限性。字源识字在"由形辨义"中有显著优势，但是有些汉字即使能用字源识字的方法也要教师依情况确定。例如，在学"众"字时，N 老师就没有使用字源识字，因为这个字用字源反而有些繁杂，增加学生负担。字源识字能否有效促进儿童的写字尚有待进一步研究。戴汝潜先生在谈识字效果检测时说"汉字仅仅是能认读是不够的"，"一定要写得出才行"。艾伟（1890—1955）一般汉字学理论关于识字的经典解释是："所谓识字者未见形而知声、义，闻声而知义、形也。斯二者可用下图表示之。"（图 5）[25]

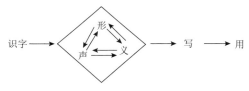

图 5　汉字"识、写、用"关系图

然而，字源识字与哪种或哪几种识字法结合使用效果最佳也值得进一步研究。"基础阶段的汉字教学时间有限，要给学生最必要的信息，进行一些必要的字源分析时，不主张望文生义地图解汉字。"[26]如何做到也需考量。

（四）字源讲解度应适合小学生的认知程度

字源识字虽然能很好地反映汉字的文化内涵，但是由于小学生对相对复杂的解释兴趣不高，即便能从字源形变看出文化内涵，但是因为要有一定的基础知识和经过一定的抽象思维加工，一年级的学生还是对汉字相对复杂的解释兴趣不大。因此，对字源的讲解应该符合小学低段学生的思维特点，在呈现字源的原始图画的基础上引领学生进行观察，对汉字的文化解释不应过多。值得一提的是，有些字虽然能很好地反映汉字的蕴含的文化，但由于释义过于烦琐，学生也会对教师的讲解不感兴趣。

参 考 文 献

[1]M. B. 加梅佐, M. B. 马秋欣娜, T. C. 米哈里契克. 年龄和教育心理学[M]. 戚长福, 诸惠芳, 史民德译. 人民教育出版社, 1988.

[2]许慎. 说文解字[M]. 中华书局, 1987.

[3]教育部. 幼儿园教育指导纲要（试行）[M]. 北京师范大学出版社, 2001.

[4]林西莉. 汉字王国[M]. 山东书画出版社, 2003.

[5]王显春. 汉字的起源[M]. 李之义译. 学林出版社, 2003.

[6]张田若等. 中国当代汉字认读与书写[M]. 四川教育出版社, 1998.

[7]邹晓丽. 汉字通论[M]. 沈阳出版社, 2004.

[8]刘志成. 文化文字学[M]. 成都巴蜀书社, 2003.

[9]苏培成. 现代汉字学纲要[M]. 北京大学出版社, 1994.

[10]周有光. 世界文字发展史[M]. 上海教育出版社, 1997.

[11]佟乐泉, 张一清. 小学识字教学研究[M]. 广东教育出版社, 1999.

[12]戴汝潜. 汉字教与学[M]. 山东教育出版社, 1999.

[13]邹晓丽, 李彤, 冯丽萍. 甲骨文字学述要[M]. 岳麓书社, 1999.

[14]朱作仁, 李人凡. 朱作仁语文教学研究文集[M]. 广西人民出版社, 1988.

[15]张诗亚. 强化民族认同——数码时代的文化选择[M]. 现代教育出版社, 2005.

[16]张庆. 字源识字模式研究[J]. 七彩语文（教师论坛）, 2011(1).

[17]涂涛, 夏云. 原生语境再现——多元文化背景下多媒体字源识字教学研究[A]//张诗立. 2006 年全球化背景下的多元文化教育国际论坛论文集[C]. 广西师范大学出版社, 2006: 86-92.

[18]刘翔. 张诗亚. 汉字字源识字教学资源库的设计与实现[J]. 电化教育研究, 2010(1).

[19]周家铃. 小学低年级学生轻松识字教学谈[J]. 新课程: 教师, 2008(2).

[20]石定果. 汉字研究与对外汉字教学语言教学与研究[J]. 语言教学与研究, 1997(1).

[21]袁玲玲. 行动研究的三种方法[J]. 外国中小学教育, 1998(1).

[22]刘翔. 汉字生成系统的建构[D]. 西南大学, 2011.

[23]黄雪梅. 幼儿甲骨象形识字教学可行性研究[D]. 西南师范大学, 2001.

[24]李静. 幼儿汉字多元化教育研究[D]. 西南师范大学, 2002.

[25]Zolfagharkhani M, Moghadam R G. The effect of etymology instruction on vocabulary learning of upper-intermediate EFL Iranian learners[J]. Canadian Social Science, 2011(7).

[26]Hashemi M, Aziznezhad M. Etymology: a word attack strategy for learning the English vocabulary[J]. Procedia—Social and Behavioral Sciences, 2011（28）.

民族教育

民族地区农村初中普通教育与职业教育结合研究

——基于黔东南黎平县的考察[①]

王秀波

（和田师范专科学校　新疆和田　848000）

摘要： 民族地区由于受地域、文化、历史等因素的影响，教育发展相对滞后，此现象在民族地区农村初中教育阶段尤为凸显，如何提高民族地区基础教育质量成为众多研究者关注的热点。笔者通过走访黔东南黎平县侗族地区相关部门并对不同主体进行访谈，发现在黎平县初中教育阶段存在重"升学目标"、轻"就业目标"，部分学生"升学无门、就业无路"的现实困境。此外，该地区在义务教育质量较低的现实下，为实现"控辍保学""普十二"的目标，于2013年9月开始实施的"9+3"计划也因学校招生难、学生流失率较高等原因陷入困境。诸如此类地区初高中学龄人口升学率普遍较低，大部分学生在缺乏相关职业知识和技术的情况下进入职业学校或者流入社会，初中已然成为大部分学生教育的终端。基于此，兼顾民族地区经济社会发展、民族文化特色、学校实际情况等因素，可在初中实施选择合适的"普职结合"模式（"渗透型""分流型""X+1 型"），并对其本土化。民族地区农村初中实施"普职结合"是依据当地教育发展现状选择的特色办学模式，其旨归在于以特色办学模式提高义务教育质量，从而促进基础教育的均衡发展，力求实现教育的民生功能，以实现民生改善的目标。

关键词： 农村初中；职业教育；"普职结合"

---

① 本文系教育部人文社会科学重点研究基地重大项目"民族地区民生改善与文化教育发展互促研究"（项目批准号：15JJDZONGHE021）的阶段性成果。

我国初中阶段教育取得了长足的发展，但在其迅速发展的过程中，因我国地域辽阔和人口众多，受地方社会经济发展以及教育部门执行力等限制，仍存在区域间、城乡间、校际间办学条件的差别以及教学质量的不均衡问题。尤其在民族地区，虽然国家出台了如"两免一补"等相关政策，但因地域和民族文化等因素的影响，与发达地区相比经济发展落后的同时，民族地区初中阶段教育质量问题更为突出。初中阶段是我国基础教育中的重要阶段，初中阶段教育质量的高低决定着高一级教育的生源和社会所需的劳动力质量的高低。因此，如何提高民族地区初中阶段教育质量，缩小其与发达地区之间的差距，促进教育与社会健康发展？在初中实施普通教育与职业教育的有机结合是提高初中教育质量、促进民族地区教育均衡发展的有效途径之一。

一、黔东南黎平县初中"普职结合"的困境

民族地区农村初中办学条件差、教育质量低，实际升入普通高中的学生比例依然不高，学生初中毕业升学、就业的分流相当突出。伴随着高校扩招政策及高等教育成本分担制度的实施和大学生就业形势的日趋严峻，"读书无用论"重新抬头，民族地区初中生辍学现象十分突出。教育部副部长鲁昕表示，我国每年大约有 100 多万学生没有读完初三就辍学，教育部希望把这些孩子找回来读完中职，她不反对有的地方搞"中职预科"，有的孩子念到初二，如果觉得参加中考、高考没有希望，可以探索从初三开始进行基础教育和中职教育的衔接，鼓励中职在初三年级渗透。对于希望升入职业学校或较早开始职业生涯的初三学生，中等职业学校要为农村初中学校提供教师、场地、资源等方面的支持，使初中学校可能通过开设职业教育班或与职业学校合作等方式，开展职业教育。[1]

（一）农村初中发展的困境

笔者在黔东南侗族地区进行实地考察，发现当地九年义务教育质量并不高。从黎平县普通高中录取情况来看，2013 年侗寨肇兴中学报名参加中考人数为 159 人，录取普通高中人数 52 人，录取率为 32.7%，其中被黎平一中、黎平三中录取 30 人；黎平二中报名参加中考人数为 941 人，录取普通高中 705 人，录取率高达 74.92%，其中被黎平一中、黎平三中录取 530 人。值得一提的是，全县中考成绩前 11 名都出自黎平二中，前 50 名中黎平二中占据 41 席，乡镇中学所占比例很小。2013 年，黎平县中考报考人数为 6522 人，录取普通高中 3995 人，录取率为 61.25%。可见，

肇兴中学录取普通高中的比率约为全县平均水平的一半。肇兴中学仍旧分重点班和普通班,这样的安排虽不合有关规定,但据笔者搜集掌握的原因是:假如混合编排班级,学习成绩好的学生容易被影响,该校曾经试点过两年不分重点班与普通班,教学效果很差,并且出现了生源流失的现象。升学率低的学校为防止生源流失而分班,普通班生源质量相对较差,教学质量较低,升学率也低,以至于分班工作在该校备受重视。吴同学原本是初二(四)班(普通班)的学生,但是他觉得班级学习氛围差,就自己主动提出调到其他班级,"尽管不能进重点班,但是也总比原来的班级好些"。肇兴中学有两栋教学楼,南面都是普通班,北面都是重点班,从上晚自习的纪律就可以看出两种班级的差异。18:30~19:15是晚自习的第一节,属于学生的自由活动时间,在这期间,两栋楼出现了截然不同的景象。即便如此,2013年,肇兴中学中考成绩人均总分101.9分(中考总分650分),总分及格人数3人,总分及格率1.89%;黎平二中人均总分294.8分,总分及格人数345人,总分及格率36.66%;全县人均总分197.1分,总分及格人数1112人,总分及格率17.05%。另外,从肇兴中学同一年级普通班和重点班(只有1个)成绩对比(表1)可看出学校教学质量较低。

表1　肇兴中学2010~2011学年度第一学期重点班与普通班月考成绩对比

班级	项目	语文	数学	英语	政治	历史	物理	生物	地理
八年级(1)班(重点班)(56人)	人均分/分	76.61	78.81	56.02	84.36	81.55	81.13	67.45	77.07
	及格人数/人	46	37	22	56	55	55	43	56
	及格率/%	82	66	39	100	98	98	77	100
八年级(4)班(普通班)(44人)	人均分/分	60.68	33.82	33.59	46.55	35	45.27	55.16	40.66
	及格人数/人	24	8	0	5	0	12	19	10
	及格率/%	55	18	0	11	0	27	43	23

另外,黔东南黎平县还存在"一师一校"的情况。侗寨宰柳村位于肇兴镇南7.5公里。宰柳村人口369人,耕地面积217亩,年人均收入只有2275元。宰柳教学点只有陆老师1名教师,13名学生(一年级6人,三年级4人,四年级3人),另外,还有2名学前班的儿童跟读。陆老师在1997年"民转公",他的文化程度是当时的初中二年级。陆老师一个人教三个年级,其中三、四年级是复式教学,没有固定的课表和上课时间,他说自己都不知道每周要上多少节课,都是随机安排的。为了不耽搁教学进度,陆老师还让四年级的学生教一年级读课文(小先生制)(图1)。

（a）全体师生合影

（b）该校"小先生"上课图

图 1　宰柳村小学师生

民族地区义务教育质量较差，尤其是民族地区农村初中阶段的教育，作为民族地区农村大部分学生的终端教育阶段，其存在如下困境。

1. 片面追求升学率，且升学率低、辍学率高

通过对《中国教育年鉴 2010》的查阅，贵州省 2009 年普通高中、普通中专、职业高中、技工学校总招生人数为 386 409 人，普通初中与职业初中毕业总人数为 620 050 人，由这两个数据估算出 2009 年贵州省初中阶段升学率为 62.3%，初中毕业学生流失率达到 37.7%（表 2），其中并不包括初中辍学学生。

2013 年 1 月，笔者到黔东南黎平县及其所属乡镇，对当地的教育状况等进行了为期 12 天的实地调查。了解到当地存在初中教学质量较差、职业学校"挂羊头卖狗肉""学生就业难"等问题。并且，辍学学生较多且升学率相对低下、学生不愿在职业学校就读的状况在黔东南黎平县乡镇初中普遍存在。

表 2　2009 年贵州小学、初中、高中学生情况　　　　单位：人

	毕业生数	招生数	在校生数
普通高中	165 392	219 062	581 604
普通中专	48 909	79 923	206 692
职业高中	30 096	72 514	159 943
技工学校	12 471	14 910	35 541
普通初中	615 496	762 312	2 112 917
职业初中	4 554	4 025	11 858
普通小学	784 574	698 976	4 568 716

资料来源：中国教育年鉴编辑部. 中国教育年鉴 2010. 2010：816

以黔东南黎平县肇兴中学为例，该校注册学生 978 人，而实际在校人数为 666 人，全部为侗族（为主）、苗族学生。肇兴中学 2009 级入学初中生有 215 人，而 2012 年领取毕业证书的学生只有 135 人，其中无转学学生，仅辍学率即达 37.2%。据该校教师反映，每年平均有 100 多名学生辍学。笔者于黔东南黎平县实地调查，选取县城中学、发展相对较好的乡镇的中学和发展相对较差的乡镇的中学，从三所学校的中考成绩、升学率对比图（图 2）中可以观察到学校的教学质量情况。

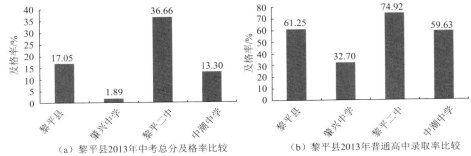

（a）黎平县2013年中考总分及格率比较　　　　（b）黎平县2013年普通高中录取率比较

图 2　黔东南黎平县城乡中学普通高中录取率、中考总分及格率对比图

注：肇兴为黎平县经济发展一般的乡镇，中潮镇是黎平县发展较好的乡镇

2. 办学模式单一，重"升学教育"、轻"职业教育"

笔者在考察黔东南黎平县肇兴中学过程中，在对陆同学的访谈中了解到，初一时他所在班级有 46 名学生，初二下学期仅剩 14 人，离开学校的 32 名学生中多数远赴广东、浙江等地打工。其中，部分学生外出打工时认识到自身职业技术欠缺而回到学校继续学习，但因学校没有开设相应的职业教育课程，致使升学无望的学生在学校"无所事事"，并最终导致这部分学生在缺乏职业技术的情况下直接进入劳动市场。肇兴中学陆姓男同学（17 岁）辍学后外出广州打工，因无技术最后找到一份理发店小工的工作，工资 1200～1800 元/月，所得工资仅能维持自己的生活。陆同学还表示，能养活自己算是比较好的，一些出去打工的同龄人不但赚不到钱，还需要父母支援才能生活。据调查，像陆同学这样没有一定技术便直接进入社会的学生还占很大比例。

由于农村初中偏向"应试教育"，大部分学生缺少职业理想，不知道自己将来能做什么？适合做什么？面对学生的实际情况，学校也并未开设相关的职业课程来培养学生的职业技术能力。这使得初中生因缺少立足于社会所必备的基本知识和技能，只能依靠出卖体力劳动换取微薄的工资维持生活。基于上述调查现状，

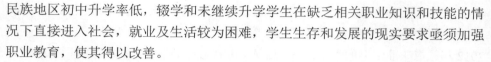

民族地区初中升学率低，辍学和未继续升学学生在缺乏相关职业知识和技能的情况下直接进入社会，就业及生活较为困难，学生生存和发展的现实要求亟须加强职业教育，使其得以改善。

笔者在黔东南黎平县走访行政管理部门、县城中学及乡镇中学，通过与教育部门领导、学校校长、教师、学生以及家长的访谈了解到：该地区农村初中尚未开展职业教育。此外，从考察学校课程安排可以看出，学校以升学教育为重点，并没有对学生给予职业关照。因此，基于对黎平县及其乡镇中学的实际考察，农村初中实施"普职结合"是很有必要的。

（二）"9+3"计划：学校留不住学生

为进一步巩固和提高义务教育质量，贵州省计划用3年时间基本普及高中阶段教育，贵州省教育厅原厅长霍健康介绍，"从2013年秋季学期起，贵州省将免除省内中职在校生学费，60%以上中等职业教育学生享受国家助学金。到2015年，普通高中和中职在校生人数比例达到1∶1，规模分别达到85万人，高中阶段毛入学率达到85%，以县为单位基本普及高中阶段教育"。贵州省投入13.29亿元用于实施"9+3"计划，即九年义务教育后学生读三年的职业学校，但现实结果不甚理想。首先，职业学校硬件设施不足。以实训基地为例，学校只有4个专业在校内有实训基地。其次，学校的师资力量堪忧。目前该校总共有教师113人，原有教职工63人（其中专业教师39人，文化课教师20人，管理人员4人），2013年新招教师13人，只有11人合格。从乡镇中小学调入10人，上挂交流教师27人，外县调入2人，另有外聘教师99人。按照师生比1∶18计算，该校应编教师138人，尚差25名教师，并且严重缺少"双师型"教师。最后，专业设置不够合理。学校开设的汽车维修、服装设计、电子技术等专业没有依据当地经济发展的需要，盲目照搬东部发达地区，开设的职业课程与当地产业脱节，学生就业质量基本没有得到提高。

因为职业学校存在上述实际问题，毕业的学生就业困难，加之受传统教育观念的影响，学校招生也非常困难。职业学校某校长说，目前学校招生比较困难，学生不愿报考职业学校，部分家长也不支持学生进职业学校。2012年，职业学校学生300余人。据笔者了解，2013年贵州省实施了"9+3"计划后，政府强制要求各乡镇中学未能考入高中的毕业生，90%必须进入职业学校，还分配给每个学校一定的指标任务，因此，2014年职业学校的学生增到1100余人。但是，目前人数仅为 500 人左右。不可忽视的现状是：学生在职业学校学习的过程中，仍然存在流失严重的问题。

二、黔东南黎平县初中"普职结合"困境的解读

从民族地区初中阶段的现实诉求出发，初中实施"普职结合"尤其必要。但是，根据笔者在黔东南黎平县的实际考察来看，初中实行"普职结合"存在一定困难。

（一）传统"职业教育"观念的影响

民族地区基础教育发展落后，传统的应试教育仍是学校领导、教师、学生及其家长的主流思想。贵州省为实现 2015 年"普十二"目标，开展了"9+3"计划。各乡镇中学为了完成政府"9+3"计划的指标，派遣教师到学生家里做思想工作。但据教师反映，家长思想工作很难做通。有家长直接说："你把省委书记叫来，我们也不去读职业学校。"另外，政府部门、教育行政管理部门领导对职业教育认识不足，当问及初中引入职业教育问题时，部分领导表示，职业教育应该由职业学校来完成。传统的"学而优则仕"观念影响着学生及其家长对职业教育的认识，职业学校抓不住学生和家长的"心"。由于教育的滞后性导致学生及家长只考虑眼前利益而没有考虑长远利益，人们对职业教育的认识也相当有限，同时传统的教育观念也影响着初中"普职结合"的开展。

（二）教育政策的制定与执行有失偏颇

政府及教育管理部门已经看到义务教育初中阶段升学率低、辍学率高的现实，贵州省为实现"普十二"目标制订了"9+3"计划，以此实现"控辍保学"的目标。地方政府为实行"9+3"计划投入了大量教育经费。如果将这部分教育经费投入到义务教育阶段，在原有教育资源基础上建设"普职结合"所需的实训基地，加强师资力量，实现高质量的义务教育，远比"9+3"计划具有更大的现实意义。基于民族地区义务教育的现实，实施"9+3"计划达到"普十二"目标，无疑是"教育大跃进"。地方政府在制定相关政策时，脱离民族教育发展的现实，缺少对"民族人"价值、情感、需要的关照，制定和执行教育政策有失偏颇，是实施"普职结合"困难的原因。

（三）"普职结合"模式的选择脱离实际

据笔者考察了解到，黎平县职业学校正在积极落实"9+3"计划政策。"9+3"计划的目标是"控辍保学"，实现"普十二"，其初衷是非常好的。但目前民族地区九年义务教育质量较差，不论是从民族地区教育发展的长远考虑，还是从其现实出发，"9+3"计划都不符合当地的实际情况。

第一，"9+3"计划无针对性。民族地区义务教育阶段的教学质量较差，小学以及初中培养的学生整体素质不高，为高一级学校输送生源的质量有待提高。笔者在考察中，肇兴中学初中教师普遍反映，由于小学教学质量较差，很多学生进入初中时连乘法口诀表都背不全。小学生源差是初中教学质量不能有效提高的一个重要原因。义务教育的目标是为高一级学校输送合格的生源，为社会转移合格的劳动者，义务教育培养出的高质量人才是高一级学校教学质量提高的前提。目前，贵州民族地区的义务教育质量较低，盲目普及高中阶段教育非但不能提高义务教育质量，而且对高中阶段教学质量的提高作用甚微，只是在"形式主义"下徒增高中阶段的学生数量。

第二，"9+3"计划不现实。贵州民族地区由于地域等原因，导致经济发展落后，一定程度上制约了教育的发展。职业学校教育资源配置较低，部分地区教育资源匮乏，改善现状还需要投入大量的教育经费，贵州各级党政机关行政经费的 5%还不足以支撑"9+3"计划长期有效地实施。除此之外，民族地区初中升学率较低，未能继续升学的学生较多，黎平县管理部门要求初中毕业未继续升学的学生中至少有 90%进入职业学校，但是黎平县唯一一所职业学校能够容纳这么多的学生吗？职业学校配备的教育资源能够满足学生的实际需要吗？答案不言自明。

综上所述，黎平县实行"9+3"计划，没有从民族地区的实际情况出发，无法提高九年义务教育的质量，"普十二"也仅是追求数量上的"形式主义"。

目前，贵州省实施的"9+3"计划无疑是"教育大跃进"。民族地区义务教育阶段教学质量较低，"9+3"计划不符合当地实际发展情况。就当地初中教育发展的现状而言，与其采取学制外"+1"的方法，不如在初中以渗透、分流，或者学制内"+1"等形式引入职业教育，将拨给"9+3"计划的教育经费投入到义务教育阶段，开展"普职结合"，这比"9+3"计划更具有现实意义。花钱办好义务教育，改善民族地区义务教育质量较低的现状，这样更有利于实现全体学生的发展。我国东部地区实现"普十二"目标已初见成效，但要缩小东西部差距不是盲目攀比，而是要基于民族地区的实际需要，恰当地实施"普职结合"，以提高义务教育质量，并实现教育均衡发展。

"质量是教育的生命线，没有质量的教育，即便它的数量再多，也没有多少实质性的意义。"贵州省"9+3"计划的事例说明，民族地区初中实施"普职结合"要依据民族地区经济、社会（包括教育）发展的现状，选择适合本地区的"普职结合"模式，只有这样才能真正缩小城乡、校际以及校内差距，实现教育质量的提高，从而实现教育均衡发展、促进民生改善的目标。

（四）教育资源配置不足

教育资源是教育过程实施的基础和保障。民族地区初中实施"普职结合"更需要教育资源给予保障。基于笔者在黔东南黎平县的田野考察，初中实施"普职结合"受制于教育资源配置的不足。

1. 师资力量薄弱

教师是教育事业的主要力量，是提高教育质量与培养合格人才的重要因素，关系着教育事业发展的成败。就此方面而言：①教师数量不足。肇兴中学有学生778名，教师（包括特岗教师）45名；中潮（全县比较富裕的乡镇）中学有学生1294名，教师89名；黎平二中（全县最好的初中）有学生2832名，教师142名。如果按照中学师生比1∶16计算，所考察学校教师数量不足。虽然每年也新进教师，但外来教师流失比较严重。②教师结构不合理。笔者在肇兴中学、中潮中学、黎平二中、职业学校实地教育调查发现，中学教师结构比例不均。第一，教师年龄结构不合理，中学教师年龄结构偏大。笔者在肇兴中学、中潮中学、黎平县二中各学校了解到，学校教师平均年龄为42岁。第二，教师专业结构不合理。笔者在中潮中学了解到，该校语文、数学教师多，英语教师少，音体美教师更少（大部分是其他教师兼职）。第三，教师的学历结构方面，主要以专科学历为主，本科学历大多数是后期进修取得的。以中潮中学为例，该校教师中大专学历占50%，本科学历占30%，其中第一学历为本科的仅占10%。③教师教学水平有限。教师教学很认真，但受知识储备影响，教学质量得不到保障。基于实地教育调查可知，初中教育阶段的师资力量不足，如果实施"普职结合"，师资力量短缺是应解决的一大问题。

2. 办学条件落后

（1）教育教学设施配备相对滞后，硬件设施少，无法满足教学需求

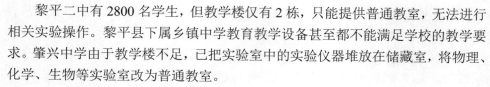

黎平二中有 2800 名学生，但教学楼仅有 2 栋，只能提供普通教室，无法进行相关实验操作。黎平县下属乡镇中学教育教学设备甚至都不能满足学校的教学要求。肇兴中学由于教学楼不足，已把实验室中的实验仪器堆放在储藏室，将物理、化学、生物等实验室改为普通教室。

（2）寄宿制学校住宿条件有限

以肇兴中学为例，学校 650 名学生需要住宿，但学生宿舍只能容纳 400 名学生，剩余的 250 名学生只能住在校外（学校与家长签订安全协议），很多女学生 3 人睡一个床铺。由于部分学生在校外住宿，也给学生管理工作带来了一定的困难。

（3）资源使用效率有限

肇兴中学某校长介绍说，该校实验器材虽然比较齐全，但是现在都堆放在储存室，平时只做一些演示实验，绝大多数实验设备闲置。

3. 教育经费不足

在义务教育阶段，国家每年会划拨一定的教育经费，但这部分教育经费还无法满足民族地区教育的需求，而地方各级政府由于经济发展水平较低，财政支付能力不足，所以能够提供给学校的经费也很有限。

基于黎平县义务教育质量较低的现实和学生生存发展、社会经济发展的需要，在初中实施"普职结合"有利于改善义务教育质量、学生的生存和发展，以及少数民族地区技术人才欠缺的现状，但是这项工作只有依靠不同的教育主体协调一致，共同克服困难才能实现。

三、民族地区农村初中实施"普职结合"的对策分析

在民族地区农村初中教育中实施"普职结合"是践行我国"教劳结合"的教育方针、提高教育质量的重要途径。根据笔者对黔东南黎平县"普职结合"实践的考察，我们认为在民族地区农村初中实施"普职结合"应着重注意以下几个方面。

（一）努力弱化传统观念的消极影响

社会经济发展需要具备一定职业知识和技能的人才，但目前民族地区学校教育培养的劳动者不能满足社会需求，二者构成鲜明的矛盾。为解决这一矛盾，国家应大力发展职业教育，通过加强职业教育培养社会所需的技术人才。除了普通教育之外，职业教育同样重要。

笔者在考察中某校长说："转变当地人们的传统教育观念是一个长期的过程。"如何转变人们的传统教育观念？首先，通过培训、学习转变民族地区政策制定者和执行者的观念。通过加强管理干部的培训和学习，提升各部门领导对职业教育的认识，进而认清"普职结合"的重要性和必要性。其次，转变学校教育管理者和执行者对"普职结合"的观念。再次，加大舆论宣传。政府和学校通过各种传媒设备、采取各种宣传手段并加大宣传力度，使各主体充分了解职业教育、认识初中实施"普职结合"与其自身和子女切身利益的关系。最后，民族地区通过小学渗透职业指导、中学的分流或渗透等模式，在义务教育中引入职业教育。通过开设职业指导等课程渗透职业教育的思想，突破以"升学率"作为衡量教育质量高低的传统评价模式，对开设的职业教育课程也进行考核评价。

（二）政策制定与执行应符合民族地区实际需要

黔东南黎平县某中学校长介绍说："目前贵州省正在实施撤点并校，进行教育资源整合。2015 年，侗寨肇兴中学教学点被撤销，学校多次向上级管理部门提出申请，要求保留该教学点，但是并没有得到批准。没有学校的乡镇是不完整的，撤掉肇兴中学，不知道是研究'撤点并校'问题并支持该种做法的专家太多，还是领导没有下基层开展实际调查。如果肇兴中学教学点被撤掉，学生到最近的教学点上学至少需要四十分钟，由于学校留守学生居多，对学生负有监护责任的爷爷奶奶基本无法接送学生，存在安全隐患，这样将会造成辍学率的攀升，可能出现新的文盲群体。"

另据黔东南从江县某中学陆姓教师介绍，2000 年左右，学校针对侗族地区女童辍学较高的问题，开设了刺绣等传统工艺课程，并请当地传统工艺传承人进校授课。职业技术课程的开设使得女童辍学率降低，并且邻乡镇的一些女童也选择到该校读书学习。学校开展适合本地情况的"普职结合"在义务教育"控辍保学"方面取得了一定成绩，但是地方相关教育管理部门检查义务教育成果时，认为在该阶段开展"普职结合"不符合国家要求，该校"普职结合"的探索也因此中止了。

笔者在黔东南黎平县乡镇小学实际调查中了解到，侗寨平善村小学 1～5 年级共 22 名学生（均为少数民族学生，苗族学生为主，侗族占少数）。走访的 18 名学生中 12 名学生父母双方均外出务工，5 名学生父母在家务农，1 名学生父亲外出务工，母亲在家，留守儿童比例达 66.7%。城格村小，学生全为侗族，校长介绍说该校留守儿童占60%左右。中潮镇中心小学某校长介绍说该校留守儿童占43%。总体来看，乡镇中小学留守儿童所占比例较大，留守儿童的学习、生活存在很多问题。为解决此问题，部分学校在国家政策不允许的情况下开展早晚自习以保障学生学习及安全。

云南西双版纳勐海县某初级中学校长根据当地实际情况，曾经开展过"普职结合"工作，即初中阶段引入适合学校学生实际情况的职业技术课程，以此保证义务教育，但后期因教育部门领导更换，该校"普职结合"的模式也以失败告终。

基于上述例证，民族地区教育政策制定及执行要从民族地区实际特点出发保证协调发展。首先，在政策制定方面要关注民族地区文化。民族地区"社会文化之形成，均有其地理环境做背景，为适应此种特殊环境，其社会文化便产生独特的状态；这种经过长久岁月维持到今日的独特社会文化状态，绝不是两三个月、三五年，甚至三五十年可改变的，可消灭的"[2]。因此，国家制定相应教育政策法规要考虑到民族地区的特殊性。另外，地方政府在制定地方政策时，应在正确理解和把握国家宏观政策的基础上，积极开展实地调查，充分考虑民族地区地域、民族、文化等特点，因地制宜地制定相关政策，不能搭建"空中楼阁"。其次，在政策执行方面要关注"民族人"，即政策执行时关注人的情感、需要、思维方式等，只有这样才能得到认同，政策执行才能在民意的土壤上开花结果。不能"一刀切"、搞"统一标准"，应因地制宜，处理好一般与个别、共性与个性的关系。最后，要加强教育政策的执行力。在正确的教育政策指导下，只有有效地执行才能保证其顺利实施。民族地区由于经济发展、民族文化等方面的原因，教育部门、学校领导等教育行政管理人员的稳定性相对较差，领导的频繁更替导致政策执行的连贯性难以保证。因此，为保证政策的有效落实，需加强地方政府以及教育行政管理人员的稳定性。

民族地区农村初中实施"普职结合"符合国家宏观政策。1993 年，《中国教育改革和发展纲要》（中发〔1993〕3 号）明确指出九年义务教育包括初中阶段的职业技术教育；《国务院关于<中国教育改革和发展纲要>的实施意见》要求各地普及九年义务教育要从实际出发，"农村尤其是经济发展程度较低的地区，初中应适时注入结合本地需要的职业教育内容，也可以在初中教育的一定阶段实行普通教育与职业教育分流"；1996 年，《中华人民共和国职业教育法》第十六条"普通中学可以因地制宜地开设职业教育的课程，或者根据实际需要适当增加职业教育的教学内容"；2011 年，《教育部关于做好 2011 年中等职业学校招生工作的通知》

（教职成〔2011〕3 号）指出要建立普通教育与职业教育相互衔接的机制，国家颁布的教育政策法规明确提出各地区可因地制宜地在初中实施"普职结合"。民族地区初中实施"普职结合"符合国家规定，同时也符合民族地区经济发展、教育质量提高及人才培养的现实需求。因此，民族地区地方政府以及教育行政管理部门应在政策制定及执行上给予农村初中"普职结合"大力支持，保证民族地区农村初中顺利地实施"普职结合"政策。

（三）"普职结合"模式的选择适应民族地区实际情况

初中实施"普职结合"是践行我国"教劳结合"的教育方针、提高教育质量的重要途径。民族地区由于经济、社会、文化等因素的影响，基础教育中实施"普职结合"应充分考虑民族地区经济发展的规律及其发展趋势，适应当地经济、社会发展的需要，应因地制宜、因校制宜地选择"普职结合"模式。

1. 合理定位培养目标

教育的价值不仅表现在对人发展的作用上，还表现为教育是否满足社会的需要。"价值取向是人类实践活动的一般目的和最终动因，人们按照自己的价值观，通过实践影响客体。"[3] 也可以说，人们按照一定的价值取向在自身主观能动性的作用下，可创建出具有一定价值的教育模式。要教育发挥什么样的功能，培养什么样的人才，问题的根本在于教育价值取向。将民族地区的辍学、失学等问题归咎于"教育经费投入不足"或"民族成员的教育观念落后"，这其实是一种片面乃至错误的观点。教育问题是人发展的客观事实，也是依据一定价值取向做出选择的有目的的行为。因此，考虑教育问题首先要弄清教育价值取向。就本质而言，教育是基于主体特定价值取向的行为选择及主观建构，脱离主体的需求谈教育的好与坏都是不准确的。教育价值取向决定教育目的，即教育价值的取向集中表现在教育目的上。

教育目的反映了社会对受教育者的需要，是教育实践的出发点和归宿点。教育目的是确定教育目标、教育内容、教育方法、教育评价等的根本依据，而培养目标是根据各级各类学校的实际情况的具体化。因此，要缩小民族地区与东部地区的差距，实现教育均衡发展，民族地区应在初中因地制宜、坚持以民族特色发展教育，从而促进教育质量的提高。初中实施"普职结合"正是基于提高教育质量的初衷，其培养目标是实现升学和就业双重任务，为全体学生的全面发展奠定基础。

第一，实现升学和就业双重任务。基于民族地区初中教育发展的现状，初中实施"普职结合"的目的是关注全体学生，为其升学或就业打下基础。首先，民族地区农村初中重视学生升学教育，符合学生的身心发展规律且能为学生提供接受更高层次教育的机会，符合人的发展需求，也符合民族地区人口素质提升以及经济社会发展的需要。但民族地区农村初中在为学生升学服务的方式上，不应该"片面追求升学率"，应当加强教育与生产劳动相结合，加强教育与社会实践相结合，使学校升学率的提高建立在学生全面发展的基石上。其次，初中"升学教育"应当站在受教育者全面发展的基础上提升，以保证其向高一级输送的生源质量以及向社会输送的劳动力质量。当前，民族地区初中往往只关注为普通教育培养人才，缺乏对学生基本的职业技术知识、技能、态度和职业规划等方面的培养，而忽视了向职业学校输送合格的生源。黔东南黎平县职业学校某校长说：为了在2015 年实现"普十二"的目标，2013 年贵州即开始实施"9+3"计划，其出发点很好，但职业学校生源基本是各学校中考落榜生，他们对职业教育认识不足，职业学校接受的生源质量也不高。职业教育生源质量较低等原因造成职业学校招生困难，同时，职业学校教学质量差又导致学生就业困难，从而形成恶性循环，这是民族地区职业教育发展困境的重要原因。民族地区农村初中实施"普职结合"，增加职业教育课程，以改变当前初中单一的普通文化知识结构。从而实现初中教育的双重任务——升学与就业，改变民族地区人们对职业教育的传统观念，促进学生的全面发展。最后，民族地区农村初中要完成学生就业准备的任务。这里提到的就业是一种基础准备，即学生初步掌握职业技术知识和技能（有条件的情况下可以掌握一两门专业技术），具备基本生活和从事简单生产的能力，为学生进入社会打下基础。初中实施"普职结合"不仅对未能继续升学的学生有一定的针对性，而且对今后继续升学的学生也有重要的意义。

第二，为民族地区输送适应社会需求的劳动力。初中"普职结合"是强化社会服务功能，为民族地区经济发展输送合格的劳动力的重要手段。民族地区经济发展需要大量的初级技术人才，其所需人才主要由当地培养，而初中阶段学生作为劳动力流入社会的比例较大，提高这部分劳动力的劳动能力有利于填补该类地区经济发展所需的初级技术人才空缺。因此，初中阶段加强学生文化基础知识的同时，应加强职业教育，注重培养学生职业技术能力，为民族地区转移社会发展所需的劳动力。

总之，对学生进行基础的职业教育是有必要的，初中阶段兼顾普通教育与职业教育是合理的。

2. 选择适合民族地区的"普职结合"模式，并注重模式的本土化

民族地区效仿东部地区采取"普职结合"模式，并引入其成功模式，但未考虑到民族地区的实际需要和地域特点，出现了"水土不服"的问题。因此，选择适合民族地区农村初中的"普职结合"模式至关重要。

（1）已有模式的分析及模式选择

"渗透型"即是在促使学生全面发展的同时，适应当地经济和社会发展的需要，挖掘各种教材中的职业教育因素，补充适当乡土教材，通过课外活动和社会实践活动等，培养学生将来就业的思想意识，掌握一定的从事当地农业生产和农村建设或家庭致富的技能技巧，更重要的是为进一步接受专门职业技术教育做好准备，打下基础。"分流型"是从常规普通教育的某一年级开始，根据升学与就业两大流向编成分流班——普通教育班和职业教育班，前者以继续学习普通教育课程为主，也适当渗透职业教育因素给以就业指导，后者则主要学习职业教育的课程，同时也学习必要的普通教育课程。"X+1 型"是指在一定阶段上进行几年普通教育之后，再加 1 年职业技术教育。又可分为学制内"+1"和学制外"+1"。学制内"+1"，就是临毕业的最后一年进行专门职业技术培训，几年普通教育加 1 年职业培训，构成某阶段学制。学制外"+1"就是修满某阶段普通教育年限后，再加 1 年职业教育，实际等于毕业后的职前培训。这两种形式各有长短，一般说来，学制内"+1"适合一些尚不发达地区或不再升学的学生，学制外"+1"适合较发达地区或考而未能升学的学生。民族地区应根据其经济发展以及学校发展的状况，选择合适的"普职结合"模式。

基于"普职结合"三种模式的特点及其使用范围，综合民族地区农村初中的现实以及民族地区发展现状，民族地区农村初中开展"普职结合"采取"分流型"模式较为合适。首先，民族地区农村初中由于其教学条件相对较差、教学质量低，初中升入高中的比例依然很低，学生升学和就业的分流相当突出。因此，采用"分流型"模式符合农村初中目前的实际情况。其次，随着城镇化和工业化的进程，农村地区外出打工的人数较多。"打工"已成了当地社会主体成员最重要的，也是全新的生产生活方式，是当地人们脱贫致富的主要谋生手段。初中毕业未进入学校的学生也逐渐成为"打工"者的主力军。这部分学生没有相应的职业知识和职业技能，并不能很好地适应社会。现阶段，最直接的办法是在初中针对具体问题采取"分流型"模式，即在初中二年级根据学生自愿等原则分成普通班和职业班。最后，民族地区农村初中办学条件差、教育资源配备相对不足，基于这样的现实，

初中采取"分流型"模式也是最适合的选择。

（2）"普职结合"模式的实施要立足于民族地区的实际

我国地域辽阔，各地区社会发展存在差异，基础教育中"普职结合"模式的选择也不尽相同。为了社会发展以及人的发展，东部地区结合当地发展实际情况在基础教育中实施"普职结合"，取得了一定的成绩。例如，冯振飞领导的辽宁省农村实验中学，教学改革已有 50 多年的历史，在"普职结合"方面从课程、基地和师资等各方面都切合当地农村实际，为当地经济建设培养了大批初级人才；吉林省着重推广在基础教育中引入职业（技术）内容的"上好劳动技术教育课""初三分流 3+1"和"初中四年制"等办学形式。但由于民族地区与经济较发达地区存在差异，因而不能照搬其成功模式，而应借鉴成功经验的同时考虑自身的实际情况。

民族地区农村初中"普职结合"模式实施包括培养方案的制定、师资力量的配置、教学方式方法等很多方面，在此重点阐述课程设置。课程是教育观念和教育思想的集中体现，是实现培养目标的蓝图，是组织教育教学活动的依据。初中实施"普职结合"的课程设置应充分考虑民族地区地域、民族、文化三大特点。

一是职业课程结合民族地区的地域特点。少数民族地区由于受经济发展和自然地理环境等因素的制约，具有自身特有的经济特征。"普职结合"职业教育课程的内容只有适应区域性经济特征才有生命力，才能为当地经济建设服务发挥作用。人是自然界的产物，人的生存和发展依赖于自然环境。人在对自然环境改造和利用的同时，要学会对其进行保护和恢复。因此，在教学内容中应结合当地的实际情况加入一些植树造林、种草、恢复植被等相关的知识和技能，同时增进学生对相关法律知识（如《森林法》《草原法》等）的了解。

二是结合当地产业结构，增加一、二、三产业相关知识和技能的内容。职业教育课程内容的选择必须考虑民族地区的产业结构。考虑其工业、农业、牧业、渔业等产业发展的情况并将新开发产业的需求引入职业教育课程。民族地区自然地理环境决定了该地区的经济文化类型，其为教育提供物质基础的同时也对教育提出了一定的需求，不同发展和转型对教育的要求也不同。因此，"普职结合"中，职业教育课程的内容要考虑当地的经济文化类型，适应当地产业的发展。以考察点黔东南肇兴侗寨为例，该地区由于地理环境等因素的限制，经济文化类型属于丘陵稻作型。肇兴中学实施"普职结合"的课程内容要基于当地特点，引入农作物种植、养殖等相关技术；另外，由于该镇是侗族聚居比较集中的村寨，"干栏式"

等具有侗族文化特色的建筑保存比较完整，当地政府借此优势发展旅游业。笔者在肇兴侗寨考察时发现，当地作为旅游景点缺少本地导游，且饮食条件和服务态度相对较差，服务意识也很淡薄。基于上述现实，可将"酒店管理、侗族特色饮食烹饪技术"等相关内容纳入到职业教育课程体系中，通过培养提高学生的相关技能，为当地旅游产业的发展输送人才。

三是职业课程应引入民族文化、传统技术等相关内容。自然环境和经济文化类型的长期作用，形成了民族地区独特的文化类型，而其构成了初中教育发展的复杂文化背景。"民族文化是人类长期形成的物质文明和精神文明的总和，是人积极开展生命活动及其方式和成果的类化物，具有强烈的民族性、地域性和社会性。"[4]这是职业教育课程设置必须考虑的重要因素。另外，民族地区传统技术也在经济发展中发挥着积极作用，如黔东南丹寨县石桥村的造纸术与黎平县的侗族建筑技术均为当地人的生存和发展带来可观的经济效益。因此，职业课程中应加入民族文化知识和传统工艺技术。

四是职业教育课程应增加针对外出务工的专门知识和技能。在城乡一体化的背景下，大部分初中学生毕业后外出务工，但苦于没有技术而导致求职困难。另外，由于侗族学生普通话、计算机等水平较差，对其就业有一定的影响。针对此，"普职结合"的职业课程应加入如普通话、英语、计算机等相关知识，为学生外出务工提供专门的知识和技能保障。

五是"普职结合"应重视实践。职业课程内容的设置除应考虑理论知识外，还应增加并强化实践技能的训练，唯有如此才能让学生真正学到职业知识和技能，而非"形式主义""徒有虚名"。

总之，结合民族地区地域、民族、文化等特点，以及学生生存和发展的需求，"普职结合"模式应依据自身特点和适用条件选择合适的职业课程。该模式应主要以民族文化基本知识、民族地区生产生活技能、民族地区产业结构、民族地区传统技术及民族地区娱乐体育等方面为主。

（四）教育资源配置要考虑民族、地域、文化影响

教育资源是指教育过程中所需要的人力、物力、财力等资源的总和。随着社会的发展，人们对教育资源的认识不断拓展，诸如关系资源、政策资源等也囊括在教育资源当中，但人力、物力、财力三大资源在教育的运转中仍起着基础和前提的作用。教育资源配置是"学校提高教育教学质量、保障师生的正常工作和学

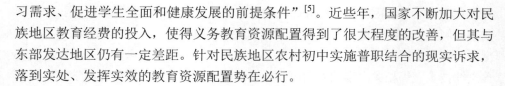

习需求、促进学生全面和健康发展的前提条件"[5]。近些年，国家不断加大对民族地区教育经费的投入，使得义务教育资源配置得到了很大程度的改善，但其与东部发达地区仍有一定差距。针对民族地区农村初中实施普职结合的现实诉求，落到实处、发挥实效的教育资源配置势在必行。

1. 人力资源方面

教师是提高教育质量、培养合格人才的重要因素，教师素质的高低关系着教育事业发展的成败。正因如此，为确保普职结合的实施，师资的培养至关重要。近年来，国家非常重视民族地区的教师队伍建设，《国家中长期教育改革和发展规划纲要（2010—2020年）》提出了加强教师培训的要求。

民族地区义务教育师资力量相对薄弱是"普职结合"实施的一大障碍。由于教师职业教育素养及实践能力的培养被忽视，农村初中具有"双师"资格的教师不足，缺少能够胜任职业课程的教师。这是民族地区农村初中实施"普职结合"遇到的困难。因此，在民族地区初中落实"普职结合"，师资培养是其首要解决的问题。

民族地区农村初中"普职结合"师资的培养应从几方面入手：一是加强在职教师的培训。初中阶段教师偏重理论知识，多数缺少实践能力和现场经验等。鉴于此，我们应有针对性地选派教师到高校或者科研单位进修，到企业生产一线锻炼，通过相关培训改变教师轻视职业教育的传统观念等。二是完善新教师的招录标准。学校每年引进新教师的评价指标应有所改变，要考虑引进的教师是否能够胜任初中阶段相关职业课程。三是提高兼职教师的比例。"普职结合"中的职业教育课程依据民族地区学生及社会发展的需要而设置，课程与民族地区生产生活方式结合紧密。因此，在缺少职业课程专业教师的情况下，可依据实际情况聘请兼职教师(如当地传统工艺传承人等)，从而缓解民族地区师资力量欠缺等实际问题。四是注重"双师型"教师的培养。大力发展职业技术师范学校培养职业教育所需要的师资。

2. 物力资源方面

虽然民族地区中小学办学条件较过去有很大改善，与教学匹配的硬件设施逐渐配套（如计算机室、图书室、教学仪器设备等），但教学设备的利用率极低。

黔东南黎平县肇兴中心小学是肇兴侗寨最好的小学，其配备的教学设备在整个乡镇小学中也是最好的，学校配备的图书资料也最多。但学校负责管理图书资料室的教师介绍说，因图书与师生需求不匹配，借阅率不高，图书资料室的书籍大部分还没"走出"图书室。学校的图书资料室成了凌乱的"藏书阁"。

黔东南黎平县肇兴侗寨，因地处山区、交通不便，相邻县镇距离较远。当地小学毕业的学生流动到外地上学的很少，大部分到侗寨唯一的初级中学——肇兴中学就读。当前，该校就读学生 700 人左右，但仅有两栋三层的教学楼，办公室、实验室、教室全部集中在这两栋楼内。由于学生与教室数量不匹配，学校的部分实验室改成了教室，所有实验器材都杂乱地堆放在储藏室内，实验器材在上课的时候基本不用。

据四川凉山彝族、阿坝藏族地区实地调查，藏区某中心学校配备的计算机已落了厚厚的一层灰尘，电脑显然很久没用过了。民族聚居区学生平时交流主要用本民族语言，如藏语和彝语。为了民族地区的发展，大部分学校实行双语教育，学生学习本民族语言及汉语，中学还开设英语课程。对于少数民族学生而言相当于学习两门语言（汉语和英语），其能力相对薄弱，而配备的计算机所用语言都是汉语或英语，大多数学生因语言障碍无法使用电脑，从而减弱了学生对计算机课程的兴趣。

虽然民族地区教育资源中物力资源配备较以前得到了改善，但部分学校的教育教学设施还存在不足。同时，学校虽然配备相应的教学设施，但因未考虑到民族、地域特点造成资源闲置。针对此，民族地区初中实施"普职结合"应在原有教育资源基础上加大物力资源配置（校舍、教学仪器设备、图书资料、实训基地等）。在配备基础教育物力资的同时，还应考虑所配备的物力资源是否符合民族文化特点，只有这样，教育教学资源配置才能更好地发挥效用，使其得到最大限度的利用。

3. 财力资源方面

民族地区经济发展相对落后，当地政府无法为教育发展提供强有力的保障，政府的教育经费在一定程度上只能保证教育的基本发展，但却不能满足民族地区教育进一步发展的实际需要。因此，综合调度教育投入非常必要。

第一，国家在教育经费投入上要向民族地区倾斜。国家唯有不断加大对民族地区教育经费的投入，才能保证民族地区教育优先发展，为提高民族地区义务教育质量提供基本的经济保障。民族地区政府在支配国家教育经费上要坚持把教育投资作为生产性投资，依法落实教育投入，针对各地区实际情况分配教育经费，加强各地教育硬件及软件等基础建设。

第二，民族地区地方教育经费要向农村倾斜。少数民族地区想要突破常规教育发展模式，需不断加大财政的教育投入，加强农村学校办学基础设施方面的建设，改善学校办学条件。同时，还要提高教师的生活条件，加大教师的培训，并为引进新师资提供保障。不同民族地区的经济、社会（包括教育）发展水平具有一定的差异，在此基础上教育经费应向发展较差的农村地区倾斜，整体改善各地教育基础设施建设，为教育质量提升保驾护航，缩小区域内差距。

四、结语

人是独立的生命个体，人与人之间具有一定的差异性。初中实施"普职结合"是基于人的差异、因材施教地实现人的全面发展的一种途径。

民族地区农村初中"普职结合"是一项复杂的工程，其实施过程受到各种因素的影响。通过对黔东南黎平县及其乡镇中学教学质量以及"普职结合"情况的调查和分析，发现在民族地区基础教育发展的现状以及经济社会发展的现实诉求之下，初中实施"普职结合"是民族地区经济社会发展的现实需要，也是促进人的全面发展的重要途径。民族地区农村初中实施"普职结合"与东部发达地区有共性，但也存在差异性，其模式选择、职业课程设置等方面都应以民族文化为根本依据。

在民族地区自然地理环境、历史等因素的长期作用下，形成了风格迥异的民族传统文化，且每种文化都有其独特的存在价值。不同民族的生活方式、心理特征、思维方式及传统观念等从各个方面影响着基础教育的发展。无论是哪一层次、哪一阶段的教育，都必须牢牢把握"民族文化"这一特征。因此，民族地区农村初中开展"普职结合"要充分考虑当地生产生活方式，不能搞"一刀切"。

文化是教育的基础和内容，任何脱离文化的教育都是不可想象的。民族地区的教育发展应认识到教育与文化的互惠而非单向适应的关系。因此，民族地区农村初中实施"普职结合"只有从民族文化中汲取养分才能取得更长足的发展。正如查尔斯·赫梅尔所说："每一种形式的发展都必须从文化出发并从文化方面找到它的最终意义。"[6]民族地区农村初中实施"普职结合"，必须考虑民族文化因素的影响，绝不能将"普职结合"建立在"文化沙漠"之上。因此，因地制宜、因校制宜地选择"普职结合"的模式是提高民族地区农村基础教育教学质量的关键。

参 考 文 献

[1]鲁昕. 推进继续教育改革发展 实现人人成才教育梦[N]. 中国教育报, 2014-01-06, 第 1 版.

[2]冷少天. 从边政谈边教[J]. 西北通讯, 1947(8).

[3]孙喜亭. 教育原理[M]. 北京师范大学出版社, 2003.

[4]何波, 刘旭东. 中国西部民族地区职业教育研究[M]. 青海人民出版社, 1996.

[5]王远伟, 杜育红. 义务教育办学条件评价指标体系构建与应用研究[J]. 教育发展研究, 2013(2).

[6]童恩正. 文化人类学[M]. 上海人民出版社, 1987

基于西南民族象形文字探析原始天象历法及教育启示

——以纳西族东巴文与水族水文为例

李　健

（西南大学西南民族教育与心理研究中心　重庆北碚　400715）

摘要： 象形文字是古代先民原始思维的反映，是思维的考古工具。了解原始人类思维的特点和方式，可以帮助我们理解原始心理的发生和发展，并且可以认识原始人类思维的历史进程和发展规律。在西南民族地区，纳西族和水族经书典籍中存在着丰富的、极具民族特色的传统文化，而天象历法的认识便是其传统文化的重要组成部分。掌握原始先民的天象认识和历法，可以知道在原始社会是如何利用宇宙天象有规律的变化规划自然行为，分辨时空的，从而指导当代科学教育的发展。

关键词： 纳西族；水族；象形文字；天象观念；历法

一、从象形文字探析西南民族对天象的认识

（一）宇宙模型和天体的认识

1. 宇宙模型

宇宙模型是对观测可及的大尺度时空结构和宇宙物质演化的统一的理论描述。[1]人类从未停止思考宇宙模型这一问题，尽管现代的宇宙观念与远古先人的宇宙观念有很多质的差别，但有一点却是相似的，即宇宙模型都是建立在简化了的假设之上。在现代科学中有关宇宙模型理论，具有代表性的有德国著名哲学家康德与法国科学家拉普拉斯提出的"星云说"[2]，以及俄国天文学家兼数学家亚历山大·弗里德曼和比利时主教阿贝·乔治·勒梅特分别于1922年、1927年相互独立创作的学说"大爆炸理论"。[3]相比之下，原始先民对宇宙模型概念赋予神

话解释则略显荒诞，然而在当时生产力极度不发达的情况下，原始先民通过感知直观现象等方法对宇宙模型的解释也同样具有科学价值。

西南地区有关宇宙模型的解释多存在于其口述或笔录的神话当中，由于其原始崇拜、宗教信仰以及生活环境的不同，各个民族所表现出的神话内容也存在差异。

（1）纳西族有关宇宙模型的认识

有关宇宙起源的过程在纳西族《东巴经》神话中多有体现。纳西族《创世纪》中记载有宇宙起源认识的叙述，如图1所示。

图1　纳西族象形文字中有关宇宙模型的演化过程

图1的意思为"天地混沌未分"，"东神、色神在布置万物，摇晃又震荡"，"万物有真有假，万物有实有虚"，"真与实相配合，假与虚相配合"，"天开成峥嵘倒挂，地辟得坎坷不平"。

纳西族先民关于创世纪的描述是将对宇宙起源的认识总结为五个变化阶段：混沌、虚空—创世神创世—阴阳物成对—阴阳结合—天地形成。[4]

宇宙起源是宇宙模型认识的开始，原始先民逐渐发现自己所生活的宇宙环境是一个稳定的结构，由此便产生了关于宇宙结构的设想。纳西族先民所认识的天是圆的，地是方的、平的。例如，《挽歌》中说："很古的时候，上面出现了天，下面出现了地，天与地的中间，出现了居那若罗山。"[5]《献冥马》一书叙述天地形成之后又说："天盖高，地幅广。"[6]同样，在纳西族东巴象形文字中，图2表示关于"天"和地的象形文字，表示"天"的象形文字，其形状如穹顶圆而覆，表示"地"的象形文字广而阔。表示天地之间关系的东巴文还有"天地初开""天地变化""天地相应""普天之下""天地之中"等字（图3）。这些有关天、地以及天地关系的东巴文字形象地体现了纳西族原始先民有关"盖天说"的朴素唯物主义观念。

图 2　纳西族东巴文的"天"与"地"

(a)"天地初开"　(b)"天地变化"　(c)"天地相应"　(d)"普天之下"　(e)"天地之中"

图 3　表示天地之间关系的东巴文

除了纳西族东巴文字中出现了有关天地构成外，在纳西族神话的《崇搬图》中，同样用象形文字详细而生动地描述了宇宙天地的结构，如图 4 所示。

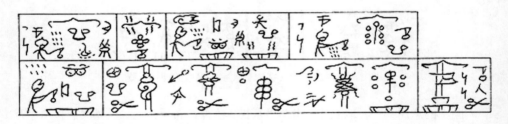

图 4　纳西象形文字中关于宇宙结构的形成过程

图 4 的意思为："开始头一代，神的九个兄弟，请去了开天，天呀开不了把天开成了峥嵘倒挂的，哽哩咯罗倒塌下来，神的七个姊妹，请去了辟地，地呀劈不了，把地劈成坎坷不平，大地摇晃震荡起来。又过了一代，神的九个兄弟，学成了开天的工匠。神的七个姊妹，学成了辟地的能手，因而开出了天，劈出了地。在居那若罗神山的东边，把海白螺的立柱竖起来。在居那若罗山的南边，把绿松石的立柱竖起来。在居那若罗山的西方，把黑宝石的立柱竖起来。在居那若罗山的北方，把金黄的立柱竖起来。在天和地的中间，把白铁的立柱竖起来。若罗铁柱啊！头顶蓝天，脚镇大地。雄伟而又安稳牢固了。"[7]

（2）水族有关宇宙模型的认识

水族口述神话中也包含着有关宇宙模型想象的特征。在对宇宙起源的认识中，水族创世神话说"天涯水边，紧紧相连"，天地和万物是由女神巨人伢俣创造的"初开天。混混沌沌。伢俣婆，真有本领。混沌气，她放风吹；风一吹，分开清浊，那浊气，下沉变土，那清气，上浮巴天，整个天，成为一色，青幽幽，一池蓝靛"[8]。同样，水族有关宇宙起源、天地产生的神话《开天辟地》《开天地造人烟》《伢俣造天地》唱她"抓住两块，猛一掰天地分开"，"混沌气她放风吹，风一吹分开清浊"，"取清气来造太阳来造月亮"。

水族先民关于创世神话的描述是将对宇宙起源的认识总结为了四个变化阶段：混沌、虚空—创世神创世—掰开天地—创世神造物。

水族先民有关宇宙结构的想象在其神话《开天地造人烟》的内容是：伢俣用尽全身力气掰开天地时，还朝中间猛吹一口气。于是天地在一声巨响中裂开，左边的一半成天，右边的一半成地。开天造地之后，天还倾抖着，容易倒塌，伢俣就急忙制造高柱来撑天。

2. 天体的认识

（1）日

由于太阳的特殊位置及作用，先民们最先观测的天体就是太阳。现代科学认为：太阳是太阳系的中心天体，银河系的一颗普通恒星。太阳中心区的热核反应产生了巨大的能量，这能量的二十二亿分之一辐射到地球[9]，使地球上的生命得以生存。在原始先民们的心中，太阳是至高无上的神，是它给人类带来了光明。

图5为东巴文、水文关于"日"相关内容的书写。在纳西族东巴象形文字中，"日也，日体实有光也；時日之日同"[10]。在水文中，"日"与纳西东巴文是相似的圆形，看起来像太阳的形状，不同之处在于水族的"日"是单圆，且没有类似日光的线条，并且太阳中间有一横，但凡是人们多盯着太阳看几下，总是觉得太阳中间是黑的。这种强光的视觉作用，使人们加深了对太阳的认识，在《说文》中也有"日，实也，太阳之精不亏，从口以，象形"的记载。

图5 纳西族东巴文的"日"和水族水文的"日"

原始先民对于太阳的认识来源于直观事物的观察，因此我们不难发现，在描述太阳属性特征时，通常强调太阳有光，并且发出热量。关于太阳能发光，有光线射出的理解在纳西族和水族中都有体现，圆代表太阳的形状，其中有光线，或三条或五条，或弯或直。并且有关太阳具有热量，可以散发热量的这一特点，古代纳西先民也有所思考。纳西族东巴文"晒""晒干"如图 6 所示。"晒"形象地表述了太阳光照产生热量，人迎面阳光的感受，值得注意的是人迎面光照的方向，正是纳西先民对热量来源于光线的感性认识。同样，"晒干"表示太阳光照射大地，地上的黑点代表地面所蒸发的水汽。这表明，古代纳西造字者已经知道，太阳发出热能，光照大地，土地含有水分，太阳光使土地中的水分变为水汽蒸发到空中，地被晒干。

图 6 纳西东巴文中的"晒"和"晒干"

太阳光给人们带来光明和白昼，给人以温暖，万物生长靠太阳。但是，太阳同样可以带来一些灾难性的伤害，如干旱、森林大火等。因此，人们在崇拜它的同时又恐惧它。太阳的神力给原始先民留下了深刻的印象，水族铜鼓面的中心就是一个"日"字的象形，铜鼓是水族人们在祭祀、礼乐中重要的神器，由此可见"日"在水族心中的地位。

（2）月

古代先民关于"月"的概念是从月相的变化中获得的，"月"不同于"日"，月有盈缺。纳西族东巴文中"月"和水族《水书》中"月"如图 7 所示，两者字形结构注重表现了月的圆缺变化，同时强调月有光亮。在纳西族东巴文中，纳西族先民开始注意到了月亮的盈缺源于星体的遮挡，因此其有关"月"的写法是建立在圆月的基础之上的，强调了遮盖物的存在所导致的月相的变化。有关水族水文的"月"存在以下两种解释：第一，强调月相的特征，认为月是与日同样发光的星体，关于文字中"横"的解释方法与日相同；第二，认为"横"似为十天，之所以有一边相连，则是三横相连为三十天，这便是一个月的单元[11]。

但与东巴文"日"字用于时间词中与其描写方式不同，在东巴文中用"月"来表达"夜"的文字与其迥异，如图 8 所示。这是因为纳西族东巴文本身具有纳西传统宗教的象征意义，纳西族是一个尚白忌黑的民族，纳西人认为"黑"象征恶和不详，"白"象征善和吉祥，东巴教中有的"黑白"二元对立观念[12]。

图 7　纳西族东巴文的"月"和水族水文的"月"　　　图 8　纳西族东巴文的"夜"

（3）星

古代天象观念中，有关星群的观测十分具体并价值丰富，有关二十八宿的观测理论将在历法观念中叙述。以下阐述原始先民对单一形体的观察。纳西族东巴文中的"星"和水族水文中的"星"代表星辰的含义，如图 9 所示。纳西族东巴文的星，释为"星也，三为多数，凡物名众数作三体"[13]。水族水文的星，既表示星辰的概念，也是《水书》中的星宿文字的基础形状，以周围九个黑点表示星体，中间的圆圈则有群星环绕之意。值得注意的是，这种以三或三的倍数代表多数，古代汉族有文字记载的典籍最早可见《道德经》"道生一，一生二，二生三，三生万物"中的思想，其中的中国哲学解释是"一为道，或一为元气，二为阴阳，三指阴阳二气互相作用而产生的和气"。同样，在纳西族《创世纪》中也有"三生九，九生万物，万物有'真'有假，万物有'实'有'虚'"。纳西族《东巴经》和纳西习俗中有大量的以"三"表多数这一习惯，反映了原始思维在纳西先民意识的孑遗，以及对"大数"的朦胧认识[14]。

图 9　纳西族东巴文中的"星"和水族水文中的"星"

图 10 是纳西族先民对"繁星""陨星""彗星"的描述。"彗星"从字形看，头小尾大、倾斜坠落，这是纳西先民对彗星从形状、运行方式特点的形象描写，这个象形文字造型的出现对研究古代纳西人在观测彗星上都有十分重要的价值。与彗星构字方式不同，"繁星"和"陨星"均以"天"来盖顶，其中繁星中点表示

众多的含义，陨星则展示了星体从天际下坠的特点。这样的构字方式，既可以表现古代纳西族人的"盖天说"思想，同时也说明了古代纳西族人所认识的有关彗星在宇宙空间位置上与繁星和陨星的区别。

图 10　纳西族东巴文中的"繁星""陨星""彗星"

古代先民对宇宙的认识知之甚少，因而其所记录的行星多为经常出现的、容易被观察到的。金星作为近地行星之一，它的存在经常被古代星象学者所认识，但由于当时观测技术的限制，对于这个经常出现在黎明和夜晚的同一个行星，在古代星相记录中通常是被当作两颗星，即出现在黎明时分的"启明星"和黄昏后出现的"长庚星"。傍晚所能见到的星宿即长庚星，在《纳西象形文字谱》中解释为"参星"；而黎明见到的星宿即启明星，则解释为"商星"。在夜晚的星空中，北斗星和北极星以其有规则的排列和稳定的方位最容易被人们所察觉，在纳西族先民眼中"北斗也，俗称七姐妹星"，北斗星与北极星相近，看似绕北极星旋转，所以纳西族称"北极星也，又被称为帝星"。

（二）时间和空间的概念

1. 时间概念

原始先民日出而作，日落而息，随着太阳的升落来安排生产和生活。在人们发现单一的日出日落并不能满足日常生活需要时，便开始对一天中的各个具体时间段进行区分，进而将一日划分为早、中、晚三个时间段。表示这几个时间段的文字则是根据太阳的不同形象描绘出来的。

图 11 是纳西族东巴文中的"晨""午"和"下午"。表示"早""晨"并兼有"曙光"之意的象形字描述为太阳出现于高山大树上，"曙光，朝也，从日光，山巅声"[15]。为山巅的意思，是高山峰顶生长着树木的形象。纳西族世居滇藏高原，阳光照射山顶树梢之上是其对早上太阳出露最为直观的感受。东巴文中"午"写作如图 11 所示，"午也，日当中，光直射"[16]，指太阳正午正暖，像太阳中天光芒四射之形。至今，纳西语中所谓"太阳在天空中正中央"，通常也还是指"正午"这个时候[17]。纳西族先民对于"傍晚"和"夜晚"这两个概念也是有所区分

的，东巴文里夜是以"月"的形状加以描写替代，如图 12 所示。而"傍晚"是太阳渐落的时候，是夜的前兆。东巴文"傍晚"如图 11（第三幅），"下午也，从日光下降"[18]，像太阳西下，余晖斜照的景象。

由于《水书》中的内容多用于占卜和择吉，对单一时段概念的认识仅表现于水族口语当中，而在水族《水书》的文字记载中，并没有诸如"早晨""晚上""上午""下午"这样记录一天之内的时间划分词[19]。

图 11　纳西族东巴文中的"晨""午"和"下午"

值得注意的是，象形文字"日"字在作为计量名词表示天数时，通常在其书写前加数量名词，用以记录不同的天数。另外，在记述今日、明日或隔日时，又有区别。在纳西族东巴文中，"今日"和"明日"如图 12 所示。而水族水文中，"今"是太阳从升起到下落的造型；"隔日"用隔开的两个太阳表示（图 13）。这些象形文字都进一步表明民族先民在表示时间时，更侧重根据周围的物候或天象做判断，是形象具体的思维表现。

图 12　纳西族东巴文中的"今日"和"明日"

图 13　水族水文中的"今"和"隔日"

朔和望是月亮运动轨道上的两个位置。在朔时，月亮中心与太阳中心处于同一黄经，黄经差等于0°，这时候在地球上是看不见月亮的。在望时，月亮与太阳隔着地球遥遥相对，黄经差等于180°，这时候在地球上看月亮，其形状是圆满无缺的。连续两次朔或连续两次望之间的时间间隔，称为一个朔望月。

纳西族先民在长期的生产生活实践中发现月亮的圆缺有一定的周期性，《东巴经》的《迎净水》说："月亮出现的那一天，是初一的'朔'日，系天狗看见的；初二的那一天被天鸡看见；初三被人看见。"《懂述战争》又说："在居那若罗山上，太阳从左边转，月亮从右边转，在除夕那天晚上在居那若罗山上又相见，初一那天又在居那若罗山上开始分开，就开始有了一月三十日。"由此可见纳西族先民对于朔望月的概念认识。对于原始先民来说，计算时间是非常重要的，而时间又只能通过运动和变化来表述，对于不能被解释的事物变化纳西先民赋予其原始宗教的含义在其中。在《水书常用字典》中，月释义为月亮和月份[20]。在图7中有关水文"月"的书写，三个横似为十天，一边相连表示相连的三十天，就是一个月的单元[21]。

由于时间在人类生活中变得越来越重要和不可替代，起初原始先民利用自然界的宏观事物如通过太阳的东升西落，太阳或月亮出现在人们视野的位置点定义时间，已不能满足人们日常的生产生活需求，迫切地需要利用更加细分化的时间节点来规划时间。在长时间的观察中，原始先民开始注意到了太阳和月亮有规律的变化，但对于这种变化缺少合理的解释，因而将其表示为日光、月光有脚。如图14所示，"日光至此，从日光从脚，意为阳光有脚""月光至此，从月光从脚，意为月光有脚"[22]。对于"夕阳"，由于其光照微弱的特点，纳西族先民将其描述为"日光弯脚无力，阳光微弱"[23]。

图14　纳西族东巴文中表示"日光""月光"移动和"夕阳"的文字

依据太阳这个天体有规律的移动，古代逐渐产生了测时的技术，这在西南地区象形文字"时"中有体现（图15）。在纳西族东巴象形文字中，"时，日光照临，以日光移动定时也"[24]。在纳西族东巴文中，圆代表太阳，太阳位于顶端，下端一竖疑为杆，两侧排列的黑点即为阳光照射杆后留下的阴影。

水文"时"中,"竖"表示标杆,"斜横"为太阳光下的影子,"斜横"上的点即为对影子的长短做记号。当中的几点就是太阳在不同时间的刻度。倒写或侧写的变异性书写是水文早期的特征[25],顶端"十"为音符,表示本字的发音,利用标杆测定时间,根据日光照出不同的影子来确定不同的时间。由此可见,水文"时"字产生的年代,必是立竿测影的观象授时年代,其具体年代应是距今6300年前"共工步十日四时"创制"一月三旬"的天干纪日法和将一日划分为"宵、朝、昼、夕"四个时段的颛顼、帝喾高辛时代。[26]至于具体时间则无从考证。

图 15　纳西族东巴文的"时"和水族水文的"时"

2. 空间概念

（1）关于"东""西"

早期纳西族人首先有"东""西"的观念[27]。关于"东""西"空间方位的观念是根据太阳作为标志形成的,即以太阳的起落判定"东""西"方向,这在纳西族东巴象形文字中就有具体的体现。纳西族东巴文"东方"如图16所示,"东方也,日出于东方"[28],纳西族关于"东方"的概念直接来源于太阳升起,并且在纳西东巴文中"太阳出"（图 17）与东巴文"东方"的读音相同,但形状不同。太阳在一定方向升起,那么太阳即在相反方向落下,这是原始民族的朴素认知。纳西族东巴文"西方"如图16所示,"西方也,日没于西方"[29],同样在纳西东巴文中"太阳没"（图17）与东巴文"西方"同音、异形。

图 16　纳西族东巴文的"东方"和"西方"

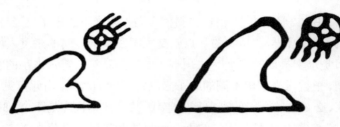

图 17　纳西族东巴文中"太阳出"和"太阳没"

　　水文中的"东""西"如图 18 所示。水文普遍存在于《水书》当中，而《水书》的一个主要用途是选择安葬的方位、房屋的走向等，因此方位同空间概念一样，对于水族人民都是极其重要的内容。水族口语没有表示"南北"的概念，"东西"的概念是以太阳出没的方式来表示的[30]。

图 18　《水书》水文中的"东"和"西"

　　（2）关于"南""北"

　　人类社会早期，大概首先只是粗浅地认识东、西两个空间方位。这是因为有太阳出没作为标识。关于南、北两个空间方位观念，由于没有太阳那样突出的事物作为标识，它的产生也就不如东、西容易。大概正是因为这个缘故，直到现在，在云南很多少数民族的方位称谓中，仍然没有"南方""北方"两个概念。笔者在对纳西族《东巴经》和《水书》进行梳理时发现，两个民族的原始象形文字中都有"南""北"的概念，并且都有确定南北方位的方法。

　　纳西族先民在有了"东""西"概念后，接着形成"南""北"概念[31]。东巴象形文字中的"南""北"如图 19 所示，"北方，北方也，从水省，滇藏高原江河自北而南，上游为北，下游为南，故析水字上半为水字，下半为南字"[32]，"南方，南方也，从水省"[33]。纳西族世居滇藏高原，往北为康藏高原，往南为昆明，整个地势呈北高南低，其间有江河流通。依山傍水是古代先民的居住特点之一，对水资源的利用影响着其生产生活方式。在东巴文中，"水"字如图 20 所示，圆形部分表示水流源头的意思，另一端则为水流形状。古代纳西先民由此根据江河水流的实际形象，将"水"字一分为二，划分为发源、归流两个方向。其发源的方向为"水头"，定义为北方，归流的方向为"水尾"，定义为南方。

　　整体上看，水文中的"南""北"（图 21）与"东""西"相同，都是从汉字演绎而来的，为汉语相应词的借词，其中"北"字与中原民族的"北"字相似，而"南"字，下半部分疑似来自汉字章草或草书，而上半部分极似水文"位"字[34]。我们知道甲骨文的"北"字形似两人背靠背，因而北面是后边，是背后，代表黑暗和寒冷，甲骨文产生在古代中原，寒冷的西伯利亚大风和春天蒙古高原的沙暴都来自北方，人们为了保护自己就要背对着它们。因此，人们面朝南对着太阳，这种背北向南的传统在民居建筑，以及古代帝王上朝理政面向的位置均有体现。我国当代学者对甲骨文"南""北"二字评述，也有"南方受阳光，而北方则背阳光"[35]一说。

图 19　纳西族东巴文中的"南"和"北"

图20　纳西族东巴文中的"水"字

图 21　水族水文中的"南"和"北"

（3）关于"中"

　　图 22 表示纳西族和水族的"中"字。根据"上有天，下有地，中间有四方"这个形象的观念，纳西族东巴文将"中央"写作"天地之中也，从天地，从四方，矛声"[36]，将此字分解能更加形象地表述纳西族先民对于"中央"的原始观念，

上为天，下为地，中间树立一个矛，两侧四个圆圈即代表四方的含义，纳西先民认为自己住在天与地的中间。这也正是纳西族先民对所居住的自然环境，四面环山的直观写照。

水文中的"中"为水族自创字，由于水文多是来源于古代汉字的变形或异写[37]，所以，水族"中"字的四方开口形状疑似有旗帜的含义。在徐中舒《甲骨文字典》中引唐兰之说"![字形]象旗之斿，古文字凡垂直之线中间恒加一点，双钩写之因为![字形]形，省变为中形，![字形]本为氏族社会之徽帜，古时有大事，聚众于旷地先建中焉，群众望见中而趋赴，群众来自四方则建中之地位中央矣"[38]。由此，推类比较水族的"中"字，其四方的开口形状疑为旗帜，四方旗帜汇聚于中央，并且四周的距离相等，与古代汉民族认识中是四方臣服于本氏族的旗帜之下不同，水族的"中"字强调了氏族间的平等与统一。

图 22　纳西族东巴文的"中"和水族水文的"中"

关于"中"的空间概念建立，是民族先民对空间认识的一个突破。这是一个相当抽象的概念。民族先民对"中"的认知，或源于自然，或源于权利。纳西族东巴文关于"中"字的写法源于古代纳西先民对于自身所处自然环境的描述。水文"中"字源于其文化内涵，它表现为四周的距离相等，更倾向于自然的"中"。

二、从象形文字探析西南民族对历法的认识

（一）授时方式

1. 纪时

（1）纳西族的纪时方式

有关纳西族的纪时方式，在《象征的来历》[39]中记述了叶青村纳西族用十二生肖来替代一天的各个时间点，如表 1 所示。

表 1 叶青村纪时法对照表

十二生肖计时法	结合天象与作息的纪时法	24 小时纪时法
鼠时	昼夜衔接	23 点至次日 1 点
牛时	鸡鸣之前	3～4 点之前
虎时	鸡鸣	3～4 点
兔时	见白	5 点左右
龙时	山梁泛黄	6 点左右
蛇时	太阳照村落	8～9 点
马时	日中	12 点
羊时	太阳西走	14 点左右
猴时	太阳坐山梁	16～17 点
鸡时	黑蒙蒙	18～19 点
狗时	夜幕降临时	20 点左右
猪时	吃晚饭时	21～22 点

值得注意的是，纳西族计算一天的起点是从昼夜衔接开始的，如果与汉族的十二属相相对应，即是从鼠时（子时）开始的。

（2）水族的纪时方式

在水族古水历中，水族先民用十二地支的方法来计算时辰，其时辰划分方式与叶青村纳西族划分方式相同。笔者在田野考察中发现，水族村寨中的水书先生仍然采用地支（生肖）纪时的方法进行卜算。图 23 为贵州省三都县怎雷水寨中水书先生用来卜算病因的《水书》，方法则是依据具体内圈中所示的方位和时间从而推断外圈中的具体病因。像纳西族和水族这种把一天划分为十二时段，并用十二属相纪时的方式，与古代汉族的传统纪时方式极为相似。

图 23 卜算病因的《水书》

2. 纪日

（1）纳西族的纪日方式

古代先民通过长时间的观测注意到了二十八星宿的每日的交替变化。纳西族就曾有过二十八宿纪日的方法，这种方法通过某一日对夜空的观察，对照二十八星宿，然后再依据二十八星宿的顺序，推测下一日，以此为循环，遇到单月没有三十日也是要跳过一个星名不用。纳西族对二十八宿的星名称谓各有不同，《云南省志》中提到的二十八宿星名依次为：六星角星、六星身星、红眼星、三星角星、三星身星、水头星、水尾星、野鸡星、鹰星、猪嘴星、猪腰星、猪油星、织女嘴星、织女角星、织女耳星、织女眼星、织女脖星、织女身星、织女肚星、织女阴星、织女脚星、豪猪星、马星、蛙嘴星、蛙肢星、蛙尾星、尾尖星、时尾星[40]。这种纪日方式如表2所示。

表2　二十八宿纪日法对照表（略）

	日序	1	2	3	4	5	6	7	8	9	10	11	12	13	14	15
一月	宿名	织女脚	豪猪	马	蛙嘴	蛙肢	蛙尾	尾尖	时尾	六星角	六星身	红眼	三星角	三星身	水头	水尾
	日序	16	17	18	19	20	21	22	23	24	25	26	27	28	29	
	宿名	野鸡	鹰	猪嘴	猪腰	猪油	织女嘴	织女角	织女耳	织女眼	织女脖	织女身	织女肚	织女阴	织女脚	豪猪
二月	日序	1	2	3	4	5	6	7	8	9	10	11	12	13	14	15
	宿名	马	蛙嘴	蛙肢	蛙尾	尾尖	时尾	六星角	六星身	红眼	三星角	三星身	水头	水尾	野鸡	鹰
	日序	16	17	18	19	20	21	22	23	24	25	26	27	28	29	30
	宿名	猪嘴	猪腰	猪油	织女嘴	织女角	织女耳	织女眼	织女脖	织女身	织女肚	织女阴	织女脚	豪猪	马	蛙嘴

另外，纳西族还存在着十二生肖纪日法。关于十二生肖纪日的说法，在纳西族《东巴经》的《病因卜》中以十二属相纪日并配合空间方位的用于占病，不可否认这种以十二生肖纪日并配以被占卜人属相来寻找病因的方式，是一种迷信的结合，但是从中我们了解到古代纳西先民确实使用过十二属相的纪日方式。

（2）水族的纪日方式

水族古水历是"无闰水历"，采用十二地支的方法纪日，并且在日常生活中把十二生肖与十二地支等同看待，所以纪日方式即有"鸡日""狗日""猪日"等之称，也有时记以"酉日""戌日""亥日"。像这种"无闰水历"的纪日方式是以每月三十天，依照地支顺序依次排列的。

在新水历中，水族先民同样曾用过二十八宿纪日的方法，即以水历的二十八宿，一宿代表一日，二十八宿代表二十八日，水历二十八宿是：蛇、蚯蚓、蛟、龙、貉、兔、日、虎、豹、蟹、牛、女人（蝙蝠）、鼠、燕、猪、鱼、螺、狗、雉、鸡、乌鸦、猴、獭、鹅、鬼或羊、蜂、马、蜘蛛，分别对应汉历二十八宿：翼、轸、角、亢、氐、房、心、尾、箕、斗、牛、女、虚、危、室、壁、奎、娄、胃、昴、毕、觜、参、井、鬼、柳、星、张。

水族的历法可能原本就是以秋分为岁首，故水族二十八宿从秋分时昏见南方的蛇宿开始算起，秋分时蛇星见，立春时女人星见，夏至时猴星见。其共注明了四个季节方位，三个在分至点，仅一个在立春点。

3. 纪月

（1）纳西族纪月方式

有关纳西族先民在纪月方式上是否采用生肖纪月的方法，在纳西族古籍经书中并没有体现，但在方国瑜所著的《纳西象形文字谱》中可以看到，一月如图24所示，又被称为虎月，二月如图25所示，又被称为兔月……。由此可见，基于十二属相应用于纪月是确有其事的，但是在漫长的历史发展中，用十二属相纪月的方法逐渐被数序纪月所代替。

图24　纳西族东巴文的"正月"

图 25　纳西族东巴文的"二月"

纳西族的十二生肖的排列顺序和月序对应关系，如表 3 所示。

表 3　纳西族十二生肖与纪月排序对应关系表

地支	虎	兔	龙	蛇	马	羊	猴	鸡	狗	猪	鼠	牛
月份	正	二	三	四	五	六	七	八	九	十	十一	十二

（2）水族纪月方式

古水历是一种"无闰水历"，月建三十天；新水历开始有大小月之分，月建方式为大月三十天，小月二十九天。尽管古水历和新水历在月建天数上存在差异，但是在纪月方式上，水族先民均是采用地支纪月的方式。水历的地支排列和月序对应如表 4 所示。

表 4　水族十二地支与纪月排序对应关系表

地支	戌	亥	子	丑	寅	卯	辰	巳	午	未	申	酉
月份	正	二	三	四	五	六	七	八	九	十	十一	十二

4. 纪年

（1）纳西族的纪年方式

古代纳西族人民最初有过以某种树木发叶开花结果的一个周期纪作一年的情况[41]。纳西族《东巴经》的《懂述战争》说："在米利达吉海中，长着一棵树……开着金花和银花，结着珍珠一样的果子，生着象绫罗绸缎一样的叶子……树叶有十二叶，枝有十二枝，就有了阴阳十二月……一树枝有十二枝，就有了岁……"[42]

图 26 是东巴文关于时间"年"的书写，其中纳西东巴象形文字中的"年"字，"年也。即鼠字，鼠为十二生肖之首，故用为年字"[43]，由此可见，纳西族用年计时是采用了十二生肖作为计时单位。在《东巴经》中，纳西先民以十二生肖记年代，纳西族《东巴经》的《十二生肖来历》里记载着这样的故事：原来这十二

种动物相互争执，都想当岁首，于是人类远古始祖"里布本马"便让它们横渡美令思吉河，谁过得快谁就为岁首[44]。无论是以树木开花结果还是以十二生肖计年，纳西先民关于"年"的时间概念仍然处于物候计时阶段，仍属于原始的日常时间观念，即通过记忆组织而形成的对时间的看法。

图26 纳西族东巴文的"年"

纳西族的布托纪年法与汉族的干支纪年法类似。在这里首先要提到的是东巴文化中独特的并具有深远影响的阴阳五行。纳西族的五行指木、火、土、铁、水，其对应方位为东、南、中、西、北。其具体体现在一张称为"巴格"的图中，如图27所示。

图27 纳西族"巴格"图

在纳西族《东巴经》的《白蝙蝠取经记》中有这样的记载："婆娑萨美女佛派天的儿子巨都、巨夏、巨耶和巨珠四人去射杀黄金大蛙。当黄金大蛙将死未死的时刻，牠阿哇阿哇地说出了木、火、铁、水、土五个词，这就是五行的出处……蛙的毛走向东边，产生了木的方向，蛙的血走向南边，产生了火的方向。蛙的骨头走向西边，产生了铁的方向。蛙的膀胱走向北边，产生了水的方向。蛙的肉走向天和地的中间，产生了土的方向。"[45]由此上北（水），下南（火），左西（铁），右东（木），并自北按顺时针方向依次排列鼠、牛、虎、兔、龙、蛇、马、羊、猴、鸡、狗、猪十二个属相，其五行又各分阴阳形成十天干，如表5所示[46]。

表 5　纳西族"天干"对应关系表

方位	东巴象形文字	意译	对应汉语天干
东		"阳木""阴木"	甲乙
南		"阳火""阴火"	丙丁
中		"阳土""阴土"	戊己
西		"阳铁""阴铁"	庚辛
北		"阳水""阴水"	壬癸

　　纳西族这种将五行与阴阳相结合，并对应十二属的纪时方式称为"布托纪年"，如表 6 所示。

表 6　纳西族布托纪年法

鼠	牛	虎	兔	龙	蛇	马	羊	猴	鸡	狗	猪
1 阳 木鼠	2 阴 木牛	3 阳 火虎	4 阴 火兔	5 阳 土龙	6 阴 土蛇	7 阳 铁马	8 阴 铁羊	9 阳 水猴	10 阴 水鸡	11 阳 木狗	12 阴 木猪
13 阳 火鼠	14 阴 火牛	15 阳 土虎	16 阴 土兔	17 阳 铁龙	18 阴 铁蛇	19 阳 水马	20 阴 水羊	21 阳 木猴	22 阴 木鸡	23 阳 火狗	24 阴 火猪
25 阳 土鼠	26 阴 土牛	27 阳 铁虎	28 阴 铁兔	29 阳 水龙	30 阴 水蛇	31 阳 木马	32 阴 木羊	33 阳 火猴	34 阴 火鸡	35 阳 土狗	36 阴 土猪
37 阳 铁鼠	38 阴 铁牛	39 阳 水虎	40 阴 水兔	41 阳 木龙	42 阴 木蛇	43 阳 火马	44 阴 火羊	45 阳 土猴	46 阴 土鸡	47 阳 铁狗	48 阴 铁猪
49 阳 水鼠	50 阴 水牛	51 阳 木虎	52 阴 木兔	53 阳 火龙	54 阴 火蛇	55 阳 土马	56 阴 土羊	57 阳 铁猴	58 阴 铁鸡	59 阳 水狗	60 阴 水猪

　　（2）水族的纪年方式

　　水历起源于物候历，主要是以水稻种植周期来决定一年的始末及年节的安排，在水族水文中，"年"字写作如图 28 所示，字形为上中下结构，上下两部分"" 皆表示收割谷物的工具镰刀，其上部分 表示上年度开镰，下部分 表示本年度开镰，镰刀的不同方向表示两个不同的年度，中间一竖表示两个年度收割期之间的时段，即是稻谷生长周期，在竖之间的一小横为不同季节的分界点[47]。水文中"年"，参照了水稻的生长周期，将一年分为 12 个月，以端月开始，第十二月截止。水族是古老的农耕民族，水族每年稻谷收割的季节即为这一年的开端，又称为"端节"。水文中的"年"字反映了水族先民对时间的思考，主要依据于物候，这是典型的物候授时观念。水族《春季歌》有"六夺公放白鹤来……划成季节……一年两季，六月春，又六月冬"，"看白鹤，明年秋熟"之说。这不仅说明水历的总结提高与全民族的文化创始人、全民族保护神公六夺有关，而且说明水历的起源与动物（白鹤、鹿、蚂蟥）及植物（禾稻、小麦）有关。水族民歌《等啊等》有"我等啊等，破土的茅草又登篷……桐子开花果实……遍野映山红凋谢……嫩笋成竹又生笋"之说，都是物候在民歌中的反映。

图 28　水族水文的"年"

　　古水历原本是一年有 360 日，大小月相间，大月 30 日，小月 29 日。置闰与农历同法。有关天干地支与六十甲子文字，在《水书》中是非常丰富的。水族社会及水书先生运用天干地支和六十甲子纪年如表 7 所示。

表 7　干支甲子纪年法

子	丑	寅	卯	辰	巳	午	未	申	酉	戌	亥
1.甲子	2.乙丑	3.丙寅	4.丁卯	5.戊辰	6.己巳	7.庚午	8.辛未	9.壬申	10.癸酉	11.甲戌	12.乙亥
13.丙子	14.丁丑	15.戊寅	16.己卯	17.庚辰	18.辛巳	19.壬午	20.癸未	21.甲申	22.乙酉	23.丙戌	24.丁亥
25.戊子	26.己丑	27.庚寅	28.辛卯	29.壬辰	30.癸巳	31.甲午	32.乙未	33.丙申	34.丁酉	35.戊戌	36.己亥
37.庚子	38.辛丑	39.壬寅	40.癸卯	41.甲辰	42.乙巳	43.丙午	44.丁未	45.戊申	46.己酉	47.庚戌	48.辛亥
49.壬子	50.癸丑	51.甲寅	52.乙卯	53.丙辰	54.丁巳	55.戊午	56.己未	57.庚申	58.辛酉	59.壬戌	60.癸亥

　　水族关于甲子（天干、地支）的使用，可能是受汉族文化的影响。[48]从字形上比较来看，水字与古代汉族文字是十分相似的，如表 8 和表 9 所示。

表 8　天干文字比较表

	甲	乙	丙	丁	戊	己	庚	辛	壬	癸
甲骨文	十	乙	丙	口	戌	己	庚	辛	工	癸
水字	甲	乙	丙	丁	戊	己	庚	辛	壬	癸

资料来源：甲骨文引自《中国古文字学通论》[49]，水字引自《水书常用字典》[50]

表9 地支文字比较表

	子	丑	寅	卯	辰	巳	午	未	申	酉	戌	亥
甲骨文												
水字												

从以上两个关于天干地支，水族水字和古代汉族甲骨文的对比来看，尽管在有些文字上，其构字方式略有不同，但整体上大体相似。但是，如果仅从文字构成方式的相同就断言水族的天干地支源于古代汉族似乎还不够准确，要看其文化内核是否与古华夏文化圈文明有渊源，更准确的是要参考这种文化内核在当时观念背景下所起的作用是否相同。

为此，对比《水书》文字和古代汉族文字有关天干地支的符号意义及其文字功能显得尤为重要。

第一，从所属方位上看。古人将方位分为四方，即东南西北；稍细则分为八方，即东、东南、南、西南、西、西北、北、东北；八方中的每一方又有三个方位，共计二十四个方位。在古代的二十四方位图[51]中（图29），左为东，右为西，上为南，下为北。这与《水书》的时空图[52]中（图30）第二个圈内的方位及其所标示的文字一致。

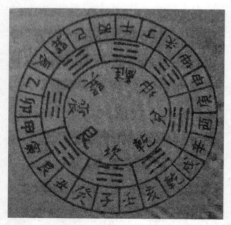

图29 古代二十四方位图

图30 《水书》中的时空图

第二，从所属时节上看。根据古代汉民族《史记·律书》和《说文解字》中对天干地支字的解释与水族《水书》中有关天干地支字在水历中所应用的含义相对比，可以发现两者在时节使用功能上也是一致的。例如，地支"卯"，《说文》记载："冒也。二月，万物冒地而出。象牙门之形，故二月为天门。"在《水书》中，卯亦为正春之季，水族有过"卯节"的习俗，虽在夏季，但去取"冒""茂"之意。《水书》对卯节的解释为"绿色生命最旺盛的季节"[53]。水文字的"卯"与甲骨文、金文最接近。卯，在《水书》中也有开启之意。又如，戌，《说文》记载："灭也。九月，阳气微，万物毕成。阳下入地也。五行土生于戌，盛于戌。"水历建戌，戌是水族的正月，是一年的开端。正月第一个亥日，水族过年端节。这是水族最隆重的祭祖节。《说文》中有"年，谷熟也"。这与"万物毕成"相对应，这是对"年"字最权威的诠释，也是对水族"年"字最好的诠释。

三、原始天象历法认识的比较分析

（一）纳西族和水族有关天象认识的比较分析

1. 宇宙模型和天体认识的比较分析

宇宙的组成是对天象认识的开始，是有关宇宙模型和宇宙间天体的认识。比较纳西族和水族有关宇宙模型的思考，并总结归纳为表10。

表 10　纳西族和水族宇宙模型认识对照表

分类		宇宙起源	宇宙结构
"盖天说"	纳西族	阴阳型 （混沌—东神、色神—天地万物）	神在四方立柱处与居那若罗山共支撑天地
	水族	创造型 （混沌—伢俣—掰开天地）	伢俣造高柱支撑天地

通过以上对比可以了解到，纳西族先民对宇宙起源的认识总结为了五个变化阶段：混沌、虚空—创世神创世—阴阳物成对—阴阳结合—天地形成。这种宇宙起源认识具有阴阳和合创生的理念，是一种阴阳型的宇宙起源方式。这种阴阳型的宇宙起源方式着重强调了从对立到统一的进化方式，将宏观意识中大的事物总结为由细小微粒的接触和演化。这与现代大爆炸宇宙理论相似，大爆炸宇宙论的中心命题是：大约200亿年前，可观测宇宙中任意两点曾经贴得任意紧，这个时

刻的物质密度为无限大。[54]数学家们称这个时刻为"奇点"，而宇宙学家们则称之为"大爆炸"。现在宇宙中的一切都是由这个物质密度无穷大的奇点爆炸而产生的。

有关纳西族传世纪宇宙起源是以如下方式叙述的，"很古的时候，天地混沌未分，东神、色神在布置万物，人类还没有诞生。石头在爆炸，树木在走动，混沌未分的天地，摇晃又震荡。天地还未分开，先有了天和地的影子；日月星辰还未出现，先有了日月星辰的影子；山谷水渠还未形成，先有了山谷水渠的影子"。

将其与大爆炸宇宙理论相对比，并以时间节点——宇宙时标来表现大爆炸进程的话，那么大爆炸宇宙论共经历五个阶段。第一阶段是奇点时代，宇宙时标为0，事件：宇宙混沌或有序。第二阶段是奇点时代，宇宙时标为0，事件：奇点大爆炸。第三阶段是轻子时期，宇宙时标为1秒，事件：电子——正电子对湮灭。第四阶段是辐射时期，宇宙时标为1分，事件：氢和氘的核合成。第五阶段是解耦时期，宇宙时标为154亿年，事件：行星形成。尽管这样相比较还很不精确，但从中可见原始纳西族先民的宇宙观念蕴藏着一些大爆炸宇宙模型理论的雏形。

与纳西族认识宇宙起源的方式不同，水族先民认为从混沌之初到天地形成是由单一神创造完成的，因此又将这种宇宙起源方式总结为创造型。在创造型宇宙起源认识中，水族先民将宇宙的起源总结为了四个变化阶段：混沌、虚空—创世神创世—掰开天地—创世神造物。像水族先民这种神创宇宙的原始认识，首先是相信宇宙万物有起源和发展的变化；其次是认为宇宙的演变方式经历了从"混沌"到单一神"开天辟地"，再到宇宙万物逐渐发展变化这一模式；另外，这种单一神创宇宙的起源方式，具有单方面的不可逆性。

水族先民有关宇宙的认识与"浑天说"有着相似之处，在"浑天说"中，原始先民把天想象成是包着大地的圆球，天在外，地在内，天地都是载水而浮。典型形式来源于张衡的《浑天仪注》："浑天如鸡子，天体圆如弹丸，地如鸡中黄，孤居于内，天大而地小。天表里有水，天之包地犹壳之裹黄。天地各乘气而立，载水而浮。"又如虞耸的《穹天论》所说的："周接四海之表，浮于元气之上。譬如覆奁以抑水，而不没者，气充其中故也。"

而在水族先民所认识的宇宙起源之处时模样具有以下两个特点：第一，天地形成之初，宇宙间充满着云、雾露和水，"天涯水边，紧紧相连"，天地形成之后就存在于这种固态或液态的物质世界之中；第二，"伢俣放风吹，风吹清浊，清气上浮巴天"，天浮于气和地载于水是"浑天说"的显著特征。

纳西族和水族先民在对宇宙结构的认识中，均认为天地的稳定结构是有立柱支撑才保证了天地的稳定共存。例如，纳西族先民认为神在四方立柱处与居那若罗山共支撑天地，水族先民认为是神创造了支撑天地的支柱。像这样的认识宇宙结构的方式，与古汉人《晋书·天文志》"天圆如张盖，地方如棋局"，"天象盖笠，地法覆盘"的"盖天说"相似，均属于我国古代"盖天说"的范畴。原始先民在观察和认识宇宙结构时，多数是以自我为中心，以直观感知为基础来认识、想象和构造的。"盖天说"就是这种认识的直接结果，"盖天说"理论认为天似穹顶，地如棋盘。在我国少数民族先民中有关"盖天说"的神话内容有以下两个特点，第一，这些神话和"盖天说"一样表明天有多重，并且是由固体型的物质构成的；第二，从天地的结构来看，具有天圆地方、四级撑柱之特点[55]。

从以上分析可见，纳西族和水族在神话或者文字中对宇宙模型的设想也许略有不同，但其都无外乎包含以下几点共同的联系。第一，它们都是朴素性、直观性的，这也是原始思维的一大特点。第二，无论是"盖天说""浑天说"还是大爆炸宇宙模型理论雏形的观念，这些有关宇宙结构的思想都是以地球为中心去看待宇宙的。第三，"盖天说""浑天说"及大爆炸宇宙模型理论雏形与现代宇宙学中研究的闭宇宙和开宇宙有相似之处。尽管这样比较还很不精确，但是原始先民们神话式的宇宙论可能已经无限度地接近过真实。虽然生产力的落后、僵化和教条，加之原始生活的分散及闭塞，使它们还是不可避免地停滞了下来，但是这些原始的宇宙观念无疑对宇宙学的发展起了重要作用。

2. 时间和空间概念的比较分析

原始先民对宇宙天体的观测是其时间和空间概念形成的基础，宇宙天体中最主要的几个部分便是对日、月、星的认识。比较纳西族和水族有关天体的认识可以发现以下几个特点：第一，对天体形状的认识是其观察中共有的特点。纳西族东巴文和水族水文中有关"月"字的写法都是从"月有盈缺"这个特点出发的，另外在对宇宙星体的认识中，纳西族有关星体的认识都来源于常见星体的简单叙述，当然有关彗星的概念也体现了古代纳西族先民认识的起步。第二，原始先民观察天体均按照天体出现时间点来划分，对其是否属于同一星体认识不足。宇宙空间天体分布众多，如何在相同的空间中确定不同的天体，原始先民所认识往往重点结合其所处的具体观测时间段。例如，纳西族对于金星的认识，由于其出现于不同的时间点，而误认为是两颗星体。第三，有关日月的概念，除了包含其固有的特征以外，还含有原始先民的自然崇拜思想。纳西族先民关注太阳发出光芒、产生热量，并认为太阳的热量是"地汽"产生的来源，另外，太阳和月亮因为有光照所以带来"白"，象征着善和吉祥，这与倒写月亮为夜，突出其无光"黑"的特点形成鲜明对比。与此相同，水族关于太阳的原始崇拜在铜鼓中也有所体现。

利用太阳的升落来确定每天的具体安排，并不能满足日益变化的更为精细的生产生活需要。但是，通过观测太阳运行规律来确定具体时间，是原始时间认识形成的基础。尽管在早、中、晚三个时段的划分上，水族没有具体的文字加以体现。但纳西族和水族有关"今日"和"明日"的概念均是依据太阳升起降落的一个周期加以表述的。有所区分的是，在纳西族有关"今日"和"明日"是依托于具体观测时太阳下降的位置，因而在文字构成方式上注重山体和树的直观概念；而水族在表述"今日"和"明日"的时候都强调了太阳的概念，例如，"今日"象征着太阳从升起到降落的过程，而"明日"的概念更加直观，将两个象征太阳的事物相隔开，取隔日之意。

有关纳西族和水族先民测时方式，在东巴文和水文"时"字的书写构成上有所体现。总体来看，这种利用太阳变化立竿见影，通过观察影长的长度变化确定时间的方法与圭表的原理结构极其相似。

圭表主要是测定一周年的时间、冬至和夏至的日期，以及所在地点的正南和正北[56]。由于我国地处北半球，所以在一年中的夏至这一天太阳直射北回归线，冬至时太阳直射南回归线，用以一定长度的木杆直立，可以发现冬至时影子最长，夏至时影子最短，而后以此为规律，从第一年影子最长的那天到次年影子最长的那一天，即为一周年。倘若以一天来看，一天当中影子最短的时刻指向为正北，它的反方向为正南。

纳西族和水族先民空间认识方式特征统计如表11所示。

表11　纳西族和水族空间方位认识特征对照表

	东	西	南	北	中
纳西族	太阳升的方向	太阳落的方向	水归流的方向	水源头的方向	天地之中
水族	太阳升的方向	太阳落的方向	温暖气候的方向	寒冷气候的方向	四周等距离

通过对比分析可以得出以下几点结论。

第一，以太阳的升落位置判断"东""西"方向是纳西族和水族先民共同的认识。这种以太阳升起和降落的方向规定地理位置的方法，不仅是纳西族和水族，而且直到现在，在一些民族的原始信仰中，"东""西"这两个空间方位仍和太阳的出没相联系，并且具有特殊的意义。例如，布朗族在埋葬死人时一定要将头埋向太阳落方、足埋向太阳升方。[57]独龙族则一律将死人面埋向太阳升方，背埋向太阳落方。[58]按照佤族的风俗，人死时，家人要向太阳下落的方向鸣枪报丧，葬地要选择在住房门外的太阳落方。[59]这些大概是因为太阳出没方向首先给人以强烈的感觉。及至人们认识到万物的生存依赖于太阳以后，一方面产生了对太阳的崇拜，同时又把人之生死和太阳的出没联系起来。世界上很多民族都以太阳升落现象及其运行方向作为标识东西空间方位的标志，这种一致性肯定不是一种偶然的巧合。这是因为，在变化发展着的客观自然界中，除了太阳之外，人们很难找到一个更能符合人的强烈感受，同时又能作为确定东、西方位的特殊标志。空间观念的客观性、空间观念是对客观物质世界的一种反映，这个看来十分抽象的道理，在这里却非常形象地表示出来了。

第二，纳西族"南""北"地理方向的确定，来源于其居住环境中水流向方向的认识。在历史上，纳西族曾不断迁徙，四处游牧，同时要为自己的生存不断进行着部落和民族间的斗争。他们选择以水的流向判定方位，是对自己居住地的既定认识，同时借助河水流动的相对稳定性特征，进而确定南北位置关系。水族"南""北"地理方向的判断依据气候的特征，在水文"南""北"字的书写上，它是甲骨文"南""北"的反写或倒写。其方向认知与古代汉民族类似，这与水族族源产生于古代中原密不可分，并且我国地处北半球，在平原环境中由北向南温度愈来愈高，并且在中原地区这种对气候温度的感知更加的具体丰富，所以水族先民认识"南""北"方向既与感受气候温度变化的认识相关，又与生存环境紧密相连。像纳西族和水族先民这种规定南方方向的方法和部分彝族"把河流、山脉走向当作路标和判断方向的价值很高的标记，并把北方称为'水之头'一样"[60]，也正和美洲易罗奎人以"寒冷之方"为"北方"，"太阳高照之方"为"南方"相类似[61]，其南北观念的产生都直接来源于客观事物和生活实践。

第三，关于"中"方向的建立，在表述上纳西族认为中的含义是处于天地之中，其所生存居住的位置即为中心。水族先民则认为四周等距即为中心。尽管在表述上略有差异，但是纳西族和水族先民有关"中"的概念均来自各自的民族文化，将"中"的概念抽象化，弱化了地理方位的意义，强调了文化的内涵。

（二）纳西族和水族有关历法认识的比较分析

历法就是按照一定的法则推算年月日时的时间系统。纳西族和水族有关纪时、纪日、纪月、纪年的授时方式统计如表 12 所示。

表 12　纳西族和水族授时方式统计表

	纪时	纪日	纪月	纪年
纳西族	十二生肖纪时	二十八宿纪日	十二生肖纪月	物候纪年 十二生肖纪年 布托（干支）纪年
水族	十二地支纪时	十二地支（生肖）纪日 二十八宿纪日	十二地支纪月	物候纪年 干支纪年

通过表 12 所示，纳西族和水族的授时方式主要有以下四种：物候授时方式、十二生肖（地支）授时方式、二十八宿授时方式、干支授时方式。

纳西族和水族有关纪年的方式中，都存在着物候授时，但是这种物候授时的方式还不能称为历法，因为这种依据稻作生长周期，树木发芽抽叶开花周期的方式，是一种粗略的授时方法，它不能精确地表述这种时间概念存在的长度，仅仅是凭借观测和生产中所总结出的经验形成的。

相比之下，十二生肖（地支）的授时方式就更显得稳定，在纳西族和水族都存在着十二生肖（地支）的授时方式，尽管纳西族没有地支的概念，但是其十二生肖的组成及排序都与水族的相同。利用这种授时方式的最大特点，即是将固定的排列顺序循环用于时间记录中，具有极其稳定的特征。

纳西族和水族用十二生肖（地支）的方式规定一天中的十二个时辰，这与古代汉族的传统做法相同。纳西历和水历纪月方式（月建）与我国古代的夏历、殷历、周历、秦历相对应比较如表 13 所示。

表 13　纳西族、水族与我国古代夏历、殷历、周历、秦历对应关系表

月建	子	丑	寅	卯	辰	巳	午	未	申	酉	戌	亥
纳西历	十一	十二	正	二	三	四	五	六	七	八	九	十
水历	三	四	五	六	七	八	九	十	十一	十二	正	二
夏历	十一	十二	正	二	三	四	五	六	七	八	九	十
殷历	十二	正	二	三	四	五	六	七	八	九	十	十一
周历 （皇帝历）	正	二	三	四	五	六	七	八	九	十	十一	十二
秦历 （颛顼历）	二	三	四	五	六	七	八	九	十	十一	十二	正

从表 13 中可以发现，纳西历和夏历均是正月建寅。若以夏历正月建寅作为基准，则水历与汉民族四种历法月建排列是：水历建戌，秦历建亥，周历建子，殷历建丑，夏历建寅。水历与秦、周、殷、夏历的正月起点正好形成梯级递进关系。

古有"三正"之说，即夏、殷、周三种历法正月起点不同。古人相信天人合一，封建王朝极重视历法"改正朔"，而"易服色"，以示"受命于天"来维护"真命天子"的统治。其实"三正"是春秋战国时期不同地域的历日制度，不应看作是三个王朝改变正朔的故事[62]。《民间实用天文历法通书》指出："'三正'实质上是春秋时代夏商周三个民族地区的历法，而不是三个王朝的历法。"由此，表13 中的秦历、周历、殷历、夏历和纳西历、水历一样，均可视为"不同领域"，"民族地区的历法"。

原始先民创立二十八宿是为了推算或观测天体方位，首先出自推算月亮在恒星间方位的需要。由于恒星月的周期为 27.32 日，月亮运行一周有时为 27 天，有时为 28 天，故有二十七宿和二十八宿的差别。比较纳西族和水族有关纪日的方式，都出现了二十八宿的纪日方式。纳西族二十八宿的纪日方式基于其月建特征，即小月 29 天和大月 30 天，二十八宿以此排列，与水族不同的是，纳西族在二十八宿纪日时是以 30 日为周期的顺序排列，二十八宿分别对应每一日，30 日这天空缺，但星宿记录顺延。这种二十八宿的纪日方法从其排列和纪日方式上看，它的全年值为 354 天，通常讲一个朔望月的准确平均值确定为 29.53 天，这样全年为354.36 日。而纳西族在没有先进仪器的情况下，凭靠直接观察和推算的结果，全年也仅有 0.36 日的误差。可以看出，纳西族劳动人民在长期的生产和生活实践中，在天文学方面积累了丰富的经验。

二十八宿的纪日方法在一定程度上保证了纪日方式的稳定可靠性，然而其无法适用于日常生活，还存在着一定的局限性。以纳西族二十八宿纪日方式为例，主要有以下三点原因。第一，必须有东巴经师。纳西二十八宿纪日的方法多载于东巴经师用于占卜的经文当中，是通过对天象的直观观测总结得出的，东巴经师的日常工作即是能认识、读出并推算象形文字记录的二十八宿名称及其运算规律。第二，必须有懂得观测星象之人。能观天象以推时日，并能用纳西语读出天上的星宿名称。这个特长是一般东巴经师很难具备的。第三，受环境影响观测结果明显。星宿纪时方法十分依赖于气候以及所处的地理位置，这些都会在不同程度上对所观测的结果产生影响，当阴雨天气时，很难或所观察到的星宿不完全，而在纳西族聚居的山区高原，周边的群山很容易影响观测者的视野。因而，二十八宿纪时方法需具备这三种条件才能作出记录并推算结果。

纳西族和水族均存在着以六十为一轮回的周期纪年方式。将十天干和十二地支顺序相配，正好六十为一周，周而往复，这就是干支纪年。十天干、十二地支与六十甲子的创设，是对天文现象、天文历法和天文周期的把握与概括。干支理论具有深刻的天文学基础，它取义于树木之干和枝，称为干支学说。

十天干，古称"十日"。古人所说的"十日"，实际指太阳系中除了地球和月球之外的十大星球；"十天干"就是这十星球的别名或俗称，而后被用以纪日。[63]以此是：甲、乙、丙、丁、戊、己、庚、辛、壬、癸。十二地支，古时称为辰。《左传·昭公七年》云："日月之会是谓辰。"即太阳与月亮相会时间点，太阳和月亮一年中共相会十二次，于是就有"十二辰"。古人将子、丑、寅、卯、辰、巳、午、未、申、酉、戌、亥依次命名，与黄道十二次相对应。

用十天干与十二地支相对应依次排列，从"甲子、乙丑、丙寅、丁卯……"直至"……壬戌、癸亥"，到第六十组方能重合，称为"六十甲子"六十年是一周期。

纳西族和水族干支纪年方式尽管在表述上存在差异，但是其认识方式是一样的。纳西族将阴阳与五行相结合组成十天干，十二生肖即是其地支的概念，所组成的"天干"和"地支"的对应方式也是完全相同的。水族的"天干""地支"无论是在字形结构还是功能特征上，均与汉族的天干地支相对应。根据其形成特征，可以推断纳西族和水族干支纪年方式是民族间相互交流的产物。

（三）原始天象历法的共性认识及其差异性影响因素

1. 原始天象历法的共性认识

纳西族东巴文和水族《水书》文字，产生年代较为久远，是西南地区具有地方民族代表性的象形文字。无论从字形结构还是释义及功能方面，二者已经从图画文字中脱离开来，并各自形成体系，用以记录本民族的天象历法。文字是原始先民感知世界的载体，通过文字及其记述的传说、卜算、经书中可以找到原始先民对于天象历法观念的认识。尽管不同民族对于天象观察方式不同，历法系统也略有差异，但是通过以上对比纳西族和水族的天象历法观念来看，其中仍然具备共性的认识。

第一，原始先民有关天象和历法观念的认识，来源于对感知事物的理解，是直观感知向类比思维方式的过渡。原始先民思维逻辑的本质特征就是凭借建立在感受同一性基础上的直感确认和直感相关，整合思维内容，以表达某种认识，因而可名之为直感逻辑。所谓直感，可以简单理解为对源于内而基于外的直接感受，它是一种心理的事实而非逻辑的事实。可以说,人类思维的"原始逻辑"就是直感逻辑。从今日的观点看,它不是逻辑,但它滋生、创造着今日的逻辑。纳西族和水族对天象观测的开始都源自于对其日常生活所处的自然环境的认识,首先对最为原始直观形象的天体——太阳和月亮,进行观测记录,并根据其所在的不同空间方位结合当时所在时间段来确定一天中的日常生产生活时间,这样有了"曙光""午""太阳出""太阳没""傍晚""夜晚"等时间字词,由此开始掌握确定了天体的运动规律和变化周期,从事物的运动中去感觉,然后归纳、总结出相应的特点,"日光至此"和"月光至此"便是纳西族先民天体运行概念的原始认知的开始。而后,总结出计时单位"年""月""日""时"推导出"东""西"方位并开始产生了"立竿见影"的测时技术。这些包括时间和空间以及宇宙在内的观念方法基本满足了当时物质生产生活的需要。

然而,这些通过观察具体形象的事物所产生出的观念逻辑还是很有限的,仍然有很多人们无法利用现有的经验解释和理解的观念,而这些观念多是具有人们情感认知方面抽象的、理想的、为满足原始先民精神生活的概念。为此,从客观现实的角度出发,原始先民利用现实生活中可以凭借直观观察、感性经验认识的事物来解释抽象理想状态下的神秘未知事实的存在。列维·布留尔在《原始思维》中说:"原始人是生活在和行动在这样一些存在物和客体中间,它们除了具有我们也承认的那些属性外,还拥有神秘的能力。他感知它们的客观实在时还在这种实在中掺和着另外的什么实在。原始人感到自己是被无穷尽的、几乎永远看不见而且永远可怕的无形存在物包围着……"[64] 在对宇宙模型的认识上,纳西族先民"盖天说"的宇宙观念中,天圆地方宇宙的形成有着神的参与,天地是由四方支柱所分开,从而变得安稳的。水族先民的混沌宇宙学说中同样有女神巨人伢俣的参与。同样,纳西族东巴象形文字在记述日月运行、光线移动和强弱方面,纳西族先民将其解释为"日光有脚""月光有脚""脚弯而无力"。这些都是以"已知事物或现象的特征来说明未知事物或现象的特征,从小的、近的、日常的经验事实出发解释大的、远的、神秘的非经验事实"[65]。

第二,"物候授时"逐渐向"观象授时"过渡。原始先民日出而作、日落而息,在原始的生产生活中,他们对时间的认识最早来自具有周期变化规律的物候现象,如树叶的萌发枯落、花朵的盛开凋谢、鸟兽的孳生蛰伏等,这都是典型的"物候授时"。

"物候授时"是人类认识时间观念的基础,人类认识的初级阶段是与自然联系最直接、最紧密的现象,这些自然现象的变化周期来源于天体的运行。并且物候现象很容易被观测，仅仅凭借经验的认知，不需要借助任何仪器，另外，丰富的自然环境为物候授时提供了多种多样的标准。但是这种授时方式只适用于小范围地区，并受自然极端天气变化的影响极大，随着人们生产力的不断提高、居住环境的扩大，势必需要相对稳定、准确的授时方式。传统"物候授时"思维模式的实质是，通过观察天体运行规律所表现出的物候变化测定时间，随着社会发展，人类对时间序列的认识已不再需要间接过程的辅助，而直接来源于天体[66]。

由此开始出现了以太阳升落划分方位，以日影变化确定时辰，以观察太阳周期年视运动规律拟定季节，以星宿变化规律推算时日，以特定历法符号"干支"记述年月日的"观象定量历法系统"，即"观象授时"。将上文讨论的有关纳西族历法和水族历法的内容，以"物候授时"和"观象授时"区分统计，如表 14 所示。

表 14　纳西族、水族有关"物候授时"和"观象授时"统计表

	物候授时	观象授时
纳西族	1）以树木发叶开花结果的一周期纪作一年； 2）以候鸟和自然现象定季节，春季：布谷鸟和风；夏季：野鸭和雨；秋季：大雁和花；冬季：白鹤和雪	1）1 年=12 月，双月=30 天，单月=29 天； 2）以十二属相纪年、纪月、纪日、纪时，十二属相与汉族相同即鼠、牛、虎、兔、龙、蛇、马、羊、猴、鸡、狗、猪； 3）以二十八宿纪日，以星名为循环，遇单月没有 30 日也是要跳过 1 个星名不用，依次为：织女脚星、豪猪星、马星、蛙嘴星、蛙肢星、蛙尾星、尾尖星、时尾星、六星角星、六星身星、红眼星、三星角星、三星身星、水头星、水尾星、野鸡星、鹰星、猪嘴星、猪腰星、猪油星、织女嘴星、织女角星、织女耳星、织女眼星、织女脖星、织女身星、织女肚星、织女阴星； 4）以干支纪年：十天干：木、火、铁、水、土配上阴阳，即：阳木（甲）、阴木（乙）、阳火（丙）、阴火（丁）、阳铁（戊）、阴铁（己）、阳水（庚）、阴水（辛）、阳土（壬）、阴土（癸）；十二地支：鼠、牛、虎、兔、龙、蛇、马、羊、猴、鸡、狗、猪
水族	1）以水稻的种植周期来决定一年的始末； 2）把布谷鸟在一周期第一声鸣叫或白鹤首次南北往来作为冬、春两季的分界线	1）1 年=12 月，大小月相间，大月 30 日，小月 29 日，置闰与农历同法； 2）以十二属相纪年、纪月、纪日、纪时，十二属相与汉族相同即鼠、牛、虎、兔、龙、蛇、马、羊、猴、鸡、狗、猪； 3）二十八宿纪日，一宿代表一日，二十八宿代表 28 日，水历二十八宿是：蛇、蚯蚓、蛟、龙、貉、兔、日、虎、豹、蟹、牛、女人（蝙蝠）、鼠、燕、猪、鱼、螺、狗、雉、鸡、乌鸦、猴、獭、鹅、鬼或羊、蜂、马、蜘蛛，分别对应汉历二十八宿：翼、轸、角、亢、氏、房、心、尾、箕、斗、牛、女、虚、危、室、壁、奎、娄、胃、昴、毕、猪、参、井、鬼、柳、星、张； 4）以干支纪年：十天干：甲、乙、丙、丁、戊、己、庚、辛、壬、癸；十二地支：子、丑、寅、卯、辰、巳、午、未、申、酉、戌、亥

通过表 14 对比可以看出，无论是纳西族还是水族的历法观念，其"物候授时"

系统是停留在通过自然物象的长时间观察，并加以经验的总结所得出的。这种"物候授时"虽然具备了历法的特征，但还不能称为历法。从表 14 中可以看出，无论是纳西族还是水族，其"物候授时"的方法只单单应用于对"年"的估算，并且这种估算存在着较大的误差，无法规划年的具体时间长度，更无法进行长时记录。但在"物候授时"方法的基础上，古代纳西族和水族先民开始注意到了观察天象推算时日，由此产生了自成体系、富含逻辑规律的"观象授时"历法系统。

与"物候授时"依赖于自然界的各种存在规律性变化的事物不同，具有历法特征的"观象授时"方法，主要依据天体的变化，在总结天体变化周期的前提下，加以推算、归纳、概括其变化规律。这种定量记录具备了历法的稳定性、规律性等主要属性。

2. 原始天象历法的差异性影响因素

纳西族和水族虽然同属西南民族地区，均以本民族独特的象形文字记录其天象历法，但是同时也存在明显的差异。

第一，天象观念方面。宇宙的组成是形成天象观念的基础，是有关宇宙模型和宇宙间天体的认识。有关宇宙结构模型的原始想象中，纳西族的理论与水族的理论相比，突出显示了纳西族的宇宙是由整体割裂开来的原始观念，无论是其"盖天说"还是近似于现代大爆炸宇宙学的理论，都强调了天和地起初视为闭合的，是神让天地得以分开并创造万物的。同样是神创宇宙的观念，水族神话中强调了混沌一片的宇宙结构。

第二，时间和空间的概念。通过纳西族东巴文和水族《水书》文字中可以看出，原始先民是利用太阳和月亮的变化规律来确定时间的。然而，对比可以发现纳西族的时间和空间观念是取准予地面现实万物，如在记述一天中的不同时间点时均是将太阳或结合山体或结合山巅树木，在表述方向时则是利用日升、日落及水的流向作为判断依据。而水族的时间和空间观念不仅与天体的运行规律、所处的地理环境相关，而且还蕴含着水族的传统文化思想。例如，月以三十天为一单元的认识，"南""北""中"的方向概念与王权意识相关。

第三，历法观念。对比纳西族和水族的物候历可以看出，尽管两个民族都通过"物候授时"的方法调整生产生活，但是其选定的参照物不同、实用价值也不同。例如，纳西族是以树的发叶、开花、结果的生长周期计算一年，而水族则是以水稻的种植周期来计算的。另外，相比于水族在观察鸟类活动确定春、冬两节，纳西族则将鸟类的活动结合当时天气的主要变化特征确定春、夏、秋、冬四个季节。

对比纳西族和水族的授时系统，从整体上看，纳西族的授时系统丰富多样但稳定性较低，而水族的授时系统较为单一但稳定性较高。水族的干支授时法与汉族相同，对比水历和古代秦历、周历、殷历、夏历可以看出其存在着递进关系，由此推断在水族社会历史上也存在着这样一个稳定的中央集权，用以编制和规范历法。从单一授时系统上看，纳西族将阴阳五行的概念应用于历法系统，并由此配以十二生肖，其所组成的布托纪时法与干支纪时法又十分相似，另外纳西族将十二属相、二十八宿这种固定的排列顺序应用于纪年、纪月、纪日、纪时。

下面对纳西族东巴文和水族《水书》文字天象历法观念的差异性原因进行分析。

第一，生态自然环境导致的差异。古代先民是在其特定的空间场所中建立起指导自己生存、发展、延续的文化的，由于生存空间不同，每个民族所处的空间内环境构成存在明显的差异，而这些自然环境正是影响民族建构文化的认知取向的主要因素。在满足自身需要的前提下，民族文化一方面冲击着原本自然系统的稳定，另一方面又调整自己的文化结构使之不至于毁灭自己赖以生存的自然环境。原始先民的历法观念起初来源于物候现象的观察，历法指导着人们的生态行为，历法观念的形成必然会受到自然环境的影响。纳西族聚居区处于青藏高原与四川盆地、滇中高原的过渡地带，高山林立，毗邻江河，因此高山河流是其天象观念的主要参照物，从其时空观念上可以看出，纳西族东巴文中有关太阳运行引起时间变化的文字是以山或山巅作为参照物，以水流的流向规定南北方向。同样，由于地处高原地带，夜晚山顶视野相对开阔，所以其历法中有关二十八宿纪日的方法相对丰富。另外，纳西族聚居区属于低纬度暖温带高原山地季风气候，尽管是低纬度地区但其四季分界明显，因而纳西族关于四季的物候历丰富多样。与之相比，水族的物候授时和观象授时都是在平原地区进行的，尽管现代水族聚居区域广泛，但在讨论水族的族源时很多学者都认为水族是某个中原部落，因此有关水族的天象历法又是对其族源产生中原的佐证。

第二，社会结构导致的差异。天象历法观念在某种程度上是对于社会结构的概念化表达。社会结构的组成和变迁都影响着天象历法观念的形成。水族发迹于古代中原，历史上其经历过多次的族群迁徙[67]。在这样的现实条件下，水族社会所生存的环境不断地发生着改变，与此同时，原始的物候授时方式也随之变化，由于这种授时方法无法适用于生产生活，水族先民吸收和借鉴了古代中原汉民族文化定型的六十甲子轮回。与水族相比，古代纳西族社会起初生存在一个相对封闭的社会文化圈中，只需要关注物候的变化，便可以大概了解其所在的时间段，并使用十二生肖轮回纪时的方式标记年月日，这样就能够达到准确计时的目的。然而，纳西族处于多种文化圈的交接点，其民族文化具有交融性的特征，随着社会结构的复杂化程度加深，就需要有更为准确稳定的时间参考点，在纳西族原有十二属相纪时的基础上，吸收外来文化，利用阴阳五行的概念与十二属相排列组合，扩大匹配范围，从而系统准确地计算时间。

四、天象历法认识对教育的启示

（一）天象历法认识对课程资源利用和开发的启示

原始先民处于人类社会早期，其认识自然界的方式来源于所观察到的最为直观且客观的事物。与此相关，科学教育注重学生走进自然，亲近自然。尽管生活的时期有所不同，但是低年级的学生身心发展阶段尚处于自然人成长的早期，其认知特点在很大程度上受到环境中的事物的影响。由此将民族传统文化中通俗易懂的、具有其文化底蕴的文字转化为科学教育的课程资源，有助于学生产生学习兴趣并加深理解。

课程资源是指包含有教育价值、能够转化并服务于学校课程的各种条件的总称。[68]科学课程资源是服务于教育内容的，要注重其教育价值的属性。通过象形文字所了解到的原始先民对于天象和历法概念的认识，主要集中于科学课程标准的"地球、宇宙与空间科学"学习主题。3～6年级"科学"课程中"地球、宇宙与空间科学"的内容标准如下所示[69]。

1. 太阳和月球

知道太阳是一个温度很高的大火球；了解人类对太阳能的利用；理解没有太阳，地球上就没有生命；知道太阳每天在天空中运动的模式；认识一天中温度和影子的变化与太阳的运动有关；能利用太阳辨认方向；知道月球是地球的卫星；知道月球每天、每月的运动模式；从各种媒体上了解更多的有关月球的知识。

2. 太阳系、银河系及宇宙空间

知道太阳系的组成及九大行星的排列顺序；知道四季的代表星座；知道太阳系、银河系及宇宙的关系。

3. 探索宇宙的历史

了解人类对宇宙的探索历史；知道一些重要的探测宇宙的工具，意识到人类对太空的认识随技术的进步而深化和拓展；意识到人类为了探索宇宙奥秘付出的艰辛；关注我国空间技术的最新发展。

4. 地球的概貌

知道地球的形状、大小；知道地球是由小部分陆地和大部分水域构成的；知道地球内容有炽热的岩浆；了解人类对地球形状认识的历史；了解地球仪、地图的主要标识和功用。

5. 地球运动与昼夜变化

知道地球在不停地自转，自转一周为一天，需 24 小时；了解古人对昼夜成因的猜想与哥白尼的贡献；探究昼夜变化对动植物行为的影响。

6. 地球运动与四季变化

认识四季变化对动植物的影响；了解四季变化与地球的公转有关。

3～6 年级"科学"课程中"地球、宇宙与空间科学"的内容标准是从儿童身边的科学现象和科学事实入手，侧重感性认识，首先让儿童认识身边的世界，感知身边环境的变化等。其要求是了解地球、太阳系的概况及运动变化的一般规律，认识人类与地球环境的相互作用，懂得地球是人类唯一家园的道理。3～6 年级儿童学习知识的特点是运用已有的知识和经验建构基本概念，学习是同化、顺应的过程，这与原始先民认识自然的方式相一致，即概念是建立在原有感性认知基础之上的。因此，将有关天象历法概念的象形文字，以图画的形式呈现在儿童的学习过程中，在有意或无意注意环节中吸引学生的注意力，提高学生的学习兴趣，是科学教育中极为丰富的课程资源。

在注重其达到吸引学生学习兴趣的同时，还应强调其有关科学内容知识的合理性。西南民族象形文字中的天象历法认识包括两个部分，即天象的认识和历法的认识。

天象认识主要阐述了纳西族和水族先民对宇宙起源、宇宙模型和宇宙总天体"日、月、星"的思考，以及时空观的形成。尽管宇宙起源和宇宙模型是建立在原始宗教神话基础之上的，但是其中包含着人类对宇宙早期的探索，对地球形状的认识，对宇宙稳定结构的思考，以及自然起源方式的追问。在无法对宇宙进行微观观察的条件下，原始先民对宇宙的认知是建构在感性经验的基础之上的，这是人类社会认识一切自然事物的开始，同时也是自然科学的雏形。原始先民对宇宙中天体的关注，集中于太阳、月亮和星辰。象形字"日"主要以太阳的温度高、有光芒射出这两方面阐述了太阳的基本自然属性。在东巴象形字"晒""晒干"中则含有人类对太阳能量利用的思考，并且原始先民们已经开始意识到土地中含有水分，在太阳光照条件下，温度升高使水蒸发到空气当中，这其中包含有物质状态改变条件和物质状态类型两方面的认识。象形字"月"和"星"都是以客观现实事物原型所表达记述的，原始先民认为，月的形状随时间而改变，是由于自组织形状发生了改变，星体是远离日和月，在宇宙外空间的天体。但是有关"陨星""彗星""参星""商星"和"北斗星"的记录表现了人类对宇宙中其他星体认识的开端，并且对于周期性变化的"彗星"和"陨星"文字的记述为其出现时间周期的变化提供了佐证。时间和空间的概念是宇宙构成的重要纬度，通过对时间概念的象形字"晨""午""下午""日光""月光""夕阳""时"的分析，可以看出时间的概念依赖于宇宙天体的运动，而太阳的运动方式对于时间概念的形成作用极大，依赖于这种固定的运动规律所导致的日影和温度的变化特征，在很大程度上影响着时间概念的产生。空间概念方面，能利用太阳辨认方向已成为小学"科学"课程标准的具体要求，同样在东巴文"东""西"两个象形字中，将东和西两个空间方位概念与"太阳出"和"太阳没"相统一，这是经验和感性认知的结合，也是科学方法论的特点。

历法认识是以天象的变化为基础，纳西族和水族先民在其所著的《东巴经》和《水书》中总结出了四种不同的授时方式。物候授时方式是着眼于动物和植物在四季变化中所表现出的不同的活动方式和生长方式。二十八宿授时方式是建立在对宇宙星空中固定星群出没在不同时间点上的观察。在十二生肖（地支）授时方式和干支授时方式上规定了农历开始和结束的具体时间，以及一年中的月数和一月中的天数多少的变换。

尽管原始天象历法观念不乏含有封建迷信的色彩，在开发课程资源时，要注重对课程资源的筛选和加工，去糟取精，但其天象历法中的共性认识是人类社会认识自然的开始。"面对神奇，原始先民们从最初的迷茫、好奇、敬畏，逐渐开始思索、探究。一种想要了解自然奥秘的无法遏制的渴望促使世界各民族努力探索、坚持不懈，从远古延续至今，并走向未来"[70]，从而拉开了学生进入科学殿堂的序幕。

值得注意的是，我国是统一的多民族国家，国家课程标准作为通用的课程教材，具有综合性、普遍性、基础性、全民性、共通性，其目的是提高学生的基础学力和整体素质，提升学生的民族认同感。但不可否认的是，少数民族群体在历史发展进程中逐渐形成了各具特色的民族文化，在这些民族文化中包含有民族的传统科技以及各民族先民早期的自然观念。这些民族传统科技和自然观念都是本民族基于其所处的自然环境和社会环境产生的。现代研究证明，学生理想中的教育应该是拒绝偏见和歧视的、与自身文化相关的、富有意义和个性化的，学生在面对不熟悉的课程或教学示例中，容易产生疏离感和认知障碍，很难集中注意力，从而对所学内容缺乏兴趣，影响学业成绩。因此，在学习国家课程教材的基础上，民族地区科学课程应适当开发和利用本民族课程资源，用以丰富和完善日常教学。

另外，"教育与一定的文化生态系统是紧密契合的，一定的文化生态系统中有一定的教育，一定的教育又作用于一定的文化生态系统……"[71]每个人都生活在特定的地理环境与生态环境中，在个体社会化过程中，最先认识的就是本民族聚居的生态区或社区，原始天象历法认识中所存在的差异性观念，正是各个民族在以本民族生态空间的基础上认识自然地产物，这种包括自我民族主体的独特课程资源取材于民族传统文化，不仅能激发学生的学习兴趣，更有助于培养学生热爱家乡、奉献于家乡的热情，以及当地少数民族学生的民族自豪感，有利于传统文化的传承。

（二）天象历法认识对自然观教育的启示

自然观教育理念是科学教育学中情感态度与价值观方面的重要命题，自然观通常表现为人类对于自然界本质的理解，对于自然界发展和变化规律的认识，对于人与自然关系的思考。天象历法的认识是自然观的重要组成部分，其核心内容是建立起人类对天人关系的认识和处理方式。

西南民族地区的天象历法认识是建立在对宇宙天象本质的观察和理解基础之上的，通过朴素经验总结其规律，最终回归到人与自然的和谐共生。在宇宙结构模型方面，原始先民认为宇宙产生于"活物"，由多种生命体组成，宇宙和人一样，遵循着相同的规律，具备同样的生命价值，人与天地万物浑然一体，在生死间不断进化。原始先民注重宇宙中天体的自然属性的认识，将人对于天体的客观感受赋予其中，从而产生"晒""晒干"这样具有古代科学雏形的象形文字。在长时间的观察中，原始先民开始注意到了宇宙天体和自然界万物的规律性变化，由此产生了时空观和历法观念。时空的观念来源于个体的人与自然之间的统一，时间观念的形成来自太阳与山峦或地平线之间的位置变化，空间观念则是依赖于生存环境中亘古不变的事物。另外，自然观的培养同时要注重走进自然，透过自然现象寻找并发现其具有规律性的本质。正是得益于自然界的规律性变化，人们开始掌握立竿见影的测时技术、物候授时、观象授时，这些原始自然知识是人们在对原始的常识性变化进行追问后产生的，这便是古代科学的萌芽。

在以发展作为衡量社会进步的标准下，自然界成为实现工业总产值的砝码，单一的工业化模式导致自然的不可再生。将社会进步发展基础建立在决定论、机械论、还原论的牛顿模式的科学之上。重分析，而不重综合，认知了物理世界的基本构成单元，便从根本上认知了世界[72]。可以预见的是，随着科学技术的迅猛发展，生产力的尺度决定着人们的价值观念，从而使得自然不再是一个存在的生命体，也失去了万物皆有灵的本来意义，在物质持续输出的发展过程中，自然界的一切主体物质包括人类在内都只不过是可以利用，并创造价值的机器。科学技术的发展本身既为我们揭开了改善人类生活的前景，也为我们开辟了毁灭人类的可能性。[73]将科学教育中人与自然和谐相处、可持续发展的理念同社会进步发展紧密相连是值得思考的命题。

西南民族地区象形文字的原始自然观念虽然不能称为科学，但是其所反映的人与自然和谐共生的理念中，将宇宙的法则作为法则，万物生命的时空皆为人行动的意义。这与我国传统儒家的"天人合一"思想、与今天人们所倡导的可持续发展思想具有相同的特质，天象历法观念中所蕴含的时空寰宇概念与自然万物同生的理论，对目前以工具理性主导的现代社会具有深远的意义，也为重建理性思考、强调科学技术进步带来生产力改变的同时，注重自然的可持续性发展具有积极的建设性作用。

五、研究结论

1）纳西族和水族的象形文字中存在着丰富的天象历法观念，这些观念都来自古代先民对于所观察天象的原初思考，它是建立在直观感知事物理解的基础之上的，同时对无法解释的事物赋予其具有神秘逻辑色彩的感性认识。

2）纳西族和水族的天象认识是建立在以地球为中心的朴素认知上的，并由此确定了有关宇宙结构——"盖天说"的统一认识。有关宇宙的起源方式上，纳西族先民所认识的宇宙起源是阴阳和合共生型，而水族先民认为宇宙的起源来源于单一神的创生，这种认识上的差异与民族文化中神的概念的差异有关。时间概念和空间中"东""西"的概念来源于太阳的运动规律，"南""北"则受到居住环境的影响有所差异。

3）纳西族和水族有关历法的认识中，共存在四种不同的授时方式，按照其稳定和准确程度排序依次是物候授时方式、二十八宿授时方式、十二生肖（地支）授时方式、干支授时方式。

4）纳西族和水族有关纪时的十二生肖（干支）方式与汉族时辰概念完全对应。纳西族的纪月（月建）方式与古代夏历相同，水历的纪月（月建）方式与秦历、周历、殷历、夏历的正月起点形成梯级递进关系。尽管在叙述方式上存在差异，但纳西族和水族都存在着一种以天干地支六十轮回为周期的纪年方式。

5）纳西族和水族对于历法的认识最初均来自物候现象的观察，利用物候特征划分季节是其历法认识的起步，原始先民通过长时间的物候现象的观察结合天体规律性变化，逐渐探索总结出了"观象定量历法系统"，而干支纪年系统是"观象授时"方法中最为准确稳定的授时方法。

6）影响纳西族和水族天象历法观念的差异主要因素是生态自然环境和社会结构。其中，纳西族和水族有关时间和空间方位的认识在不同程度上受到地理位置、气候温度等因素的影响，而宇宙模型和历法的认识受到社会结构的影响。

7）天象和历法观念作为科学教育的课程资源，通过联系少数民族的生态文化，既有利于传授科学教育的知识内容，又有利于培养人与自然和谐共生的情感态度和价值观。

参 考 文 献

[1]中国大百科全书天文学编辑委员会. 大百科全书: 天文分册[M]. 中国大百科全书出版社, 1980.

[2]菲尔德, 弗舒曼, 波纳佩鲁马. 宇宙演化——天文学入门[M]. 欧阳挺等译. 科学出版社, 1985.

[3]J. 希尔克. 宇宙的起源和演化——大爆炸[M]. 邹振隆译. 科学普及出版社, 1988.

[4][44][46]廖伯琴. 朦胧的理性之光——西南少数民族科学技术研究[M]. 云南教育出版社, 1992.

[5]佚名. 挽歌[M]. 和芳, 周耀华译. 丽江县文化馆, 1964.

[6]佚名. 献冥马[M]. 和正才, 赵净修译. 丽江县文化馆, 1963.

[7]云南省少数民族古籍整理出版规划办公室. 纳西东巴古籍译注[M]. 云南民族出版社, 1986.

[8]佟德富. 中国少数民族哲学概论[M]. 中央民族大学出版社, 1997.

[9]叶叔华. 简明天文学词典[M]. 上海辞书出版社, 1986.

[10][13][15][16][18][22][23][24][28][29][32][33][36][43]方国瑜. 纳西象形文字谱[M]. 云南人民出版社, 2005.

[11][21][25][37]韦宗林. 释读旁落的文明——水族文字研究[M]. 民族出版社, 2012.

[12]杨福泉. 略论纳西族图画象形文字的象征意义[J]. 云南民族大学学报（哲学社会科学版）, 2011（09）.

[14]王元鹿. 纳西东巴文计数习俗中所见的原始思维[J]. 中国民族古文字研究（第三辑）, 1991（12）.

[17]李国文. 从象形文字看古代纳西族时间观念的形成[J]. 哲学研究, 1983（01）.

[19]翟宜疆. 水文造字机制研究[D]. 华东师范大学, 2007.

[20][50]韦世方. 水书常用字典[M]. 贵阳: 贵州民族出版社, 2007.

[26]蒋南华, 蒙育民. 水书文化中的文字与历法[J]. 贵州社会科学, 2008（05）.

[27][31]李国文. 从象形文字看古代纳西族空间观念的形成[J]. 云南社会科学, 1983（3）.

[30]韦学纯. 水语描写研究[D]. 上海师范大学, 2011.

[34]王元鹿. 水文方位字研究及其对普通文字学研究的启发[J]. 湖州师范学院学报, 2003（2）.

[35]唐兰. 释四方之名[J]. 考古, 1936（4）.

[38]徐中舒. 甲骨文字典[M]. 成都: 四川辞书出版社, 1989.

[39]鲍江. 象征的来历——叶青村纳西族东巴教仪式研究[M]. 民族出版社, 2008.

[40]李维宝. 云南省志·天文气候·天文志[M]. 云南人民出版社, 1995.

[41]李国文. 从象形文字看古代纳西族时间观念的形成[J]. 哲学研究, 1983（1）.

[42]佚名. 懂述战争[M]. 卷上. 丽江县文化馆, 1963.

[45]傅懋勣. 纳西族图画文字《白蝙蝠取经记》研究[M]. 商务印书馆, 2012.

[47]潘潮霖. 水族历法与端午——诠释"年"的本义[J]. 南开语言学刊, 2005（1）.

[48]王连和. 西南地区少数民族天象历法调查报告[J]. 内蒙古师范学院学报, 1979（05）.

[49]高明. 中国古文字学通论[M]. 北京大学出版社, 2006.

[51]刘道超. 择吉与中国文化[M]. 人民出版社, 2004.

[52]莫善余等. 中国水书·方位择吉卷[M]. 潘藏卷. 第 152 册. 四川出版集团, 巴蜀书社, 四川民族出版社, 2006.

[53]潘朝霖, 韦林宗. 中国水族文化研究·水族民俗[M]. 贵州民族出版社, 2004.

[54]J. 希尔克. 宇宙的起源与演化——大爆炸[M]. 邹振隆译. 科学普及出版社, 1988.

[55]佟德富. 神话宇宙观初探[J]. 宗教与民族, 2012（08）.

[56]刘仙洲. 我国古代在计时器方面的发明[J]. 清华大学学报（自然科学版）, 1975（02）.

[57]中国科学院民族研究所云南民族调查组, 云南省民族研究所.《云南省布朗族社会历史调查材料》之一. 云南省民族研究所, 1963.

[58]中国科学院民族研究所云南民族调查组, 云南省历史研究所民族所研究室.《云南省怒江独龙族社会调查材料》之七. 云南省民族研究所, 1964.

[59]全国人民代表大会民族委员会办公室.《云南省西盟大马散佤族社会经济调查报告》之三. 内部资料, 1958.

[60]吕真达. 华西的土著民族——倮倮人的人种学和人类学研究[J]. 周自强译. 凉山彝族奴隶制研究, 1978（01）.

[61]摩尔根. 古代社会[M]. 商务印书馆, 1995.

[62]陈遵妫. 中国天文学史[M]. 上海人民出版社, 2006.

[63]刘道超. 择吉与中国文化[M]. 人民出版社, 2004.

[64]列维·布留尔. 原始思维[M]. 商务印书馆, 1981.

[65]俞建革, 叶舒宪. 符号: 语言与艺术[M]. 上海人民出版社, 1988.

[66]廖伯琴. 西南民族授时方法与历法系统初探[J]. 自然杂志, 1993(03).

[67]王义全. 水族源流考[J]. 贵州社会科学, 2005(09).

[68]范蔚. 实施综合实践活动对课程资源的开发与利用[J]. 教育科学研究, 2003(5).

[69]教育部. 全日制义务教育科学(3～6 年级)课程标准(实验稿)[M]. 北京师范大学出版社, 2001.

[70]义务教育物理课程标准实验教科书编写组. 义务教育教科书——物理[M]. 上海科学技术出版社, 2012.

[71]张诗亚. 西南民族教育文化溯源[M]. 上海教育出版社, 1994.

[72]卢风. 论生态文化与生态价值观[J]. 清华大学学报(哲学社会科学版), 2008(01).

[73]J. D. 贝尔纳. 科学的社会功能[M]. 商务印书馆, 1982.

白裤瑶服饰文化资源教育转换策略研究

顾志飞

（四川南充师范学校　四川南充　637130）

摘要：白裤瑶服饰文化是自然环境、社会环境和精神环境共同孕育的结果。白裤瑶服饰文化作为一种文化体系，它不单单是一种物质形式，作为文化生态系统中的具体事项，它既有物质形式，也反映制度文化和精神信仰。随着全球化、信息化的到来，现代生产生活方式给白裤瑶服饰文化造成了巨大的冲击，不管是家庭传承、社会传承还是学校传承都出现了一定的问题。用布迪厄的场域理论来分析，就是原有的传承场域变化导致民族文化的传承出现中断。怎么解决这样一个问题呢？解决途径便是从教育的视角出发，运用教育的力量让服饰文化资源转换成民族成员内发的力量。从理念上来说，必须树立多元文化、文化共生理念。在具体层面上，需要国家、社会和学校从多方面出力应对，群策群力才能解决当前白裤瑶服饰文化资源在传承中的困境。

关键词：白裤瑶；服饰文化；场域；教育

一、白裤瑶服饰文化资源的物质形态

（一）白裤瑶服饰的制作流程和技艺

1. 白裤瑶服饰制作流程

白裤瑶的服饰都是由白裤瑶妇女们运用自身的生存技能和智慧一针一线缝制出来的，整个流程烦琐复杂，主要包括养蚕、种棉、织布、蜡染、刺绣、缝制等几个过程来，制作一套衣服耗时耗力，成本巨大。在访谈中，村民告诉笔者制作一套完整的衣服大概需要一年多，现在很多人不再制作衣服，主要购买别人已经制作好的，而一套完整的白裤瑶衣服在市场上的价格已经超过 1000 元。棉花和蚕丝是制作衣服的必备材料，种植棉花和养蚕是白裤瑶人人都会的劳作技能。由于现在很大一部分白裤瑶青年外出打工，种植棉花和养蚕的户数正在逐年减少，为了证明这一现象，笔者在瑶山拉片村随机抽取 20 户人家，了解他们的棉花种植和养蚕情况。就棉花种植来说，2013 年棉花的种植户数为 12 户，2014 年棉花的种植户数为 8 户。就养蚕来说，2013 年养蚕的户数为 15 户，2014 年养蚕的户数为 12 户。现在大多数人制作衣服的棉花和蚕丝主要从市场上买。但是，一些年老的人还是情愿用自己养的蚕吐的丝。据他们的说法是，自己养的蚕吐出来的丝有韧性，而且做的衣服也比较好看。

织布主要包括纺纱、跑纱、晒纱、梳纱、织布等几个步骤。纺纱主要是用纺纱机把棉花中的细棉花抽取出来制作成棉花线，然后利用棍子等坚硬的物体将线做成线圈。跑纱主要是在空旷的平地里把棉花线圈展成屡屡丝线。晒纱的主要作用是利用阳光把棉线中的水分蒸发掉，防止棉线发霉。梳纱就是用手或类似梳子一类的工具把棉线上的杂物去掉，以使棉线光滑均匀，最后才用织布机织成白布。布匹制成以后，白裤瑶的女主人们便用本土产的原料给衣服染色，染色完毕后再一针一线地往上面绣花，这样一些程序以后才开始进行衣服的缝制（图 1～图 3）。

图 1　跑纱
资料来源：笔者自摄

图 2　梳纱
资料来源：笔者自摄

图 3　织布
资料来源：笔者自摄

2. 蜡染和刺绣技术

在衣服的制作过程中最能体现白裤瑶妇女的高超技能和智慧的是蜡染和刺绣

技术。近年来，交通逐渐便利，白裤瑶跟外界的接触随之增多，外出打工的人也相应增加。因此，白裤瑶现在用的染料主要从市场上购买。但在实地调查中我们可以找到完整的传统蜡染过程的工艺。蜡染的第一步是制作染料，染料的主要材料由当地种植的一种蓝靛草、过滤的草灰水、高粱酒搅拌发酵后制成。在着色的过程中，不是整块的布匹都要染成蓝色，所以要有一定的技术空出一部分来绣花，这就需要有防染的技术。防染的材料主要取材于当地土生土长的黏膏树。黏膏树属椿科类植物，主要生存在白裤瑶寨子的周围，在远离白裤瑶寨子的地方是见不到这种植物的。这种树能够分泌出一种淡

黄色的黏液，但前提是必须在每年的三四月份对其进行砍凿。经过每年砍凿的树干才会在每年的春天自动流出黏膏。秋天后在这种采集的黏液中按一定的比例配入牛油，服饰的防染材料便制成。接下来，准备好融化的蜡液、蜡刀和铺布用的木板，就进入了给白布着色的工序（图4）。

图4　蜡染
资料来源：笔者自摄

刺绣是我国民族艺术史上一朵珍贵的艺术花苞，白裤瑶没有文字，但通过刺绣艺术，他们把对先辈、宇宙和大自然的认

图5　刺绣
资料来源：笔者自摄

识鲜活地刻在了他们的衣服上。白裤瑶刺绣用的丝线是经过染色的蚕丝，至于染成什么样的颜色完全凭个人的爱好决定，刺绣的图案主要依蜡染图案来绘制。主要题材有简单的线条、动植物图案、生活历史图案等。刺绣技术是白裤瑶父母们代代传承至今的，白裤瑶女性在八九岁的时候耳濡目染，跟随在母亲或者是姐妹的身边学习这种技艺，到她们成人时已经能够熟练地刺出一切在她们生活范围内可见的图案了（图5）。

（二）白裤瑶服饰的基本款式

1. 男装基本款式

白裤瑶男性衣服款式可以分为日常生活款式和盛装款式。在日常生活中，白

裤瑶的上衣以黑色为主要色调，立领对襟，没有纽扣，宽松型袖口，有时胸前会绣鸡的图案，穿的时候在腰部系黑色腰带。白裤瑶男子的裤子以白色为色调，裤

图6　男子盛装
资料来源：笔者自摄

长至膝，裤子整体宽大而肥松，但裤口处会收紧。在天气寒冷或者出去打猎的时候，他们会用白布绑住小腿。在婚丧嫁娶、举行重要祭祀仪式时，白裤瑶男子一般会盛装出席，盛装的上衣与日常生活中的服装大体无异，不同的是所系的腰带上刻有米字纹和鸡的图案。盛装中的裤子会在普通的裤子裤口处加一块很窄的贴布，贴布上绣有米字纹和花色图案。盛装中一般要绑腿，绑腿上会扎有绣着图案的绑带（图6）。

2. 女装基本款式

在日常的生活中，白裤瑶女子上衣主要穿黑色对襟右衽装，衣领为小立领，无扣，穿着时同样需要系黑腰带。下衣一般穿百褶裙，裙长齐膝，裙子整体呈褶皱状，上面刺有图案，裙边有用黄色的蚕丝制作的裙摆。在节日或举行重大节日祭奠时，女子们便穿盛装出席。盛装的上衣白裤瑶自称为"褂衣"，也以蓝色为主色调，整体上有前后两片组成，腰间不缝合，无袖。背部锈有方形的图案，白裤瑶称之为"瑶王印"（图7）。

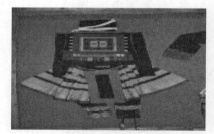

图7　女子盛装
资料来源：笔者自摄

3. 童装基本款式

白裤瑶童装的款式基本与成年男女的衣服一致。不同的是，童装一般会配有帽子。

从以上对白裤瑶衣着的描述来看，白裤瑶服装的结构具有两片状、对襟、宽松、百褶等特点。

（三）白裤瑶服饰文化的图案色彩

1. 线条组合图案

简单的直线图案常出现在白裤瑶衣服的绑腿、腰带、百褶裙的纹路等处。直

线条纹是白裤瑶服饰图案中最基本的元素，以这种直线图案为基础，白裤瑶女性
又构造出方形、菱形、十字形、米字形等图案。
方形图案主要出现在女性衣服的背部，如田
字、回字、井字等。由较小的方形图案进一步
组合，就构成了瑶族女性所说的鸡仔纹，主要
出现在儿童的帽子、绑腿等处，鸡仔图案整体
对称，比较抽象，不易辨认，主要靠线条的疏
密来表示。在实地调查中，笔者是通过村民们
的解释才理解图案的含义的（图8）。

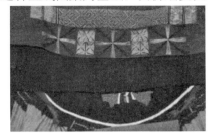

图 8　线条图案

资料来源：笔者自摄

2. 动植物图案

动植物图案中常见的有鸟纹、龙纹、蝴蝶纹、花纹等。鸟纹从构造上来说是由
简单的线条组成的。在女性服装方形背牌四个角落里常见到这种图案，某种程度上
反映了白裤瑶人对鸟的喜爱。龙纹常出现在儿童的帽子上，据白裤瑶的人说法是可
以保佑小孩长命百岁，也反映出中华民族对龙的某种崇拜。蝴蝶纹也是出现在白裤
瑶儿童帽子上的装饰品，因为在白裤瑶的日
常生活中有蝴蝶仙子的说法。花样中最多的
是太阳花和剪刀花，太阳纹象征太阳和光明，
剪刀花寓意每一个白裤瑶妇女都能拿起剪
刀，制作衣服。人形纹也是白裤瑶衣服上常
见的纹路，在白裤瑶的衣服中主要呈现"丫"
字形，表达了从事农耕的白裤瑶人对多子多
孙、人丁兴旺的向往和追求（图9）。

图 9　动植物图案

资料来源：笔者自摄

3. 山川图案

白裤瑶服饰既有对山川河流的记录，也有
对星空的象征。山的图案跟鸟的图案出现在一
起，有鸟依山而居的意思。河流图案出现在白
裤瑶百褶裙的纹路上，在田野调查中，笔者访
谈了几位村民，弄清楚三条纹路代表白裤瑶先
祖在历史迁移的过程中经过的三条河流，但具
体是什么河流就不得而知了（图10）。

图 10　河流图案

资料来源：笔者自摄

4. 历史记忆图案

白裤瑶女子服装背上的回字图案和男子裤子上的五指纹都是关于白裤瑶历史记忆的图案。从白裤瑶口头流传的故事中得知，在很遥远的年代，白裤瑶的领袖瑶王被外族骗走了瑶王印，瑶王拼死想从外族手里夺回王印，但终究寡不敌众，最后在临死之时用血把瑶王印印在了衣服上，同时还留下了血手印，从此白裤瑶服饰女装后背背有瑶王印，男装的裤腿上印有五指纹（图11、图12）。

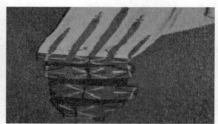

图11　瑶王印图案　　　　　　　　　　　图12　五指纹图案
　　资料来源：笔者自摄　　　　　　　　　　　资料来源：笔者自摄

二、白裤瑶服饰的文化内涵

（一）白裤瑶服饰是白裤瑶生活区域独特天地系统的产物

任何文化事项的形成都不能离开孕育它生长的自然文化和社会文化环境，一种文化能够在一个区域完整地保存数千年之久，而且还能够被这一区域内的民族欣然接纳并代代相传，说明这种文化与它存在的区域是有适应关系的，事实上就是一种共生的关系，即这种文化与发明它的人、所依托的自然和社会是共生的关系。如果说一方水土养育一方人，那么一方水土就会造就一方文化。白裤瑶生存的区域属于南方山区，高原上多土石，地势崎岖，土质疏松，在气候上属于亚热带季风气候，气候温暖，雨量充沛，动植物资源相对丰富多样，这种自然生态环境形成了白裤瑶农耕游猎的经济文化类型。具体表现在白裤瑶服饰上就是衣服的简短、取材于自然、有绑腿等特性，这种实用方便的特性非常利于白裤瑶在田间劳作和森林狩猎，形成了服饰与自然的适应。还有白裤瑶服饰上的山川河流、动植物、星空等图案也反映出白裤瑶在与自然相处的关系中对自然的认识，认识自然才能意识到自己的存在。在社会文化上，人类的早期时代都有某种图腾崇拜，白裤瑶服饰上的鸡、鸟、大印图案与白裤瑶社会环境氛围相适应。

（二）白裤瑶服饰文化是白裤瑶集体历史记忆的再现

在蛮荒时代，人类有沟通的语言，没有书写的符号，但人类的早期生产生活经验是必须传递下去的，只有如此，人类才能随着历史的前进不断进步。假如我们晚上在睡眠中度过一夜，第二天便忘了前几天的生产生活，那么毫无疑问，人类将永远处在蛮荒时代。人类早期便使用结绳记事的方法。文字只是随着历史的发展在特定的条件下产生的一种先进的记事方法。对于白裤瑶来说没有文字并不能代表他们没有历史，相反，白裤瑶运用智慧将自己的历史以美观的符号刻在了自己的衣服上，服饰符号加故事传说构成了白裤瑶集体共有的模糊历史记忆，虽然没有历史的纤细记载，但历史的精髓却很好地代代传承下来。正如邓启耀教授在《民族服饰——一种文化符号》一书中指出："民族服饰记史述古的符号功能，在西南许多少数民族中都极为普遍。无文字民族将口承文化的精要，浓缩在约定的图、形、色上，异文化圈的人看，是花花绿绿、稀奇古怪的'花样'，在他们自己'读'来却头头是道。几乎随便一个村妇野老，都会指着自己衣裙上的'天书'，将上面的古老传说一一道来。"[1]具体到白裤瑶的服饰上，女子百褶裙上的河流图案、背绣瑶王印，男子服装上的五指纹，再加上多数白裤瑶长者道出的关于瑶王跟莫氏土司因瑶王印而掀起战争的故事，以图文兼茂、立体化的形式向白裤瑶的后辈们讲述了自己从哪来、自己是谁这些有关人类生存的基本哲学问题。通过这种讲述历史的方法，白裤瑶以一种乐观而又不失严肃的方式，知道了自己祖先劳动和创业的艰辛，激励后辈们认真对待、珍惜现在的生活，好好地活在当下，同时白裤瑶也产生了历史的认同感和归宿感，形成了民族凝聚力。

（三）白裤瑶服饰文化是白裤瑶对未来生活的畅想

白裤瑶服饰具有唤起民族共同的历史记忆，形成民族认同感、归属感和力量感的作用。但人类回望历史是为了更好地走向未来，而白裤瑶服饰在引导群体成员回望历史的同时，也寄托着白裤瑶对未来美好生活的向往。既回望过去又展望未来，白裤瑶有了生活下去的动力和勇气。具体就白裤瑶服饰而言，表现这种对未来美好生活理想的图案便是程"丫"字形的人形图案，在白裤瑶服饰上往往会出现多"丫"组合的图案，在实地的田野考察中，通过访谈，笔者得知，"丫"字代表人，是人的一种抽象表达，而多"丫"代表多人，表达白裤瑶希望子孙后代人丁兴旺的意思。结合白裤瑶从事农耕的特点和白裤瑶的生存条件，我们不难理解他们的这种理想。在生产力低下和内外生存环境恶劣的条件下，要想从贫瘠的田地里获得更多的农产品和在山野里捕到更多的猎物，必须需要有更多人力的投入和集体的分工合作才能达到这种目的。只有人丁兴旺，白裤瑶对内和对外的生存斗争才能有力量感，幸福的生活才可能实现。多"丫"的服饰图案恰恰寄托了白裤瑶在这种生存条件下对人的重视，通过人力来维持生存、寻求发展的理想。

（四）白裤瑶服饰文化是白裤瑶信仰文化的凝聚

基本上人类的原始阶段都有对自然、动物、植物等影响自己生产生活的外界因素的崇拜和图腾。人类生来是弱小的，无法对自然界给自己带来的种种痛苦和劫难作出科学合理的解释，这势必使人产生一种对自然力的恐惧感，于是，人们便借助内心的一种信仰力量来克服内心的恐惧。从白裤瑶的信仰来看，他们最初的信仰都以自然为中心，相信自然界中的一切都是有力量的，即万物有灵论。体现在服饰上便是山、水、鸟等图纹的刻画，可以说这种图案有审美的需求，也反映了白裤瑶对大自然的某种依赖和崇拜。随着自身与自然的不断斗争，白裤瑶从某种程度上看到了人的力量，所以他们以自然为中心的崇拜开始转向了对人的崇拜，即对自己的祖先灵魂的崇拜。典型的背绣大印、五指裤便是这种崇拜的反应，表现出白裤瑶在历史上形成的对外族入侵带来的战争的害怕和恐惧，希望借助祖先的力量来克服对族群战争的恐惧，保佑子孙平平安安。总之，这种祖先崇拜给白裤瑶族人勇气和力量，以及不断获取抗拒鬼神袭击与避免灾祸的信心和能量。

三、白裤瑶服饰文化资源的教育价值

从人类诞生的广阔历史背景来看，广义的教育随人类的诞生而产生。随着生产力发展，人类生产生活经验不断积累，广义地存在于生活中并与生活融为一体的教育再也不能满足人类发展的需要，再加上书写符号和工具的出现，正规化的学校教育便出现了，至此，人类教育有了制度化教育和非制度化教育的分野。长期以来，人们一直关注制度化教育的价值，认为学校教育对个体发展和社会发展具有巨大的教育价值，所以不接受教育便不成为"人"是多数人认可的观点。但在正规化的教育产生以前，使人成为"人"是主要依靠非正规化的社会教育来实现的。即使在学校教育现代化、全民化、终身化、民主化的今天，存在于生活中的社会教育对人和社会的发展价值并没有因现代教育的规模化发展而失去应有的地位，不管我们能否意识到这种力量，生活化的社会教育同样对人和社会的发展有巨大的作用。而且，当下学校教育机械化和模式化的发展弊端不断被人们诟病，呼吁教育回归生活经验的呼声不断高涨，学校教育逐渐在社会发展和人的发展需求的要求下寻求改革。毫无疑问，学校教育可以从社会教育中吸收一定的营养（这种营养包括教育内容、教学组织形式、教学方式和手段等）来促进自身的发展。以此而论，社会教育对当今学校教育，特别是民族地区学校教育发展有一定的借鉴价值。对于白裤瑶服饰文化资源而言，其中蕴含的早期人类生活化的社会教育形式对白裤瑶个体与社会发展的价值，以及对当地学校教育发展的价值是不言而喻的，具体可以从以下几方面说明。

（一）白裤瑶服饰文化资源对白裤瑶个体发展的教育价值

在心理学上，人的发展主要指人从出生、成长、衰老到死亡的整个人生过程中身心潜能的发展变化。在我国的教育领域中，教育促进人的发展主要是指促进人的德、智、体、美、劳等的全面发展。事实上，就教育内容上来说，任何一种教育内容都不仅仅是促进人的某一方面的发展，例如，一些教育内容可能最有益于开发学生智力，但同时对学生也有美育和德育等方面的价值。在少数民族地区，某种有教育意义的文化事项也是如此。所以，王军教授在研究民族文化对个体发展的价值时，将这种价值分为智力因素和非智力因素两个方面：智力方面包括感知觉、记忆力、思维力、想象力和创造力；非智力因素包括动机、兴趣、情绪情感、意志、性格等。

在白裤瑶个体发展的进程中，丰富的服饰文化资源对个体的智力和非智力方面的塑造力是不可低估的。在白裤瑶服饰文化资源中，蜡染和刺绣图案是最基本的组成部分，而图案的选择和制作需要人高度的观察力和创造力，服饰上的外在图案是以白裤瑶对以往图案的感知和对生活材料的加工提取为基础的，经常性的构图和内容选择有助于观察、注意和记忆的习惯养成，从而促进感知记忆能力的发展。比如，蜡染图案的过程，首先在头脑中必须有一幅图案形象，这幅图案形象是过去感知材料的存储和对这些材料提取加工的结果。为了使图案更具魅力，就需要对所感知的材料进行仔细观察并高度集中注意力，把具体的细节存储在头脑中。久而久之，就会逐渐养成仔细观察并加工编码进行存储的习惯，促进了白裤瑶个体感知觉和记忆力的发展。

教育心理学的研究表明，早期儿童的动手动脑活动对于儿童期和成人期的思维想象能力发展有关键性的作用。不管是白裤瑶服饰制作中布匹的纺织，还是图案的成型都要求个体手、眼、脑的协调活动。白裤瑶女性一般在八九岁的时候就开始在家庭场域中跟随长辈学习服饰的制作，这为白裤瑶个体思维力和想象力的发展奠定了坚实的生活基础。白裤瑶服饰蜡染和刺绣图案要求大体尊重传统式样，但要想在现实生活中成为人们关注的焦点，还要求女性必须在局部或细节之处做出独特的变动，这使白裤瑶女性在从事刺绣活动时，往往在局部或细节之处体现出自己丰富的情感、对美好生活的追求，对人生的理解以及精神世界的寄托等，从而使想象力、思维力得到充分的发挥和锻炼。

在白裤瑶服饰的图案中很难找到两处完全相同的图案，即使图案设计相同，往往用色上有差异，用色、图案相同，往往在技法运用方面存在差异。每一幅绣品都是白裤瑶女性的创造力、想象力、思维力的体现。每一幅作品的形成过程也就是继承与创新结合的过程。白裤瑶思维中精神信仰和崇拜又渗透到服饰的制作过程中，这为充分发挥想象力，进行自由创作提供了广阔的空间，这对于创造能力的发展具有不可估量的作用。

在年长一代教晚辈制作衣服的过程中，年长者的动机主要来源于群体认为女孩制作衣服是女性智慧的体现，认为女孩能制作好衣服定能嫁个好人家。在这种动机下，家庭场域中的长辈会利用一切机会教女孩制作衣服，引起女孩制作衣服的兴趣。久而久之，在社会和家庭的不断刺激下，白裤瑶女性逐渐产生对衣服制作的兴趣和动机。

白裤瑶服饰文化与积极的情绪、情感体验有很大的相关性。白裤瑶服饰文化的传承较少受场地的制约，传者与承者之间呈现出一种理解、真诚、融洽的关系，形成一个积极传承的场域。在这个积极的场域中，人们在服饰制作时有舒心、愉快的体验。这种积极的情绪情感体验可以迁移到白裤瑶个体做其他事情的过程中，促进个体乐观向上的情绪情感的养成。

白裤瑶制作一套完整的衣服需要数月甚至数年，是一种长期性的工作，没有耐心、意志是无法完成的。白裤瑶女性从八九岁就开始学习衣服制作到十五六岁能独立制作衣服，在学习的过程中就要有刻苦钻研的劲头，要从实践中体验要领，反复操练，克服各种困难，这实际上就是在活动中实现其意志行动的过程，服饰的制作培养了白裤瑶个体持之以恒的意志力。

总之，白裤瑶服饰文化对白裤瑶个体发展的促进是全面的，这种全面发展可以从智力和非智力方面得到证明，虽然与当下教育全面发展的德、智、体、美、劳等的发展找不到一一对应关系，但实际上是符合这种全面发展的理念要求的。

（二）白裤瑶服饰文化资源对白裤瑶社会发展的教育价值

教育具有促进个体发展的价值，当发展的个体进入社会展现自己的才能，与社会系统发生相互作用时，教育的社会价值便凸显出来。这种社会价值主要包括政治、经济、文化等方面的价值，诸如培养政治组织的人才、提供社会需要的劳动力、促进文化的传承和创新等价值。

在白裤瑶社会的发展过程中，服饰文化作为一种社会教育形式对白裤瑶社会的发展发挥了一定的作用。传统的白裤瑶社会组织需要能言善辩、处理团体事物的权威家长和寨老来维持，白裤瑶在制作服饰时既教晚辈制作的技能，也向民族成员讲述以服饰为中心的民族神话和故事，在潜移默化中，晚辈具备了管理家庭和社区的意识和能力，为白裤瑶传统社会组织的延续提供了人力支撑。在经济上，农耕游猎经济需要大量劳动力的维持，这要求白裤瑶个体在身体强壮的条件下必须具备一定的劳动意识和技能，在服饰制作的过程中，白裤瑶个体在长辈的引领下，具备了养蚕、蜡染、刺绣、缝制等基本劳动技能，同时通过对服饰上的草木动物图案的认识，初步了解了本民族的劳动对象，当个体进入传统社会时，白裤瑶传统经济生产类型在个体的劳作下得到到了延续；教育是文化的生命机制，在正规教育兴起以前，白裤瑶传统文化的传承和创新自然要依靠社会化的教育。在白裤瑶服饰制作的整个过程中，白裤瑶技能的获得和意义的认知是同步进行的，在形成制作衣服技能的同时，白裤瑶个体知道了蚕到蝴蝶的变化过程，了解了本民族养蚕的文化，体验了祖先艰苦创业与外族抗争的奋斗历程。这种民族认知的获得有利于白裤瑶个体文化认同的形成，促进了白裤瑶社会传统文化的延续。总之，服饰文化中蕴含的教育力量是维持白裤瑶传统社会稳定的重要条件。

（三）白裤瑶服饰文化资源对白裤瑶正规教育的启示价值

白裤瑶地区学校的发展要利用随境式教育力量。随境式的教育指教育是在人们的日常生活活动中展开的，受教育者在参与活动的过程中潜移默化地在知识、技能、观念、情感等方面发生了变化。正如张诗亚在《西南民族教育文化溯源》中所主张的"教育活动是寓于其他活动之中的，是整个情境的一部分，随情境而发生、发展和结束。这种教育没有专职的教师。一般由经验丰富的长者向年轻一辈传授生产、生活等技能"[2]。白裤瑶在参与服饰制作的过程中，学会了本民族蜡染、刺绣等制作衣服的技能，初步具备了有关本民族服饰、历史、自然万物等方面的知识，形成了民族认同感和自豪感，实现了教育追求的促进个体个性化和社会化的目的。所以，白裤瑶学校教育要努力破除学校与社区的隔离状态，一方面在校内多开展符合白裤瑶学生经验和兴趣的课内活动，培养学生各方面的能力，实现学校教育的目的。另一方面，教师要有目的、有组织地带领学生参与到社区活动中，使校内教育和社会教育形成合力，共同促进白裤瑶个体和社会的发展。

白裤瑶服饰制作中"做中学"的方法对学校教育教学方法的改进有借鉴价值。美国实用主义教育家杜威主张教育即生活，社会即学校，强调学生在生活的实践中获得经验。[3]白裤瑶服饰制作的整个过程就是对这种教育主张的无意识的贯彻。白裤瑶基本的动手能力、对大自然的认识、对祖先的尊重、对团体作用的积极观念都是通过在生活中亲自动手培养成的。当下传统的学校教育过分地强调符号化的书本知识，书本化的符号知识常常与学生在当地长期积累的生活经验和常识脱离。"做中学"的方法在培养学生独立解决问题的过程中，让学生认识到了各种事物的联系，理解了所学知识的意义所在。所以，学校教育在课堂中要设法引进活动的方法，通过活动调动学生的动机和兴趣，促进学生技能的形成和知识的掌握。

符号化的直观教学手段是学校教学法中的有效直观手段。德国文化人类学家恩斯特·卡西尔在《人论》一书中主张，人是符号化的动物，人创造了符号体系，同时符号体系也塑造了人。[4]事实上，符号在本质上是一种对事物具体的或者抽象的直观。通过符号化的直观，人类认识了外界事物的基本面貌，进而形成了对事物理性的、本质的认识，即符号化的直观是人类认识事物的第一步。白裤瑶服饰上的种种有关自己或者大自然的图案就是这样一种符号直观。白裤瑶最初关于人和自然的认识就是通过这样一种符号直观的强化而形成的，进而白裤瑶形成了朴素的自然观和宗教观。白裤瑶学校教育要科学借鉴存在于社会教育中的这种符号直观方式，摒除纯文字直观的弊端，创造条件提供现代化的直观教具，但在条件不具备、财力不允许的情况下，要大胆选用源于白裤瑶生活之中的符号直观，让白裤瑶学生形成丰富的感性知识，为促进对间接教材知识的理解奠定基础。

参 考 文 献

[1]邓启耀. 民族服饰——一种文化符号[M]. 云南人民出版社, 1991.

[2]张诗亚. 西南民族教育文化溯源[M]. 上海教育出版社, 1994.

[3]约翰·杜威. 民主主义与教育[M]. 王承绪译. 人民教育出版社, 2001.

[4]恩斯特·卡西尔. 人论[M]. 甘阳译. 上海译文出版社, 2004.

教育技术

慕课本土化实践中学习支持服务现状与对策研究

杨 东

（赫尔辛基大学行为科学学院教师教育系　芬兰赫尔辛基　00014）

摘要： 慕课在开放教育资源运动中产生，在开放教育资源运动中发端，在行为主义学习理念下繁荣。[1]所以，对在线学习的研究不能局限于单纯的理论讨论中。近年来，在线学习与传统课堂的深度融合的趋势逐渐明显；《教育部2015年工作要点》中明确指出要"探索在线开放课程应用带动机制，加强'慕课'建设、使用和管理"，在线教育已被提升为国家战略。当前，中国的高等教育已经进入一个大众化的发展阶段。同时，由于人口的迅速增长，大学的不断扩招，高校层次良莠不齐，使得高等教育工厂化生产、培养模式单一、教学质量总体不高等问题日益突出。在强调高等教育持续向大众开放的同时，如何把好大学教育的质量关，也是摆在我们面前的一个重要问题。作为推进高等教育前行的强劲动力之一，近些年教育信息技术的力量日渐凸显。尤其是当下，继远程教育、开放教育运动之后，慕课的出现颠覆了人们对传统高等教育课程的认识，改变了社会的学习观和学习习惯。网络公开课中的学习者往往只是"旁观者"，而慕课中的学习者是真正的"参与者"。慕课提供的是一种服务，是对在线学习资源的重新设计，目的在于服务更多的学习者。从学习支持角度出发，探寻慕课如何支持学习者更好学习，对于开展在线学习研究尤为重要。

关键词： 慕课本土化；学习支持服务

一、慕课学习支持服务系统的建设现状

毫不夸张地说，慕课的成长一直都伴随着学习支持服务的进步。由最初的

Coursera、edX、Udacity 三大平台的三足鼎立到现在各大洲各大国的代表性平台的雨后春笋般地、蜂拥式地出现（如澳大利亚的 Open2study，网址为 https：//www.open2study.com、英国的 Future Learn，网址为 https：//www.futurelearn.com/、德国的 Iversity，网址为 https：//iversity.org/、日本的 Jmooc，网址为 http：//www.jmooc.jp/en/，等等）。为了深入了解慕课学习支持服务系统的建设现状，本研究采用了内容分析法对目前的代表性慕课平台的学习支持服务系统的总体情况进行了抽样调查和相应的对比分析。

（一）学习支持服务系统的理念与实践路径

慕课中的学习支持服务系统的建设是紧紧围绕其理念来展开的，因而其实践路线也是紧扣"服务于学生，为了学生一切"的主题。从慕课诞生之日起，学习支持服务系统的定位就是通过完善的技术支持、情感支持、管理支持等方面为学习者提供全面的模拟课堂真实学习的良好学习体验。从"服务"的角度来谈最切合其理念，那就是从各方面支持学习者的在线学习活动，这些包括提高学习者学习的学习效率、鼓励学习者的持续学习、评价学习者的学习活动等。

慕课正是以社会化学习网络为平台，给教师的教学和学生的学习带来了自由，而且，教师将不再专属于一所学校，课程不再专属于某一位教师，学生也将跨校学习，从而将教师自由教学的权利和学生自由学习的权利通过开放转化为巨大的学习资源。[2]

慕课学习前期，学习支持作用表现在课程的选择、学习计划的制订、注册登录等方面。选定课程后，在学习期间，需要学习支持系统来全面吸引学习者投入其中、保持持续的动力、合理管理学习进度、提供良好的互动等。即使在学习结束后，慕课的学习支持服务系统也有优质的服务。比如，及时的学习情况反馈，要求学习支持服务系统收集学习者的特征、学习者学习记录来统一分析其学习情况，及时反馈优势劣势，以便更好地学习。而成绩认证也是当今极为重要的一点，学习支持的作用就是根据学习者的学习情况来评定其成果，如是否可以得到认证，拿到证书，甚至获得应有的奖励。

慕课学习支持服务的实践路径如图 1 所示，可以更清晰明了地呈现其作用。

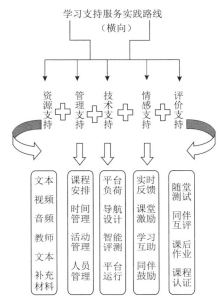

图 1　学习支持服务路线实践

（二）慕课学习支持服务系统的建设现状

1. 资源支持

在本研究中，笔者认为慕课平台上的学习资源指的是所有的能够促进学习者学习的包括文本、视音频材料、助教团队、老师在内的所有的资源的总和。本研究选择了 Coursera、学堂在线等平台作为样本，对其资源支持部分进行了梳理和比较。

谈到学习资源，慕课平台上的课程资源必然是最值得关注的。根据学科所属分类，笔者总结对比了几个平台的课程资源建设情况，如表 1 所示。

表 1　三大平台课程资源统计　　　　　　　　　　　　单位：门

课程科目	Coursera	edX	学堂在线
计算机科学	168	78	72
艺术	51	42	14
教育学	207	16	3
工程学	81	86	17
建筑学	3	5	6

续表

课程科目	Coursera	edX	学堂在线
食物和营养学	28	42	2
人文历史	174	178	47
医学	107	26	3
数学	76	45	27
统计和数据分析	73	45	19
商业和管理	154	45	42
经济学	119	29	—
生命科学	120	54	32
地球科学	97	41	17
化学	—	21	
物理学	47	73	59
社会科学	163	69	
法学	42	18	1
信息和通信	126	19	7
哲学	—	41	15
自然科学	—	79	—

　　本研究选择了时下几个国际化程度高、课程设置比较全的国内外平台来进行对比分析，它们分别是：美国的 Coursera、edX 和中国的学堂在线。其中，Coursera、edX 是世界三大慕课平台中的非营利性质平台，也是课程数目最多、质量最好的两个。学堂在线是国内首个国际化的慕课平台，同时也是目前资源最丰富、最受欢迎的慕课平台。与中国大学 MOOC（大规模开放在线课程）不同的是，学堂在线一边提供中国优质大学的 MOOC，一边也主动吸收国外平台、高校提供的精品课程。对上述三个平台的分析，可以大概了解当前的慕课平台资源支持的现状和问题。

　　为避免混淆和进一步方便统计对比，笔者将不同的学科领域统一进行了分类。其中，将学堂在线平台上的云计算和数据科学划分到计算机科学这一大的领域；同时，将 Coursera 中的计算机科学：软件工程、计算机科学：系统与安全、计算机科学：理论三类课程统一命名为"计算机科学"；将学堂在线中的水利工程、土木工程、矿山工程、控制科学与工程、车辆工程、机械工程归类到工程学大类；将学堂在线的创业管理合并到经管大类中；将 edX 和学堂在线中的伦理相关学科划分到伦理哲学学科之中；将 Coursera 的能源和地球科学、物理和地球科学合并成地球科学大类；将教师专业发展合并到教育学大类之中。

通过一系列整理和归类，最后得出三大平台的课程资源分布图（截至 2015 年 3 月 1 日 12 时）。

总体来说，三个平台的学科覆盖面广且专业设置均衡。Coursera 一共 973 门课程供选择，并且这个数目每天都在增加；其次是 edX，一共 434 门，广泛分布在各个学科领域，文理科设置较均匀；学堂在线有 384 门，目前课程主要是国内的高校的课程和 edX 高校联盟里的优秀慕课，其中，国内的占 60% 左右，国外的占 40% 左右。

值得一提的是，学堂在线创造性地开辟了"垂直性课程"专栏，目前提供了"云计算""创业管理"和"数据科学"三大领域的课程，并根据难易程度分为"入门""进阶"和"探索"三个阶段。

助教团队方面，三个平台上的课程均提供助教。助教团队主要由任课老师学生、同事组成，主要通过发邮件、帖子、通告的形式来告知学习者学习进度和为学习者答疑解惑。助教团队的合理运营主讲老师可以为课程的成功实施提供强力支持，同时也减轻教师的工作压力。据不完全统计，国内高校的课程普遍配有相应的助教团队，平台会随时提示学习者助教是否在线。

除此之外，国外慕课平台（如 Coursera 和 edX）还提供了维基百科的编辑功能。学习者可以在维基百科板块上面编辑共享知识，实现知识的创造更新，同时也有助于构建学习者共同体，实现知识的开放共享。

如图 2 所示的 Coursera 上的杜克大学 MOOC "高等教育的历史和未来"（History and Future of（Mostly）Higher Education）中的维基百科界面。

在图 2 所示的维基百科界面中，学习者可以自行修改完善已有的课程内容或者新添加学习内容到其中。如"高等教育的历史和未来"的维基百科板块，就有热心的学习者不断更新相关章节的知识点的思维导图，随后又有更多的学习者加入思维导图的讨论和修改完善工作中，极大地促进了学习者协作学习、增加了学习互动性。

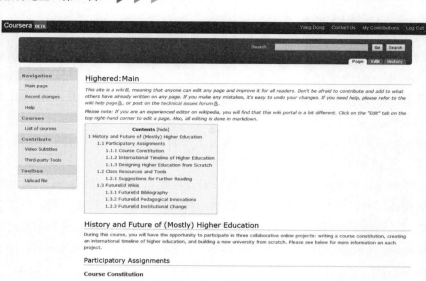

图 2　Coursera 平台课程中维基百科界面

　　为了从总体上更好地介绍慕课中的资源支持情况，我们在这里选择参考由爱丁堡大学发布的"慕课@Edinburgh2013 - Report#1"中的课程资源支持情况统计详表（表 2）。（注：爱丁堡大学的慕课主要和 Coursera 平台合作，并秉承公开慕课数据的原则，本研究中的数据使用均已取得爱丁堡大学团队负责人的同意。）

表 2　爱丁堡大学慕课团队构成

课程结构	马营养	智能规划	天体生物学	数字化学习与数字文化*	批判性思维训练	哲学
教师数量/人	1	2	1	5	5	7
助教数量/人	4	3+20 社区助教	2	—	2	4
团队总人数/人	5	6	3	5	7	11
课程历时/周	5	5	5	5	5	7
视频数量/个	14	80	32		15	36
视频长度/分	211	674	326		109	239
平均长度/分	15	8	10	—	7	7

*课程"数字化学习与数字文化"采用了全新的课程设计，故部分统计缺失

2. 技术支持

技术支持是保障学习者在线学习活动顺利开展的核心要素。没有专业化的技术团队和与时俱进的、成熟的技术支持，慕课的学习便无从说起。

一个慕课平台搭建之后，第一个要考虑的问题便是平台的负荷能力。这需要在过程中不断测试、调试和完善。早期的慕课不时出现学习者注册量多大，导致平台瘫痪的现象。而现在，这已经不是阻碍其发展的因素了。各大平台都开设了"technical issues"的板块，如果学习者在课程学习或者作业提交等环节遇到无法解决的技术问题，只需要联系该板块的技术人员，问题就会很快得到解决。另外，学习者也可以通过论坛留言、提问或者发邮件的方式与助教团队取得联系。

作为技术支持的另一方面，页面导航扮演着不可忽视的作用。合理的导航、亲切的界面往往影响着学习者的第一印象。学习者对导航的认可可以在一定程度上增加其对慕课平台的黏着性。随着网络技术的发展，慕课平台也开始积极学习电商的营销模式。比如，edX 的主界面不仅提供最新最热的课程信息，还开始增加类似电商网站的消费者评价板块,让学习者在学习前就可以了解同伴们的评价，以便进一步决定是否选择学习。图 3 是 Coursera 平台和学堂在线的课程选择导航的对比。

不难发现，在课程导航方面 Coursera 和学堂在线都有自己的特点。Coursera 采用典型的左置功能菜单，学习者可以根据对不同语言、科目，是否有证书栏目的勾选来筛选自己想学的课程，界面简洁明了。学堂在线则是采用标签的形式呈现课程，根据不同的科目生成若干个可以点击的标签。与 Coursera 不同的是，学堂在线是上下方向的导航界面设置，初次使用的学习者可能并不太习惯。因为下拉的表情列表会不时挡住下方的课程展示页面。但是，学堂在线课程页面中，增加了助教是否在线的提示，毕竟有无助教也是学习者决定是否修课的一个因素。

学堂在线平台的开发是基于 edX 平台的开放源代码，并植入了一些自己的元素。

慕课提倡知识的联结与分享，因此，不仅继承了开放教育资源（OER）中的流媒体技术、测试工具及软件，部分支持知识获取的工具，而且课程中使用多种技术平台共用的形式来提供资源、组织学习互动。其中，最主要的支撑技术是类似维基百科、博客等简单易用的社会化工具，或是采用已有的机构联盟提供的平台[3]。总体来说，平台的技术元素如表 3 所示。

图3　Coursera 与学堂在线课程导航界面对比

表3　慕课平台技术元素

板块平台	Coursera	edX	学堂在线
课程中心网站	Blackboard	—	—
虚拟教室工具	Elluminate	skype	webEx
人际互动工具	Google+ Twitter Facebook	Google+、Twitter、Facebook	博客、微博、QQ、微信
资源分享工具	Youtube、megavideo	Youtube、megavideo	土豆网、优酷视频

总而言之，在技术支持方面，慕课的发展目前处在稳中求进的大好阶段。越来越多的技术元素和在线教育巨头的加入，使得慕课学习支持不断趋于成熟。比如，基于计算机技术的云计算和数据挖掘技术的发展，使得学习者越来越多的数据被开发、被分析，从而服务于在线教育的学习者特征分析，将带领学习者实现慕课未来的个性化学习。

3. 管理支持

慕课中的学习管理支持，主要体现在对教学活动（课程）的管理、学习进度（时间）的管理、人员的管理等几个方面上。

和线下的面对面教学不同，慕课的教与学主要发生在网络上，因此，学习者的本身的学习、互动以及相应的评价都是发生在线上的。俗话说"无规矩不成方圆"，这对慕课学习一样受用。作为学习支持服务系统的一个子系统，管理支持可以维护良好的学习氛围、创造公正的评价体系、提升学习互动的有效性。每一点都事关学习者在线学习的持续性动机，甚至是最终的学业成就。图4清晰地呈现了管理支持在慕课学习支持服务中的各个环节的作用。

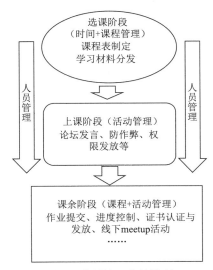

图 4　慕课管理支持模型

我们根据学习发生的时间先后顺序来梳理管理支持的角色。首先，在选课阶段，其作用主要表现在提供友好的界面和亲民的环境，根据学习者的课程选择生成课程进度表安排学习相关材料。这个阶段，主要是针对时间的管理，使学习者对即将学习的内容一目了然，便于进一步安排自己的时间灵活学习。然后是课间的管理，也可以说课堂管理。由于学习互动多数发生在论坛中，所以良好的、和谐的论坛环境是非常有必要的。一般的做法是助教团队担任管理员，定期清除内容不健康的帖子、随时控制学习者的开关帖子、检查是否存在不良影响。另外，课间的管理还有防止学习者测试作弊的板块，目前这方面尚待开发（比如，结合技术支持来根据学习者敲击键盘的频率来监督考试）。学习之余，慕课学习者还需要定期向助教或者老师提交作业，工作人员需要及时通过各种方式提醒学习者，保证作业及时提交，统一评阅。如学分修够，需要申请证书，有关管理部门还承担评价学习成果，统一发放证书的责任。有趣的是，以 Coursera 为代表的一些平台还创造性地开辟了 meetup 板块，旨在将世界各地的慕课学习者联系在一起，为他们提供相识的机会。针对这方面的管理支持需要及时汇总。图 5 就是 Coursera 创造性地开辟的线下活动 meetup 界面。

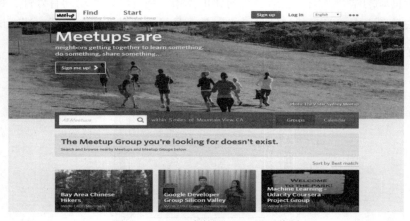

图 5　Coursera 中的 meetup 界面截图

4. 情感支持

在远程教育中，情感、情感信息和情感支持服务对远程学习者的学习具有重要影响，积极的情感可以提高学习效率、促进学习进展，而消极的情感却可能造成学习的失败。[4]情感的支持大部分源于学习者之间的共鸣，还有一部分来自教师和学生、助教和学生之间的交流、反馈。细微的方面（如亲切友好、干净简洁的界面）也能给学习者留下较好的第一印象。

情感支持总体而言是个抽象的概念，但是却是伴随着学习者在线学习过程的重要因素。全面的、细致的情感支持设计有利于提高慕课的留存率，保持学习者的学习兴趣和学习动力。在本研究中，我们将慕课中的情感支持归结为及时反馈、持续激励、学习互动和实时鼓励四个主要方面。

尽管学习者有各种参与互动和收到鼓舞的方式，比如，参与论坛讨论，通过社交工具和社交网站分享并讨论课程内容、学习进度，甚至结交世界各地的朋友。但是，总体而言，这是慕课学习支持中较薄弱的环节，主要原因可能是在线交流的不及时性、在线讨论的参与不足。

以下我们以学堂在线平台上课程"心理学概论（2014 年秋）"为例来分析慕课的情感支持现状。

第一，在讨论区方面，一共超过 500 条的讨论帖子，这个数据包括授课方的官方帖子和学习者发布的帖子。这里只选择回复人数大于等于 10 条的帖子加以分析。根据统计：回复数超过 10 条的帖子总计 48 条，约占总帖数的 10%；回复超过 100 条的仅 2 条，约占总数的 0.4%，且均为官方开帖。讨论主题主要集中在课程公告、疑难解答、技术问题、建议和意见四个方面，又以疑难解答居多。总体而言，慕课的讨论区能够给学习者提供较好的情感支持，几乎所有提问都得到了或多或少的解答；相比个人开帖，官方帖子能收到更多的回复和关注。

第二，在社交工具互动方面。"心理学概论（2014 年秋）"课程本身并未提供中国学习者习惯的 QQ 讨论群或者官方的微博、微信账号信息。根据笔者统计，只有一个学生自发建立的 QQ 群将一些学习者联系了起来。上面提到的问题广泛存在于学堂在线平台上，相比国外平台的高互动性（课程分享、学习者交流、线下活动等）中国的慕课平台略显落后。互动少了，来自学习共同体的鼓励和情感支持也会相应打折扣。

5. 评价支持

这里提及的评价支持，主要是基于同学互评（peer assessments）、随堂测试、学分认证来讨论。

（1）同学互评

同学互评，又叫作学习者互评，是慕课中评价的一大创新。采用学习者互相评价的方式可以有效地提高作业评定的效率、减轻教师的工作量，同时，由于一份作业往往会被几个学习者评定，会得到更加客观、中肯的意见和评价结果。对同学互评的运用最初是 Coursera 平台上的"人机交互"课程。学习者在线互评的一般模式是，教师先教会学习者评分的规则，然后针对一个范例练习试评，当试评通过之后，互评系统就以随机方式，送出五个作业给学习者评分，老师最后以学习者评分的平均分数作为成绩。为了更加详细地说明学习者互评的操作流程和优势，笔者绘图进行了说明，如图 6 所示。

图 6　同学互评模式图解

（2）随堂测试

除了同学互评，众多慕课的评价支持体现在对学习者学习过程中的随堂测试上。通常是镶入式的小问题，不做正确便不能继续观看视频进行学习。这对鼓励学习者认真听课、及时反馈课程掌握情况帮助。随堂测试一般有两种，即客观题（单项选择题）和主观题（填空题），填空题的答题不受限制，可以自由发挥。随堂测试的问题会自动反馈到系统中并立即评分（如图 7）。

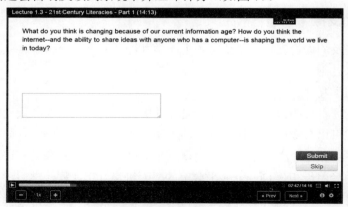

图 7　随堂测试界面截图

（3）学分认证

通常，学习者按时提交老师布置的作业、结业考试成绩在 80 分或以上（100分制）后便可以申请学分认证。这也是慕课在评价支持中迈出的一大步，是对线下高等教育的借鉴和发展。有些平台，诸如美国的 Udacity 开始以发放官方签字的证书来实现赢利。申请证书会收取几十到几百美元的费用，有纸质的也有电子版的。现在的技术发展使得电子版慕课证书实现了唯一的 ID 识别码，能防止伪造和更改。在国外，已经有高校开始承认权威机构学习的慕课证书，并将慕课上的学分纳入高校总体学分考虑；另外，一些企业开始在招聘过程中优先考虑相同条件中持有慕课证书的应聘者；还有些大型跨国公司，向持有相关专业课程的学习者提供实习机会，一旦考核优秀，便予以录用（图8）。

图 8　慕课证书样图

资料来源："学堂在线"中国建筑史学习者分享

二、慕课学习支持服务系统建设中存在的问题

基于对问卷的分析与学习者的深入交流，慕课学习中的困难主要表现在学习中疑问不能得到及时解答、不知道如何选择适合自己的课程、跟不上课程安排进度等方面。另外，也有部分学习者反映缺乏中文字幕和学习同伴也是比较重要的方面，具体如下。

（一）补充性资源不足，人员支持待加强

学习者反映的资源支持问题主要集中在：补充性资源不足，论坛和课程页面提供的资料不充分，主要体现在资源获取渠道较少、资源利用价值不高、资源分享不够积极等；视频的质量问题，表现在中文字幕的缺乏、画面不清晰、表现形

式枯燥；资源的分类不明晰也是当前慕课课程中的一大问题，各平台中的维基百科分享板块和论坛讨论区均有学习者分享的资料和链接，但这些零散的资源往往没有得到很好的利用。如果有专门的分类、集中的整理，相信这些资源会被更好地使用。

在学习资源板块，十分有必要让每一门课程拥有好的学习支持服务，如讨论、答疑、协作学习等。现有的慕课平台虽然提供了讨论互动功能，但提供了技术平台并不意味着就提供了服务，因为我们往往不清楚学习者是否合理利用了相关的资源，又有没有达到良好的学习效果。服务不单单是一个平台，社区也不仅仅是一个论坛，依靠社区提供完善的学习服务需要一整套的机制和流程以保障社区有效的运转，保证学习者切实得到学习服务的支持。

edX 总裁 Anant Agarwal 极具幽默性的一句话可以总结当前的学习资源在线化发展的趋势，也透露出他对在线学习的一些忧虑："从教学楼搬到电子空间，书籍变成平板电脑，从水泥砌成的砖瓦房，搬到数码宿舍，但是我想，我们的大学里还会需要一座教学楼，否则以后我们该如何告诉子孙们，你的爷爷奶奶坐在那个屋子里，整整齐齐，像玉米秆一样，看着讲台上的老师授课，甚至都没按一个回放键。"

（二）技术支持不充分，已有功能利用不足

技术支持问题主要表现在：平台设计不够人性化，分类导航不清晰；辅助性工具欠缺，尤其是本土化互动平台的利用不足；技术问题解决不及时（诸如提交作业、平台崩溃），专业团队尚未发挥作用；缺乏对学习操作的指导，学生对于课程中小问题，如视频不能观看、作业不能提交等基本问题不能解决，由于信息素养差异，有的学生自行解决，有的学生则束手无策，使得技术因素影响到学习。有报告称，edX 在最初的设计时就尚未考虑到网站的可能承载能力，以至于选课学习者达到了一万人时，平台出现了崩溃的情况。虽然当前的技术支持日臻完善，但是要保证十万甚至几十万的学习者同时在线并正常使用，慕课设计者们还需要花费工夫在技术支持上面。总体来说，技术支持的小漏洞还比较多，需要从技术团队、服务意识等方面得到加强。

慕课本土化中一个重要目标应该是通过慕课的普及来缩小城乡在教育资源之间的差距，特别是一些优秀的垂直领域的慕课课程，简单实用，可以有效帮助未就业的人学习一门技术。然而，现实的情况是，即使有了免费的教育资源，但很多地区还没有网络，技术支持尚不到位，需要解决无网络的地区首先实现网络覆盖，有网络但是信号很差的地区争取解决带宽不足的情况，也是当务之急。

（三）情感支持欠缺，互动媒体利用率低

难以形成拥有良好氛围的学习共同体。存在的主要问题有：学习互动不足，学习者积极性不高；学习同伴少，缺乏来自同伴的鼓励和帮助；疑难不能得到及时解答，导致兴趣减弱；师生互动设计少，学习气氛不浓；线下活动少或者直接没有，影响学习者参与热情。

慕课学院的做法值得称道，其建立了慕课学习者的学习社区和课程学习页面，提高了学习者的参与热情。组织学习小组，还可以开展一些课外活动小组，鼓励学生积极参加，让学生和学生之间、学生和教师之间多一些途径了解对方，让学生消除孤独感，增强自信心，感受浓浓的校园文化气息[5]。

论坛是慕课中最主要的交互和协作方式，学习者不限讨论内容，可以进行情感交流、问题讨论等，同伴互评为学习者提供了向他人展示自己作品的机会，同时还设有维基社区，学习者共同参与编辑内容，促进了学习者之间的网络协作。除了通过在线论坛、同伴互评等方式促进学习者线上交流之外，慕课还嵌入其他社交工具，如博客、Twitter、YouTube 等，方便学习者进行线上线下交流和讨论。这种交流形式让学习发生于不同的实践社群中，更容易激发学习者的互动热情和兴趣，拓宽了学习互动的渠道和形式。

（四）管理环节漏洞多，分工协调不明显

管理团队不专业、分工协调不够明显，表现在论坛管理、课程管理等方面，论坛上没有专门负责答疑或者提供技术支持的团队。事实上，论坛治理其实是慕课学习者非常重要的一个方面；时间管理不细致，逃课问题突出，当然，这也是目前所有的在线学习面临的重要问题：不能像线下教育一样，实现有效的管理；个人活动空间缺乏，对学习者的黏着性差，比如，学习者不能像拥有博客一样拥有自己的私人学习空间，在这里学习者可以根据自己的兴趣加入慕课学习小组、添加慕课好友、随时随地地分享学习心得、撰写学习体会等；事实上，一个和谐、精细管理的论坛可以保证学习者更好地参与讨论，保证更高的留存率；而一个混乱不堪、灌水帖随处可见的论坛往往会引起学习者的反感，甚至放弃相关的讨论，最后放弃相关课程的学习。

另外一个不容忽视的问题是学习者本身对社区活动的参与。如何让学习社区中的参与者静下心来参与到社区的建设和活动过程中去呢？这就需要有一个相对比较规范的虚拟社区管理团队，基于一定的管理范式或组织架构使社区有效运营。慕课相较其他网络课程更具有名校和名课效应，这使得慕课更容易吸引更多的社

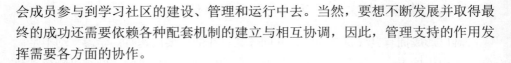

会成员参与到学习社区的建设、管理和运行中去。当然，要想不断发展并取得最终的成功还需要依赖各种配套机制的建立与相互协调，因此，管理支持的作用发挥需要各方面的协作。

（五）评价技术不成熟，评价主观性过强

总体而言，相比传统课程，评价支持有很大突破。目前，该方面存在的问题在于：评价可靠性值得商榷，指标需要完善。虽然类似于 Coursera 的平台正在不断更新新的有效的评价方式，但是在线学习中的学习者评价的客观性和可操作性依然值得怀疑；课程证书实用性急需拓展，应该被更多的雇主和单位接受，当然有一些公司在尝试开展运用，例如，Yahoo 资助员工获得 Coursera 认证证书；同时也逐步发展了和政府合作的服务模式，如波士顿和 edX 合作共建的 BostonX；随堂测试不够，作业反馈往往不及时；测试真实性的改善，防作弊途径探索，如何真实反映学习者的学习过程，做形成性的评价。再者就是评价中的相关体制的建立，同学互评是一个不错的突破点，然而相关的体制和流程不被制定，评价的权威性和可靠性便无从说起；评价方式开始多样化，但仍然缺乏有效的评价机制。以上这些都是学习支持服务需要改善的问题。

大数据的技术可以促进有效的学习评价，大数据分析可以为学习者的个性化学习提供不同方案，为不同特征的学习者提供一对一的学习解决方案；通过数据监测分析工具，授课教师可以随时掌握学习者的动态，并及时调整相应的指导方法。总之，基于大规模学习者的学习记录形成的大数据分析和反馈是慕课从根本上进行升级改造的基础。通过大数据挖掘进行学习者的行为建模、分析与预测，从而逐步实现面向学习者个体的智能导学和面向学生群体的教学规律分析。

三、慕课学习支持服务体系建设的完善与构建

针对慕课学习支持服务系统的最终评价标准和现在远程教育的标准根本上是一致的，应当是是否满足了学习者的自主学习需求、是否体现了以学习者为中心的在线学习。

（一）构建慕课学习支持系统的基本原则

1. 以人为本原则

以学习者为中心，突出开放、灵活、适用的理念、特点，搭建集网络、资源、

服务为一体的学习支持服务体系及运行机制是远程开放教育可持续发展的基础，也是建设慕课平台的重要保证。以学习者为起点和归宿，从直接影响学习者和学习者在线教育的学习的发展是为图创造和面对面教学相近的教学效果，但是如有学者所言"学习是一个非常人性化的行为。当学习者感受到更多的人文主义关怀（而不是人机的无情感互动）时候，人性的需求被充分重视，人们会更加乐意去学习和学习如何学习"[6]，这就需要我们充分考虑人作为人的特点、考虑学习者的个人感受，从多角度来分析需要改进学习支持服务。从这个意义上来说，除了个体教师提供的特定质量和数量的知识以外，学习者还有大批的同伴来一起通过互动和合作实现自己的目标、满足学习需求、发挥自己的长处。先前的研究也充分证明：好的学习支持服务可以帮助改善学生的学习体验，使得他们可以跟更多的在线学习同伴、老师交流，在一个良好的学习氛围中掌握在线学习的方法，进而实现学习目标，因此，学习支持服务可以起了"脚手架"的作用。

2. 差异性原则

差异性原则指的是要考虑学习者的差异性的需求，也就是服务人群的差异性。这对资源的要求是种类丰富，照顾自学者、专业人士、初学者等不同的学习者类型。对于技术支持来说，则要充分考虑信息素养，多角度进行技术支持；在情感方面，考虑后进生的学习需求和情感鼓励；在管理中也要做到根据学习者不同的学习情况来制订计划，持续关注进度；在评价支持中测试难易程度可以灵活设置，学得快的学习者可以优先学，学得慢的学习者可以放慢节奏，同时保证有充足的学习支持。

3. 整体性原则

学习支持服务系统，除了资源的支持以外，还有情感、技术、管理和评价方面的支持等子系统。学习服务系统的构建，远不能止于各个子系统板块的简单拼凑和组合，而是需要从整体规划、实际情况出发优化各个部分的功能，全面支持学习者的慕课学习体验。在整个体系中，特别要充分体现多种教学手段和多种教学资源的优化组合及综合运用。要根据课程的特点和具体要求，加强"一体化"整体设计，对多种教学媒体和教学手段进行优化、整合，科学地、恰如其分地运用相关媒体和手段，既不是单一的面授和仅有文字媒体，也不是简单地认为教学手段和媒体使用越多越好，更不是孤立地、分割地运用各种手段和媒体。

4. 交互性原则

学习支持服务系统的构建，应强调"服务"的重要性。提高学习者之间、师生之间、人机之间的交互性能，给予学习者更多的关怀与帮助。更加频繁的互动可以增加学习者对平台的附着力，一旦感受到来自学习共同体和教师助教团队的反馈和支持，学习者会更愿意持续学习，加入学习互动。因此，交互性是保证足够的情感支持和学术支持的重要因素。

5. 开放性原则

慕课学习支持服务体系的构建中的开放性，不仅体现在课程资源、评价指标等方面，还创造性地体现在慕课数据开放获取这一方面。确保资源共建共享，整合各界的优势和力量来设计开发资源，并开放共享。慕课数据的开放，典型的如爱丁堡大学慕课，其每阶段发布的慕课@Edinburgh Report 就是针对学习者数据的报告，可以供所有人使用和研究。

（二）建设慕课学习支持服务体系具体策略

学习支持服务存在学习对学习资源支持服务认可度低、情感支持服务依然缺乏、个性化学习支持服务仍不能满足需求，并将学习动机激励支持的不足与远程教育中居高不下的辍学率联系起来。

1. 情感支持策略

建立丰富多彩的在线学习环境和学习氛围，从细微处出发改善网络学习空间。包括设计亲切的、人性化的欢迎界面，简化学习操作步骤，满足不同的年龄阶段学习者。例如，有的课程在开课前来个随机采访，在开始就牢牢抓住学习者的好奇心，产生对学习共同体的归属感；建立独立于助教团队的情感支持服务队伍，并进行相应的心理学、教育学相关知识培训，提高队伍的整体业务素质；强化新技术在情感支持中的作用，强化情感支持服务在课程开发和递授过程中的角色，开发者和教师、助教团队应充分意识到情感支持对于学习者学习成就的巨大影响，基于自主学习的理念，及时发现学习者的学习问题，及时解决、引导，必要时给予奖励，保持持续的学习动力；利用先进的人机交互技术，完善情感交互功能模块，如提高反馈速度、增添互动渠道、发展多样的社交工具的深度使用（如 QQ即时聊天、微信、博客分享等）；提供学习笔记本功能、增设讨论区的语音和图片提问功能。

2. 资源支持策略

在平台整体规划上，应实时调查、突出特色，要善于根据学习者的及时需求和反馈来丰富课程资源；资源深加工、精细加工。部分慕课资源存在视频粗糙、字幕翻译错误问题多的情况，应该对各类资源精细加工，包括整合归类，合理组织补充性资源。视频最好提供下载功能；响应微学习时代号召，提供不同格式的视频音频资源，简化移动设备的随时随地学习的功能，全面支持学习者碎片化学习习惯的养成。充分运用数字徽章的吸引力，将相应学习内容与数字徽章结合起来，一旦学习完并通过小组测试，便得到一个数字徽章，满一定的数量可以换取奖励（如与老师面对面讨论机会、签名的教材、优先选择课程权利等）；融入更多实用性元素，增加垂直领域的专项课程，如 IT 领域、物流领域等的垂直课程，让学习者马上学到实用性的课程。视频字幕志愿服务团体，及时更新课程的字幕；课程种类多样性，充分满足不同行业的学习者的需求；丰富助教团队的功用，充分发挥教师团体的支持性作用。

3. 管理支持策略

及时跟踪学习者学习进度，对掉队学生、没有上课的学习者进行必要的调查和学习提醒，确保学生有问题及时能联系上相关的人员；协调技术支持、资源支持、人员队伍各个部分的统一性，管理相应的团队工作进展状况；成立专门的论坛环境治理小组，成员可以来自助教团队，也可以来自学习者中的志愿者，治理队员也负责及时发布通知、激励学习者讨论，论坛的活跃可以充分带动学习者课程参与程度；提供个性化课程学习计划表，根据不同职业、不同情况学习者的时间安排制订计划，课程开始前系统自动通知学习者上课。

4. 评价支持策略

有必要模拟部分电商平台，增设学习者分享学习经验和学习过程的评价模块，根据自己的学习感受，为课程评分，为其他学习者选课提供参考；除了随堂测试和结业考试外，可增设期中考试，并将期中考试成绩按一定比例纳入结业测试的分值中，这样保证评价多样化，增加半途而废类学习者的对平台的附着力；丰富并完善反馈机制，例如，反馈问题及时得到相应、答复和处理；全面追踪学习记录、基于学习风格自动推送学习资源和策略、给予后进生更多的支持。

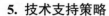

5. 技术支持策略

记录学习资源的学习进度，比如，视频播放进度，下次自动继续播放；学习者特征分析技术的运用，阶段性收集学习者痕迹，分析其慕课学习习惯和学习成就，为个性化课程推荐提供参考；通过技术手段丰富情感互动工具和手段，拓宽课程资源分享的渠道，解决国内学习者不能进入部分国外平台（如 edX、Youtube）的难题；另外是导学系统的完善，慕课应该完善导学系统这一板块的功能，一个完善的导学系统可以帮助新的学员达到迅速掌握相关操作、适应学习平台、熟悉网络学习的流程、掌握学习策略和技能、熟悉虚拟课堂的情景和自行解决一些技术性问题等，一般而言，导学可以通过在线互动工具、邮件等来实现。[7]增加随堂交流工具、允许学习者拥有个人学习主页，便于更好互动。

总而言之，以人为本、以学习者为中心，突出开放、灵活、适用的理念、特点，搭建集网络、资源、服务为一体的学习支持服务体系及运行机制是远程开放教育可持续发展的基础，也是建设慕课平台的重要保证。以学习者为起点和归宿，从而直接影响学习者和学习者学。

学习支持服务有助于改善学习者的学习体验，帮助学习者建立在线教育环境中必需的自主学习技能，进一步使得他们通过在线学习实现理想，改变自己的生活，从这种意义上看来，学习支持服务对学习者的成功起了"脚手架"的作用。[8]

（三）慕课学习支持服务的发展趋势分析

1. 学习者特征分析：更好的反馈（爱丁堡大学 EDC 案例）

个性化的教学发展才应该是慕课对传统教学的颠覆，因此在慕课时代，在线教育不能只是更好的课程资源、名校名师的声誉，更需要个性化的基于大数据和云计算的学习者特征分析与学习分析，通过对海量的慕课学习者学习活动的追踪数据来精密分析，以促进更好地学习支持服务的建构。

著名学者何克抗教授认为，学习者特征指的是影响学习过程有效性的所有学习者内部的心理过程的方面。[9]这个定义主要是针对传统的课堂教学形式，而在线教育环境中的虚拟性、自主性、开放性和互动性使得对学习者的分析拓展到心理活动以外的在线学习的行为分析，如行为特征、学习者与网络中师生的关系和互动等行为特点。事实上，一些慕课平台和在线教育科研机构已经开始了对系统学习者的特征分析，其可以准确了解学习者的认知风格和学习偏好，从而为下一步提供其更好的学习策略和推荐更适合的课程资源、制定合理的进度安排打下基础；从学习者的行为特征出发，特别是其在线活动轨迹及用户习惯的把握，可以为更加妥善设计规划学习平台、开发相应的优秀学习资源、创建更恰当的互动方式指明方向。本文前面提到的爱丁堡大学与 Coursera 平台合作的课程中就有意对学习者数据进行初步分析，如二次选择课程的原因分析、视频的频率变化曲线图、课程作业提交情况统计等。从这个角度来说，在本土化过程中，嵌入学习分析技术的慕课是未来的发展方向（表4）。

表4　爱丁堡学习者特征分析　　　　单位：分

课程	第三周评估	第五周评估	第7周评估
心理学导论	13 928	11 439	9 937
批判性思维训练	5 301	7 286	
数字化学习与数字文化	1 811	1 728	
天体生物学	8 564	7 916	
铝规划	739	743	
马营养	9 513	8 897	
总计	39 856	38 009	9 937

资料来源：慕课 @ Edinburgh 2013‐Report=#1: Total number of course participant assessment submissions during weeks 3,5&7 of the MOOC period

2. 内容为王：学习资源的再审视

学习资源学习支持服务的基础部分，事实上，内容之重要，从互联网诞生之时就已经注定了。对内容的争夺，实际就是对内容产生者的争夺，慕课中的学习内容的争夺主要反映在整合世界著名高校的课程的能力上。举例来说，Couesra一直以来以最受欢迎的课程平台著称，这和其丰富的内容提供方不无关系。进一步说，在不缺乏内容提供方的今天，内容的质量和吸引力往往就是在线教育成功与否的重要影响因素。有学者讨论了远程教育中到底是"内容为王"还是"渠道之上"的核心命题，认为"媒介的传播内容是需要的，但媒介的重大影响力在于他们通过建构一个传媒影响到绝大多数人的思想及行为，媒体本身更能引发更大的社会及文化变迁……"[10]将这一视线放归到慕课学习之中，笔者认为当前的所谓"渠道"建设已经处于饱和状态，虽然在线的内容纷繁复杂、数量惊人，然而要从激烈的竞争中脱颖而出，还得靠高质量的、适合学习者的慕课学习资源。一旦学习者将慕课视频的学习当作看好莱坞级别的电影时候，其本身的学习主动性

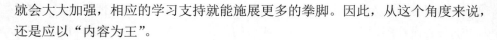

就会大大加强，相应的学习支持就能施展更多的拳脚。因此，从这个角度来说，还是应以"内容为王"。

3. 数据挖掘技术：用事实说话

大数据时代的来临给在线教育行业产生了空前的变化与影响，其中重要的手段算是数据挖掘（data mining）。数据挖掘就是一种将某个领域的原始数据经过分析转换成有用信息的一种技术。教育数据的挖掘将会在未来学习中大展才华，在在线教育领域，深入挖掘学习者的学习轨迹、学习偏好、学习风格等，可以为教师、学生、家长以及教育研究人员提供重要的参考信息，使他们更好地理解学生的学习，更好地理解教育系统。教育数据挖掘典型运用在如下方面：学习者知识建模、学习者行为建模、学习者经历建模、领域知识建模、学习组件分析和教学策略分析、趋势分析，以及自适应学习系统和个性化学习设计。慕课的本土化进程中，需要加强技术支持，表现在平台数据共享、数据格式兼容等方面，发挥后进优势，全面支持学习支持服务的核心作用。

4. "晒课"与"晒学"：分享改变学习

慕课对社交工具的深度运用也体现在教师和学生充分利用社交工具的分享功能来促进学习交流，甚至日常的沟通上。一般而言，老师通过"晒"自己的课程，一方面可以促进本身从更细微之处改善课程资源质量，充分考虑学习者的现实需求，另一方面，老师课程分享后产生的众多的跟课学生与中肯的评价有利于课程的进一步改善；学生的"晒学"可以带动相同学习兴趣领域的其他潜在学习者的参与，社交工具充当了广告栏、促销人员。从某种意义上说，教师"晒课"、学生"晒学"都可以推动慕课的普及化，而且反馈到的意见又反过来推动慕课平台的构建，主要体现在学习支持服务的评价支持上。因此，学习支持服务将会继续挖掘在线互动工具的优势来实现优良的学习群体之间、学生与教师或者助教的深度互动，这必然会成为未来在线学习的重大趋势。

参 考 文 献

[1]陈肖庚，王顶明. MOOC的发展历程与主要特征分析[J]. 现代教育技术, 2013(11).

[2]张举范，孟小著，彭智慧. MOOC的核心理念、价值及实践反思——基于网络学习的视角[J]. 江苏开放大学学报, 2015(6).

[3]顾小清，胡艺龄，蔡慧英. MOOCs的本土化诉求及其应对[J]. 远程教育杂志, 2013(5).

[4]全丽莉，潘勇. 情感计算在E-Learning系统中的应用探索[J]. 华中师范大学研究生学报, 2008(2).

[5]卢奕, 郭小琪. 基于网络的高校远程教育学习支持服务研究[J]. 中国教育技术装备, 2013(33).

[6]Knowles M S. The Adult Learner: A Neglected Species [M]. 4th ed. Gulf Pub. Co. , Book Division, 1990.

[7]吴琼. 我国高校学习支持服务研究[D]. 南京师范大学, 2006.

[8]Stacey Ludwig-Hardman, Dunlap J C. Learner support services for online students: scaffolding for success[J]. The International Review of Research in Open and Distributed Learning, 2003(1).

[9]何克抗, 郑永柏, 谢幼如. 教学系统设计[M]. 北京师范大学出版社, 2002.

[10]罗江华. 解套形与实——教育资源数字化的价值取向研究[M]. 广西师范大学出版社, 2009.

"多媒体字源识字教学"移动学习资源设计研究

李艳莉

（西南大学西南民族教育与心理研究中心　重庆北碚　400715）

摘要： 在移动学习中，人们抱怨"有路有车"，但是缺乏"货"，也就是高质量的数字化学习资源。阻碍移动学习普及推广的一个很重要的原因就是优质资源缺乏。移动学习的资源建设首要任务是鉴别什么样的内容适合通过移动学习方式来进行学习，从对研究项目的分析来看，似乎不约而同地选择了语言学习。汉语的电化教学研究也有了很大的发展，但是将移动学习与识字学习结合进行研究仍是一个较新的领域，研究还相当缺乏。

关键词： 字源识字；移动学习；学习资源；教学设计

一、"多媒体字源识字教学"移动学习资源设计的理性分析

（一）现实基础

1. 多媒体字源识字教学需求

郑国民先生在解读《义务教育语文课程标准》时说："语言文字是文化的重要组成部分，应该从小学开始就培养学生喜欢汉字的情感与态度，让学生逐步感受到汉字在中华民族文化中的价值与意义及学习汉字对自身学习和发展的重要性。"[1]可是，如今这些内容只是简单地作为口号，依然是向学生灌输或强迫记诵，而没有做到潜移默化地渗透在学习识字、写字的过程中。

多媒体字源识字教学，不单单是关注识字量、识字率层面的内容，还应更多关注汉字更深层次的功能，如文化功能、训练思维功能。利用现代技术手段，再现原生语境，充分利用汉字以形表意的特点，帮助学生识记汉字。

笔者在西南大学附属小学考察期间发现，二、三年级的很多语文老师在用多媒体字源识字教学生识字，学生特别喜欢用这种方式学习汉字，而且效果很好。有很多经常写错的汉字，用这种方式，向学生展示原始汉字的图画、甲骨文字形，解读汉字原始各个组成部分代表的含义，学生就能很好地记住汉字，而且不会出现多一部分或少一部分的情况。有教师提到，在课堂上老师用字源识字这种识字方法教授的汉字是有限的，有很多学生还想通过这种方法学习更多的汉字，就有学生因为很喜欢字源识字这种识字方法，就在课下做作业的时候，自己去查汉字的甲骨文字形来帮自己识记汉字。

笔者在和教师访谈过程中发现，小学阶段的语文老师都在使用多媒体字源识字教学，只不过用的程度不同，小学语文低年级段用的频率更高，次数更多，而高年级段相对来说用的要少些，毕竟识字的关键时期是在小学低年级阶段。但他们均反映说，目前关于字源识字方面的资源比较少，适合教师教学学生学习的就更少了。

通过对《义务教育语文课程标准》的解读，加之在教学第一线的考察，笔者明确了多媒体字源识字教学需求。

2. 识字移动学习资源现状

随着智能手机、平板电脑等的普及，汉字学习应用程序越来越多。在 360 手机助手上，就检索到汉字学习移动程序 226 个。其中有 6 个应用程序是关于日语汉字的，其余 220 个应用程序，针对儿童的有 120 个，如"儿童宝宝学汉字""我爱汉字""宝宝爱识字""汉字王国"等。

通过对这些汉字学习应用程序的分析，笔者总结出一般汉字学习资源的特点（表1）。

1）反复练习：提示部首，提示笔顺，不停地重复，通过机械识记来学习汉字。
2）结合故事：将汉字的学习贯穿到故事中，在一定的情境中学习汉字。
3）结合游戏：通过游戏的形式，在玩乐中学习汉字。
4）以动画的形式呈现：图文结合配以动画的展现汉字学习内容。

表1　汉字移动学习资源特点　　　　　　　　　　　　　　单位：个

功能	提示音义	提示部首、笔画数	检索功能	汉字解释	问答	写字	字词学习	成语学习
应用程序数	65	26	15	6	45	32	18	13

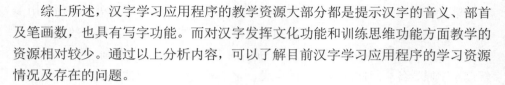

综上所述，汉字学习应用程序的教学资源大部分都是提示汉字的音义、部首及笔画数，也具有写字功能。而对汉字发挥文化功能和训练思维功能方面教学的资源相对较少。通过以上分析内容，可以了解目前汉字学习应用程序的学习资源情况及存在的问题。

3. 研究的可行性

笔者通过问卷调查加访谈的形式，通过对问卷结果的分析再加上深度访谈，以确定现实的可行性。

（1）研究样本的选取

本研究选取重庆市西南大学附属小学的 74 名学生为研究对象。

（2）研究方法

本研究主要采用问卷法的方式。调查问卷由 20 个问题组成，主要询问研究对象的个人基本信息、移动设备拥有情况、手机消费情况、学习情况、课外辅导班情况、对移动学习的需求、识字学习等几个方面的问题。调查地点为重庆市西南大学附属小学，调查时间为 2014 年 5 月，共发放问卷 74 份，回收问卷 74 份，回收率 100%，其中有效问卷 74 份，有效率 100%。此外，本研究还就调查研究过程中发现的问题随机抽取学生进行了深度访谈，以期了解问题背后的原因。

（3）研究思路

本研究通过文献调研了解研究对象移动学习的现状以及识字教学软件的情况，之后编制调查问卷，抽取研究样本之后发放、回收问卷，对问卷进行数据统计分析并得出结论，同时针对数据分析过程中发现的问题进行深度访谈，了解问题的原因和实质，进而最终得出本研究的研究结论。

在此次调查的所有对象中，男生 33 人，女生 41 人，分别占总调查人数的 44.6% 和 55.4%。调查对象为小学三年级 2 个班学生，其中 8 岁的有 13 人，占总人数的 17.6%；9 岁的有 52 人，占总人数的 70.3%；10 岁的有 9 人，占总人数的 12.1%。

第一，移动设备拥有现状。对调查对象的移动设备拥有情况及每月话费状况进行调查发现，有 23 名调查对象只有手机，占总调查人数的 31.1%，有 30 名调查对象既有手机又有平板电脑，占总调查人数的 40.5%，有 4 名调查对象有手机、平板电脑、电子书包，占总调查人数的 5.4%，有 7 名调查对象只有平板电脑，占总调查人数的 9.5%，有 1 名调查对象有平板电脑和电子书包，占总调查人数的 1.3%，有 9 名调查对象没有移动设备，占总调查人数的 12.2%。综合起来，拥有移动设备的学生占总调查人数的 87.8%，拥有手机的学生占总调查人数的 77%，该数字远远超过《2010 中国未成年人互联网及手机运用状况调查报告》[2]中所发布的未成年人手机拥有率 46.6%的水平。受访人群的手机几乎都是由家长或亲友购置的，手机功能相当完善，拥有开展基于手机移动学习所必备的功能。

第二，手机消费情况。对调查对象的手机月消费情况进行调查发现，33.8%的调查对象手机月消费为 20 元以下，13.5%的调查对象手机消费为 20～40 元，12.1%的调查对象的手机消费为 40～60 元，6.8%的调查对象的手机消费为 60～80 元，10.8%的调查对象的手机消费为 80 元以上，还有 23%的调查对象没有手机消费。

第三，父母对孩子玩移动设备的态度。通过对父母对孩子玩移动设备的态度调查发现，有 58 名调查对象选择了"可以适当玩，但不能时间太长"，占总调查人数的 78.4%；有 12 名调查对象选择了"不允许玩"，占总调查人数的 16.2%；有 4 名调查对象选择了"随便玩，不管"，占总调查人数的 5.4%。

第四，调查对象的学习现状。调查对象每天在家学习时间调查结果显示，47.3%的调查对象每天晚上的学习时间集中在 1～2 小时，主要是做家庭作业。而家庭作业对于这些学生而言，36.5%的调查对象认为作业非常简单，他们都是自己独立完成的，59.5%的调查对象认为作业比较简单，他们偶尔需要家长的帮助，2.7%的调查对象认为自己完成作业比较困难，需要求助老师或者同学后才能够完成，1.3%的调查对象认为作业非常难，根本无法完成。可见，对于调查对象来说，学校的课堂学习较为简单，教师布置的作业对于他们来说也比较简单，除了每天完成课外作业，他们是有精力进行移动学习的。

调查显示，52.7%的调查对象除了学校的学习之外，都参加了课外辅导班。通过对调查对象参加辅导班的原因调查发现，10.2%的学生是因为学校的知识太简单了，他们想学习更多的知识；84.6%的学生想提高自己的学习成绩，2.6%的学生是父母强迫的，2.6%的学生是因为学校老师讲得有点儿难，为了补习。可见，94.8%以上的学生参加课外辅导班都是为了学习更多的课内或课外知识，学校的学习并不能满足他们的求知欲望。

调查对象参加补习的形式，仍然以课堂面授的形式为主，只不过从学校的教室变成了课外辅导机构的教室，这部分比例占到 56.1%，而把辅导老师请到家里的占 3.5%，通过网络学习方式的占 40.4%，可见，调查对象有一定的接受课堂之外学习的基础，同时，可以看出，移动学习的方式有一定的提升空间。

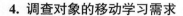

4. 调查对象的移动学习需求

第一，调查对象对移动学习的态度。73%的调查对象赞成移动学习，12.2%的调查对象很期待移动学习能够给自己的学习带来帮助和提高。随着经济的快速发展，调查对象的学习方式逐渐改变，使用移动设备进行学习将成为一种趋势。但是，也有4%的调查对象认为想法很新颖但较难实施，选择不赞成的也有10.8%。

第二，调查对象用移动设备进行学习活动的频次。16.2%的调查对象经常用，73%的调查对象偶尔用，也有10.8%的调查对象一次也没用过。

第三，调查对象进行识字移动学习的方式。调查数据显示，81.1%的调查对象都进行过识字移动学习，他们的识字移动学习方式中，26.7%的调查对象仅通过上网学习，41.7%的调查对象仅通过学习软件学习，10%的调查对象仅通过下载学习内容到移动设备进行学习，11.7%的调查对象通过上网和学习软件两种方式进行学习，5%的调查对象通过上网和下载学习内容到移动设备进行学习，1.6%的调查对象通过学习软件和下载学习内容到移动设备两种方式进行学习，3.3%的调查对象通过上网、学习软件和下载学习内容到移动设备三种方式进行学习。综上所述，调查对象进行识字移动学习的方式主要是通过学习软件和上网。

第四，调查对象对识字移动学习内容的需求。通过调查结果可以看出，37%的调查对象期待识字移动学习可以既有故事又有游戏，还有奖励机制，18.9%的调查对象希望在故事中学习汉字，17.5%的调查希望在游戏中学习汉字，当然还有25.6%喜欢通过反复强调字的读音、笔画来学习汉字。从中我们可以感受到调查对象希望识字移动学习的内容更加多元化。

第五，识字学习。首先，对传统课堂教师教授识字的方式的调查。通过对调查结果的统计分析，有三种方式是教师教授识字时最常用的，分别为：反复地读、重复地写；通过讲古人造字的情景来帮助识字；结合图片或图画。其次，学生对字源识字的了解情况。在让学生做问卷之前，笔者首先向三年级的一位语文老师简单了解了一下她们平时教授识字的方法，令笔者喜出望外的是当笔者提到要做字源识字的研究时，她告诉笔者，她们上课的时候使用这种方法，不过她也表示，学生可能不知道字源识字这种叫法，需要要给学生解释一下。问卷的结果也正如那位老师所说的，73%的调查对象都知道字源识字这种识字方法。80%的调查对象表示如果在手机、平板电脑上能用字源识字方法学习汉字，他们愿意去学。最后，调查对象对识字移动学习资源的看法。调查结果显示，82.6%的调查对象都不同程度地关注过识字移动学习资源，只有17.6%的调查对象表示自己不知道。在关注过识字移动学习资源的调查对象中，21.9%的调查对象选择了"有关识字学习的资源很多"，14.8%的调查对象选择了"资源比较少，找起来困难"，60.1%的调查对象选择了"资源虽多，但有用的不多"，还有3.3%的调查对象选择了"资源太少"。

第六，识字移动学习资源获得方式调查。21.6%的调查对象获得此类资源是通过"老师提供"，37.8%的调查对象是通过"网上下载"，13.5%的调查对象选择了"手机自带"，另外还有27%的调查对象选择"其他"。

第七，老师对识字移动学习的指导情况。25.7%的调查对象表示老师有指导过学生用移动设备进行识字学习，48.6%的调查对象表示没有也不需要，还有25.7%的调查对象表示虽然老师以前没有指导过，但是希望老师可以指导。

第八，识字移动学习的原因调查。本次调查对象中，82.4%的调查对象表示用移动设备进行识字学习，他们感兴趣。18.9%的调查对象选择识字移动学习的原因是"课堂资料不够，要补充学习"，55.4%的调查对象选择识字移动学习的原因是"这样的方式更方便，可以随时随地学习"，12.2%的调查对象没用过，还有13.5%的对象选择了"其他"。

第九，调查对象对识字移动学习看法的调查。调查结果显示，52.7%的调查对象认为识字移动学习有效，32.4%的调查对象认为识字移动学习有趣，有4.1%的调查对象认为这种识字学习方法不可行，还有10.8%的调查对象态度模糊，认为都有。

通过对本次调查数据的分析与讨论，可以得出如下结论。

第一，87.8%的调查对象都拥有手机、平板电脑等移动终端，且他们的移动设备功能相当完善，拥有开展移动学习所必备的功能，随着技术的不断发展，移动学习中技术的障碍影响会越来越小。

第二，78.4%的家长对孩子玩手机、平板电脑等移动终端持一种客观的态度，"可以适当玩，但不能时间太长"。在和家长访谈中，家长提到，有合适的移动学习资源，他们并不排斥自己的孩子通过这些移动终端进行课下学习。

第三，52.7%的调查对象参加了课外辅导班，40.4%的调查对象通过网上学习。在这些参加课外补习的调查对象中，有94.8%的学生参加课外辅导班是为了学习更多的课内或课外知识，学校的学习并不能满足他们的求知欲。

第四，73%的调查对象赞成移动学习，12.2%的调查对象很期待移动学习能够

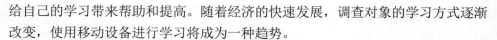

给自己的学习带来帮助和提高。随着经济的快速发展，调查对象的学习方式逐渐改变，使用移动设备进行学习将成为一种趋势。

第五，73%的学生都知道多媒体字源识字这种识字方法。60%的调查对象表示老师课堂上用字源识字方法教授的汉字，并不能满足他们的需要。

第六，82.6%的调查对象都不同程度地关注过识字移动学习资源，60.1%的调查对象表示"资源虽多，但有用的不多"。

综上所述，教师课堂上用到多媒体字源识字方法，但用这种识字方法教授的汉字的量很少，并不能满足学生的需求。大多数学生都拥有移动终端，且他们移动终端的功能相当完善，能满足移动学习的硬件需求，识字移动学习是可行的，但目前缺少的是优质的多媒体字源识字移动学习资源，以满足学生更好地学习汉字的需求。

受客观条件的限制，本研究的样本只选取了一所学校的调查对象进行调查，存在一定的局限性，相对较小的样本容量会影响结论的准确度。今后，笔者将抽样调查更多的样本，以进一步研究并推广字源识字移动学习在基础教育中的应用。

5. 移动学习工具

由于移动学习是以移动终端作为学习载体，了解有哪些可用的学习终端，了解这些学习终端的特性，以及了解移动终端的发展趋势，能够在设计与开发移动学习资源的时候有针对性地考虑学习终端的相关特性，以便在满足学习者实用需求的同时，也能够顾及学习者的移动学习体验。

从学习资源的设计开发角度，我们也还是需要对其特性加以分析，以便设计更适合的学习资源。

从有关移动学习的研究中，我们也可以了解到作为载体的移动终端的特性，从而分析在设计学习资源的时候需要关注哪些特性。这些研究结论也意味着，在移动的环境中，学习必然存在注意力分散的现象，这将给学习者带来烦躁的片段式体验。而作为一种个性化和情绪化的学习过程，对个性化的、友好的用户界面也提出了极高的要求。为了防止由用户的学习挫折而带来的对系统的信任感问题，并减少学习的挫败感，除了内容本身的吸引力之外，还需要对学习交互进行合理的设计，对可用性进行合理的设计。

目前，移动终端中 Android 系统占绝大多数，所以本设计的研究是基于 Android 系统的。

（二）理论基础

1. 汉字构形规律

中国文字学中的"六书"，即指事、象形、形声、会意、转注、假借，至今该理论仍然是全面系统地认识汉字、研究汉字的钥匙。小学识字教学要实现现代化、科学化，既要根据现代社会发展，正视规范的简化汉字这一事实，又要深入研究蒙学教育中识字教学的精髓，做到"古为今用"，使现代教学有继承、有发展。

汉字是象形文字演化来的，经过简化后象形的成分少了，不过其痕迹仍在，有一部分字还可以给学习者学习带来方便，特别是一部分构词能力很强的独体字，例如，山、水、日、月、金、木、火、土、人、手、足、口、心、言、耳、食、衣、刀、草等基本词汇，与儿童生活有密切的关系，有助于儿童识字。

学习汉字一定要知道文字的特色，包括字的发展演变过程。

汉字的突出特点之一是以形表义，绝大多数汉字能通过字的形体结构在某种程度上显示出字义。汉字为什么会有这种特点呢？这与汉字以形表义的造字原则有关。

运用字源识字为汉语学习提供有利条件，因此，适度解析字的演变过程有利于识字教学。这里讲的"适度"，必须以学习者理解、接受为原则，这就需要处理好过程与结论的关系，对于儿童识字来说，重在了解字的演变过程，帮助其识字汉字。

2. 汉字认知规律

汉字认知规律可以告诉我们怎么教。汉字教学应该基于汉字系统的特点和学习者的汉字学习特点来设计，汉字本身的研究成果相对已比较丰富，但下述三个方面是值得关注，并且目前的成果也还不够深入和系统的研究专题：①学习者的汉字学习方式；②学习者的汉字学习效果；③汉字教学方法。在适应学习者语言认知机制的前提下，如何根据其学习方式和汉字的特点设计有效的汉字教学方式？哪些汉字学习策略是可教的？哪些汉字学习机制是应顺应的，而哪些又是可改善的？

汉语认知研究开始于 20 世纪 20 年代。到 20 世纪五六十年代之后，随着认知心理学的诞生，汉语认知研究的广度与深度都得到扩展，研究涉及多个层面，包括语义和句法信息在句子加工中的作用；篇章阅读的过程及其影响因素等[4]。

汉字具有形、音、义三个要素，研究汉字的信息加工应该包括字形识别、语音提取和字义通达三个方面。汉字识别的最终目标是通达字义。因此，怎样通达字义是研究汉字信息加工过程的一个关键问题。字义离不开字形与字音，因此，形、音在字义通达中的作用也是研究汉字信息加工过程的一个重要问题。汉字的

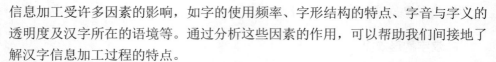

信息加工受许多因素的影响，如字的使用频率、字形结构的特点、字音与字义的透明度及汉字所在的语境等。通过分析这些因素的作用，可以帮助我们间接地了解汉字信息加工过程的特点。

现代科学研究认为，语言思维区主要在左脑部分，汉字的"形"恰恰为右脑的形象思维力，使左、右脑在汉字识字学习过程中协调共用，既可以有效地开发脑力，又有助于对汉字的掌握。

3. 学习者的学习特征

小学的六个年级，划分为低、中、高三个年级。低年级指一、二年级，中年级指三、四年级，高年级指五、六年级。本研究的研究对象定位是小学低年级的学生。学习者的学习特征主要可以从以下几个方面来探讨。

（1）学习动机方面的特点

学习行为一般是由学习动机引起的。动机产生于人的基本需要，学习动机则产生于学习上的基本需要。

一般来说，小学一、二年级的学生还缺乏社会责任动机，他们的学习动机往往指向学习活动本身。他们愿意为参加班内各种活动而学习，也因喜欢有关学习内容与方式而学习，还为获得老师赞扬而学习。他们对学习的内在价值与意义、学习结果的性质与寓意等还很不了解，也不重视。

（2）学习兴趣方面的特点

小学低年级儿童的学习兴趣通常指向活动本身。也就是说，小学生低年级学生不太在乎学习的最终结果，他们对学习的过程、活动的形式更感兴趣。比如，刚入小学的儿童对某位老师的课感兴趣，往往是因为那位老师在课堂上常讲故事。

对具体现象与事实较感兴趣。对小学低年级儿童在学习中有吸引力的是直接的形象、具体的事实和实际性的活动。比如，他们喜欢色彩丰富的图片、饱含细节的故事、出人意料的科学事实，较愿意参加各种技术活动、文娱活动和体育活动。

对游戏化学习更感兴趣。人类是喜爱游戏的，儿童更是如此，小学低年级儿童尤其如此。与幼儿不同的是，小学低年级学生虽然喜爱玩游戏，但又要竭力表现出自己是一个真正的"小学生"。因此，如果教师只带领他们做游戏而不教他们识字，他们反而会抱怨。

儿童的思维具有丰富的想象力和直观具体形象的特点，他们想象力局限性少，具有离奇怪异的特点。也正是这种离奇怪异的想象发展着儿童的内部语言，在识字活动中，恰恰是依靠了儿童面对一个个汉字面产生的奇特联想，充分发挥了无意注意的"暗示"作用，加深了对汉字形的认知，领悟了字义，强化了记忆，巩固了效果。

小学儿童分析概括和辨认汉字字形能力的发展有两个转折点：第一个转折点出现在一年级上学期；第二个转折点出现在一年级下学期到二、五年级之间。

小学生分析、概括字形能力发展的特点如表 2 所示。

表 2　小学生分析、概括字形能力发展的特点

年级	字形的分析、概括能力
小学一年级开学一个月后	能辨认熟字； 能大致分析及概括字形
小学一年级下学期	能辨认熟字及生字； 能精细辨认字形； 对图形认知有渐进性的发展
小学二年级	对字形的精细感知能力显著增加
小学三年级后	识字字形的短期记忆发展稳定
小学五年级	识字字形的长期记忆有发展及变化

4. 移动学习的特点

移动学习资源在学习目的、学习内容、学习过程、学习设备、学习支持和学习评价等方面，均表现出与正式学习不同的特点，表 3 从 10 个方面对这些特点进行了归纳。

表 3　移动学习的特点

维度	描述特点的短语
学习需要	目标明确，满足实际需求
学习内容	短小、轻松学习、可重用、数字化、导航和检索方便
学习目标	三大领域（认知、情感、动作技能）、五种学习结果（言语信息、智力技能、认知策略、动作技能、态度）
学习者	全民、终生
学习模式	多种学习模式，体现学习的灵活性和个性化
学习方法	非正式、在线/离线、个别化、协同
学习过程	个性化、任何时间任何地点、多种交互、存在干扰
学习环境与设备	通信网络、卫星网络、Internet、无线网络、小巧、便携、多样、灵活
学习支持	多种反馈形式（短信、留言、移动 QQ 等）、点对点、FAQs
学习评价	成长记录、终身学习档案袋

5. 移动学习相关理论

（1）非正式学习

非正式学习是除学校教育、社区教育等有组织、有计划的学习形态之外的学习[3]。

伴随着技术的飞速发展和人类知识观的进步，以及移动学习、泛在学习的出现，学习空间不再局限在学校内、课堂内，而是拓展和延伸到了课堂外，学习资源更加丰富多样和容易获得，各种非正式的非在场式的学习形态已经在学习谱系中占有越来越重要的位置（表4）。

表4　非正式学习的多样式举隅

非正式学习形式	时间	空间	学习设备	传播途径	学习对象	学习人群
随意阅读	空闲时间	不限	书籍、MP4等	在线、离线	不限，需要教育者设计提供	不限
听音学习	非工作时间	不限	手机、MP3	在线、离线	不限	不限
模仿学习	非工作时间	不限	视频终端、真实场景	在线、离线	技能类	不限
车载学习	行车时	行车中	车载设备等	在线、离线	预设	行车者
移动学习	非工作时间	不限	移动设备	在线、离线	不限	不限
微型学习	不限、偶发	不限	各种设备	在线、离线	不限	不限

非正式学习面向的学习者人群广泛多样，学习发生的时间、地点、场景灵活复杂，因此需要针对人群的多样性、学习载体的多样性、知识形式的多样性，以及考虑学习的发生环境，提供具有针对性的学习产品，以使学习者能够在任何时候、任何地点，通过任何设备进行按需学习。这种形式的学习表现出移动性、微型性、非持续性等特点。

（2）分布式认知理论

分布式认知强调的是认知活动在认知主体和环境之间分布的本质。其主要观点如下：①认知分布在个体内部，知识是在脑中非均匀分布的；②认知分布在媒介中，是在媒介间传递表征状态的一种计算过程；③认知分布在文化中，文化以间接的方式影响着认知过程；④认知分布在社会中，分布于社会情境中的规则之中；⑤认知在时间上分布，横向分布于每一个认知主体特有的时间维度和实践上，纵向分布于特定认知主体的过去、现在和未来。

总之，分布式认知强调的是认知现象在认知主体和环境间分布的本质。移动学习的进行是基于个体认知与分布认知交互的。

6. 教学设计理念（迪克和凯里模型）

在所有的教学设计模型中，迪克和凯里模型是最知名和应用最广泛的模型之一，该模型主要包括分析、设计、开发、评估四个阶段，共十个步骤。①确定教学目的；②进行教学分析；③分析学习者和场景；④编写绩效目标；⑤开发评估工具；⑥开发教学策略；⑦开发和选择教学材料；⑧设计和实施教学的形成性评估；⑨修改教学；⑩设计和实施总结性评估。

二、移动学习资源设计的策略、原则及规范

移动学习资源设计时应关注设备的"微型化"特点，针对设备的情况（如屏幕小、读取的格式受限等），提供更好的设计方案，以满足学习者的需要。

移动学习资源设计的策略包括：①内容设计策略，考虑怎样进行内容的设计，实现以实用短小的内容组块来承载移动的学习内容；②媒体设计策略，需要考虑如何进行媒体的设计，以便以微型的媒体来呈现微型的内容；③互动设计策略，研究如何进行交互的设计，实现以多种移动通信工具来承载微型内容，完成在内容和学习者之间的学习互动。

（一）移动学习资源的设计策略

1. 内容设计策略

内容设计策略，是需要结合儿童学习的规律与特点，对基于移动载体开展学习的课程内容进行设计的。移动学习课程资源设计的关键，在于如何组织微型化的内容，使之呈现出松散的、分布式的特点，要求简洁实用，可随时学习。

进行移动学习资源设计时，需要考虑的内容设计策略包括学习内容的微型化和学习活动形式的微型化。

（1）学习内容的微型化

移动学习资源的内容设计需要充分体现其微型化特征。学习内容以微型知识点模块为主，一个学习模块只针对一个知识点，尽可能地将课程分割成微小的知识点，使学习者可以在短时间内完成学习。在微型移动学习设计中，这种微型化的、实用性的、自包含的学习主题需要满足以下特征。

1）微型学习内容短小精炼、自包含：知识单元既要足够短小精炼，以便于学

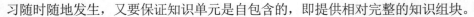

习随时随地发生，又要保证知识单元是自包含的，即提供相对完整的知识组块。

2）隐含微型内容连续的结构：在松散的内容背后隐藏着关联性，慢慢形成一个隐性连续的结构。

3）激发学习动机：作为一种非正式学习的实用模式，微型移动学习不能寄希望于学习者自身存在一个非常强烈的学习动机。应加强对学习者的注意力的控制，不断给予刺激与反馈，从而激发学习者的学习兴趣，并使其持续地学习。

4）创设快乐自由的学习体验：使学习者在移动学习体验中始终有一种自由开放、欢快愉悦的感受，这也是设计者需要考虑的相当重要的设计要素。

并不是所有的学习内容都适合微型化移动学习设计。微型移动学习特别适合非正式学习者。

目前，有研究对微型活动的设计提供了一些参考原则①：①学习活动时间要简短，一个模块控制在 5～10 分钟。如此，学习者便能够利用零碎时间完成学习活动。②学习活动应简单、有趣。移动设备有限的计算能力、存储能力和其他制约因素不应限制多媒体内容的开发、设计和传播。在学习时，应该让学习者觉得有趣，并且可以随时退出学习活动，在有时间时继续学习。此外，学习活动形式的微型化，很大程度上也依赖于学习内容本身的设计是否体现了微型化的原则。

（2）学习活动形式的微型化

综上所述，微型学习活动应参考以下原则：①学习活动时间要简短，一个模块控制在 5～10 分钟；②学习活动应简单、有趣。

2. 媒体设计策略

以移动终端作为微型移动学习的载体，承载微型移动学习内容的媒体设计，需要充分考虑其微型化特征，以便针对微型化的内容，提供合适的微型媒体呈现方式。

与一般的显示终端相比，多数移动终端在屏幕大小、数据处理能力、显示格式、存储能力方面相对有限，原有的数字学习资源在这些设备上难以使用。并且，许多研究指出，媒体设计选用不当，很可能使媒体的优势特性丧失，还可能分散学生的注意力，降低学习的效果。所以，很有必要基于移动学习的特性，结合文字、图片、声音、视频、动画等多媒体，针对不一样的微型学习内容，进行有针

---

① 转引自黄荣怀, 王晓晨, 李玉顺. 面向移动学习的学习活动设计框架[J]. 远程教育杂志, 2009（1）.

对性的媒体设计，使移动学习获得更多呈现教学内容的途径与方法。

进行媒体设计时，有两方面的因素需要考虑：①如何依据需要呈现的微型内容选择合适的显示媒体？②针对外部条件的局限性，以及微型学习的持续时间限制，如何设计媒体的文件格式、分辨率等细节？

（1）音频

音频的设计需要注意长度和格式的问题。学习者在移动学习中，注意力处于分散状态，有些学习内容有必要设计成单纯的声音形式以便使学习者在零碎时间学习。

（2）文本

文本的设计尤其需要关注文本长度问题。受移动学习终端的限制，文本的容量有限，很难通过简洁文字说明内容，不适合以文本形式呈现。

（3）图片

设计图片时需要注意图片的大小，太大的图片既不适合下载，也不利于保存。图文结合能取得更好的效果，图片比单纯的文字更能吸引学习者的注意力，使其在非连续的状态也能够投入到学习中。

（4）动画和视频

一般来说，动画可用来展示知识过程，视频可用来提供有趣的内容。动画和视频的设计除了考虑网络带宽和压缩技术的问题之外，还需要考虑终端的局限性，微型学习的持续时间的限制性，并且应对图像大小、分辨率、长度进行合理设计。

需要特别注意的是，媒体是移动教学的手段，不是移动教学的目标。移动学习的主体还是多元的教学内容，选择以何种媒体呈现学习内容，需要在显示性能、内容要求和吸引力等方面进行合理取舍。

3. 互动设计策略

微型学习活动中的交互设计也需要充分体现微型化特征。学习者与学习资源内容的交互可以通过移动通信予以实现。学习过程中的交互与反馈，包括学习者与教师之间的交互、学习者与学习者之间的交互、学习者与学习管理平台之间的通信，这些可通过在线实时信息交互的方式来实现。

（二）移动学习资源的设计原则

微型移动学习策略从内容设计的角度、媒体设计的角度及学习互动的角度，为基于移动终端的、以实用为目标的学习设计确定了方向。为了进一步地以这些策略为依据，对微型移动学习进行设计与开发，还需要在此基础上形成设计原则，从而作为设计指南，为学习资源的设计与开发提供实践依据。与上述的设计策略相对应，这里的设计原则相应地从学习内容的设计、学习活动的设计及媒体的设计等方面提供学习设计的指南，此外，由于移动学习终端的特点，也需要对微型移动学习的可用性提出设计指南。

1. 学习内容设计原则：体现学习内容的微型化

作为微型化的数字化学习实体，在微型学习资源的设计中，学习对象则限定为最小的资源单位（不可分割），承载一个单一的知识点，（在可能的情况下）由单一的媒体形式呈现。因此，我们得到以下学习内容设计原则。①最小粒度原则：知识点尽可能细小、精炼，一个学习对象最好只承载一个知识点。②学习对象自包含原则：每一个学习对象能够提供相对完整的知识组块。③学习对象松散重组原则：每一个学习对象与邻近学习对象可松散组成，但它们要有一定的关联性，呈现学习的机构性特点；这些相互关联的邻近学习对象可以在某一主题下完成某一特定学习目标。④最简组合原则：学习主题、话题、学习对象。⑤最简媒体原则：一个学习对象以一种媒体形式呈现，可以是单一的文本、语音或视频等。

2. 学习活动设计原则：体现学习活动的微型化

基于微型学习资源的学习活动主要在微型资源的设计中予以考虑，表现为学习者的听、看、阅读、选择、输入。如此，微型化学习活动设计原则体现为：①最小粒度原则：一个学习互动承载一个动作，如听、看、按键反馈；②活动引领学习原则：以活动出发学习；③最简活动编列原则：活动引领的学习和学习对象都体现最简编列原则。

3. 媒体设计原则：满足微型内容要求

交互界面的简洁性以及学习内容与学习活动的微型化，加上移动设备的特点，都对媒体的简洁、易用提出了要求。①最简媒体原则：一个学习对象以一种媒体形式呈现；②相似效果的前提下，选择尽可能经济的媒体形式。

4. 可用性设计原则

移动终端虽有便于携带的优势，但交互界面的微型以及移动状态实用的特点，都对可用性设计提出了更高的要求。为此，可用性设计原则包括以下几个方面。①导航的一致性与简易性原则：学习对象的呈现采用一致的导航方法；导航层次不超过三级；避免出现滚动条；每页都包含至首页的链接和返回链接。②图标的一致性与适度性原则：尽量使用图标的象征性指示功能表征意义并保持其指向意义的一致性。大小适度，以符合移动终端屏幕的尺寸。③交互活动的最简按键与声音反馈原则：学习活动承载的用户反馈动作，采用最简按键操作原则，尽量采用选择的形式，尽可能减少用户输入；对用户的某一选择、动作给予声音反馈。④内容精简原则：每一个学习对象的时间不超过 3 分钟。

（三）移动学习资源的设计规范

1. SCORM 标准

SCORM（共享内容对象参考模型）是于 1997 年由美国"高级分布式学习"研究项目所提出的，他们希望通过建立"教材重复使用与共享机制"，来达到缩短教材的开发时间、减少开发成本、促成教材能在各学习平台间运用自如的目的。

SCORM 具有以下四项主要的功能。①可重复使用性：同样的教材可以不修改或经过稍微的修改，就可以在其他地方重复使用。②容易取得性：通过这个标准的平台，学习者可以很容易地通过网络获取教材，不受时间及地域的限制。③教材的可互通性：SCORM 的教材设计都遵循一个相同的标准，所以教材可在不同平台上运行。④教材的持续性：教材不会因为科技进步或标准变动就不能使用，具有良好的兼容性。

SCORM 标准的核心在于教材课件的可共享性与可重用性；SCORM 更倾向于考虑网络化，提倡学习对象的可重用性。

2. 学习对象元数据规范（CLTS-3）

学习资源类的相关标准是为了实现教育资源在开发、利用、共享时实现可重用和互操作而制定的。它主要包括学习资源基础标准、应用标准[5]。

该规范研究的内容在于：①定义一个概念上的数据模型，定义学习对象元数据实例的结构；采用学习对象元数据实例描述学习对象的相关特征。②概念数据模型支持多种语言。多种语言包括学习对象所使用的语言、学习对象的元数据实例所使用的语言、学习对象的使用者所使用的语言。③在概念数据模型中，定义组成元数据实例的各个数据元素，并规定各个数据元素的约束属性。④定义应该如何进行一致性声明，即能够声明"和 IOM 规范一致"的元数据实例或应用应该具备的条件。

3. 学习设计规范（IMS-ID）

在目前已制定的 e-learning 相关规范中，全球学习联盟所制定的学习设计规范关注了如何根据学习目标，考虑学习环境因素，制定学习活动序列，以便引导学习进程。[①]

该规范是一种能够支持网络环境下的多元学习活动和多人参与学习的技术标准，包含了学习过程中各个角色的参与方式、学习活动的安排与资源配合、各种教学设计的选择以及与内容包装的整合等。由于学习设计规范是对学习方法、策略、目标和学习活动所进行的统一描述，所以对教学系统的开发和应用有着重要的参照价值。

按照学习设计信息模型 V1.0 标准，学习设计需要满足以下要求：①完整性；②教学灵活性；③个性化；④形式化；⑤再生性；⑥互操作性；⑦兼容性；⑧重用性，能够在其他情境中重用。

三、"多媒体字源识字教学"微型移动学习资源的设计

微型移动学习的设计，从信息设计的角度对微型移动学习资源的信息模型规定了设计的规范，并同时从用户体验角度提供了可用性设计的指南。基于这些设计的规范与指南，可以开发能够在移动学习技术系统中运行与递送的微型移动学习资源。当然，在资源开发的过程中，还需要从教学设计与开发的角度，对资源的内容进行设计，对承载学习内容的媒体进行设计，并遵循资源设计规范，实现微型资源的开发。本文在信息设计及其规范基础上，结合教学设计与媒体设计的要求，实现微型移动学习资源的开发。开发的过程包括教学设计及其脚本、媒体呈现形式的设计及其脚本、学习主题的分割及其资源机构设计、学习对象元数据填写、制作资源媒体、编列学习活动、填写资源元数据及学习资源的包装。

要开发一个微型移动学习资源，首先要对该资源进行设计。设计工作包括内容角度的教学设计，以及开发载体所需要的媒体设计。

教学设计需要对一个学习资源所包含的学习对象，以及其学习目标、学习内容和学习活动进行分析和设计。对一个微型移动学习资源进行教学设计能够有助于指导资源的开发，确保资源具备微型学习的特点、满足学习者的实用需求。教

---

① 具体内容参见网站 http://www.imsglobal.org/.

学设计阶段以完成设计脚本为标志。

媒体设计的工作包括明确：资源用于哪些终端设备、学习内容如何呈现、交互和可用性等媒体制作时必须考虑的问题。媒体设计有助于媒体制作者明确媒体的各个属性，更好地进行媒体的设计，并确保微型移动学习资源的可用性。媒体设计阶段也需要完成相应的媒体设计脚本。

（一）教学设计

作为一种学习产品，微型移动性学习资源的开发也需要遵循教学设计的一般过程，特别是，为了满足实用取向的学习目标，需要在学习目标分析、学习内容选择和学习活动设计之间进行斟酌筛选，以符合微型移动学习的实用需求。教学设计过程中，需要完成相应的设计脚本。资源的开发将以教学设计脚本为基础进行。教学设计阶段要完成的工作包括：①进行学习目标分析并填写目标分析脚本；②进行学习内容设计并完成资源概括、资源结构脚本以及针对每个学习对象的内容设计脚本；③进行活动设计并完成活动设计脚本等阶段。

1. 学习目标分析

学习目标常被用来阐释教学者的意图，从而决定教学产品的开发。布鲁姆的《教育目标分类学》将各类教育目标归结为认知、情感、动作技能三个领域。然后他又对这三个领域又进行了依次细分，其中认知教育目标依次分为知识、领会、应用、分析、综合和评价；情感教育目标分为接受、反应、价值化、组织和价值体系的性格化；动作技能教育目标则分为知觉、定向、有控制的反应、机械性动作、复杂的外显反应、适应和创新。

进行移动学习的学习者，其学习目的可按功利化的程度及学习效果可检测的情况排列如下：获取咨询、学习知识、提高技能、改变态度或价值观。

根据以上分析，在微型移动学习的教学设计阶段，首先需要对所要开发的资源进行学习目标的分析：所要开发的资源，是为了帮助学习者获取资讯、学习知识、掌握技能，抑或改变态度。其次需要结合教育目标分类结构，对微型移动学习资源预期达到的学习目标程度进一步分析，以确定学习目标关注知识、理解、应用、评价的哪些层面。

完成学习目标分析之后，在教学设计脚本中填写相应的内容。以"多媒体字源识字教学"这一微型移动资源设计为例，在教学设计阶段，该课程的目标定位是"学习知识"，另外根据学习者的学习特点和识字教学的特点，进一步分析该目标包括以下方面：①知道——学习者通过对资源的学习，知道多媒体字源识字教学的理念，以训练思维，传承文化为中轴，主要以识记汉字的同时渗透文化为目标；②理解——学习者从呈现的教学文字、音频、视频中理解其内容，并能推断、概括、总结出学习的知识点；③运用——学习者在实际情境中应用所学知识点；④评价——学习者通过测试，对学习效果进行自我评价，从而能够控制和调整学习进度及学习内容。

完成的目标分析脚本如表5所示。"多媒体字源识字教学"移动学习资源的学习目标是在学习汉字和运用语言的活动中锻炼和发展儿童的思维能力。

表5　教学设计脚本——学习目标部分

资源的学习目标类别	多媒体资源识字	
	学习目标的层次	备注
□获取咨询		
☑学习知识	○知道●理解○运用○评价	在原始造字情境中学习汉字
□提高技能	○知觉○定势○指导下的反应○机制	
	○复杂的外显反应○适应○创作	
□改变态度或价值观	○接受或注意○反应○评价○组织	
	○价值与价值体系的性格化	

2. 学习内容设计

面向非正式学习与满足实用需求的微型移动学习，除了在学习目标的设计方面体现实用取向之外，更需要在内容的设计层面体现"微型化"特点；不追求内容的系统化覆盖，而是关注短小、片段的实用内容。处于移动状态的学习者带着明确的学习目标，如果无法在短时间内掌握所学的知识，不仅会使其产生挫败感，而且也会使其由于移动环境的干扰而放弃学习。

因此，在学习内容的设计过程中，需要设计者针对性地进行内容的筛选、分割和设计，在设计中体现学习内容的微型化原则。

（1）内容选择

根据这些原则，内容的选择首先要实用性强，且短小、自包含，也就是说，每一个学习对象能够独立承担一个片段的实用知识点，而这些知识点能够与其邻近的知识点松散组合。在媒体形式上，尽可能以单一的、最简的媒体形式呈现学习内容，同时针对移动状态易受干扰的特点，通过设计丰富的互动界面，以及通过提供积极的学习反馈，提高学习者的学习体验。

据清代汉字学家王药统计，《说文解字》的 9353 个字中，象形字不超过 264 个。本研究就选取这些字作为研究对象。

完成内容的选择之后，还需要通过描述学习资源概括、计划学习资源的组成及其结构以及描绘学习资源的呈现方式等过程，完成对学习内容的设计。设计者可以通过填写资源概括脚本、资源结构脚本和资源内容脚本完成对内容的选择、描述与分割。

（2）资源描述

以"多媒体字源识字教学"为例，完成相应的教学设计及其设计脚本。

资源概况脚本用于描述微型学习资源的一般信息，如课程的标题、简介、学习指导、课程文档、课程来源等信息。

以"多媒体字源识字教学"为例，在设计阶段，对资源概况的设计如表 6 所示。

表6　资源概况脚本

名称	填写内容
标题	多媒体字源识字教学
语种	汉语
描述	多媒体字源识字教学是发掘出了汉字以形表义的内涵和规律，顺应古人造字的原始模式，利用多媒体技术重现古人造字时的语境，从寻找汉字字源入手，揭示汉字的内在机理，建立形、音、义的有机联系，从而实现对汉字的识记
关键字	字源识字
覆盖范围	小学低年级阶段

（3）资源分割

资源结构脚本是用来描述微型移动学习资源的组成部分，以方便笔者根据最小粒度原则来切分知识点。

根据松散组合原则，特定主题的微型课程资源可以由三个层次的学习对象构成，即主题或单元、话题或课，以及针对最小知识点的学习对象。在选择和设计学习内容时，尤其需要特别考虑学习内容设计原则中提到的最小粒度原则，将知识点尽可能分割为细小的、精炼的，以便一个学习对象只包含一个知识点的内容。

在"多媒体资源识字教学"设计阶段，对资源结构的设计如表 7 所示。

表7　资源结构设计

主题	话题	学习对象
汉字轩	听故事	字源、读音、字形、笔画
	图库	
	字库	
	小小字典	
智慧亭	组词	田、牛、鱼、日、方、果、鸡、白组词
	猜字谜	婴儿、蝴蝶、眼睛、老鼠
	看电影	《老虎和青蛙》《拔萝卜》《十只羊》《老鼠娶新娘》《渔夫和金鱼的故事》《大公鸡和漏嘴巴》
游戏宫	射击游戏	对儿童识字效果的一个检测，进一步巩固加强汉字音、形、义之间联系的板块
	匹配游戏	
	拼图游戏	

软件结构由"汉字轩""智慧亭""游戏宫"三大模块组成。内容上以生动有趣的故事、谜语、游戏、音乐、童话等引导孩子轻松进入汉语学习的殿堂。孩子在故事和游戏中不知不觉提高了汉语水平和学习兴趣。设计独特的练习与游戏，让孩子在玩中学，学中玩。

表现形式的多样化，从学习屋到游戏和智慧扩展的训练题目，每个环节都有新事物出现，每个页面的内容安排都不尽相同，让小朋友感觉到丰富多彩的学习内容，避免纯粹的练习题目堆积的单调形式。

（4）学习对象的内容设计

在确定了内容概要及其框架之后，设计者就需要对每一个学习对象所承载的学习内容进行设计。学习对象内容设计脚本就是用来明确学习对象所呈现的内容的，脚本包含了内容的结构属性（该内容属于哪个主题、话题）、角色属性和具体文本（是设计的重点，应力求文字简单且易懂）。

利用"学习对象内容设计脚本"进行内容设计，有利于笔者重新观察资源是否符合微型化的要求，查看文字内容是否精简、知识点是否已合理地分割；同时也便于设计者更好地对这些资源进行管理。

"多媒体资源识字教学"在设计阶段，对资源内容的设计主要包括如下内容（表8）。

表8 资源内容设计

学习对象	字源	组词	选字
所属主题	主题1：汉字轩	主题2：智慧亭	主题3：游戏宫
所属话题	话题2、3：图库、字库	话题1：组词	话题1：射击游戏、话题2：匹配游戏、话题3：拼图游戏
内容的角色（指导语、学习内容、小结、练习等）	学习内容	学习内容	练习
内容文本	日、鱼、田、牛、山、羊、人、草、木、休、天、云、上、下、大、子、从、刀、白、来、见、石、手、小、生、出、阳、方、月、明、不、鸡、气、东、立、森、果、木、林、爪、旦、目	田鼠、田径场、田螺、农田 牛奶、犀牛、牵牛花、蜗牛 鲨鱼、章鱼、金鱼、鲤鱼 向日葵、日光灯、日历、日出	羊、牛、回、爪、来、下、林、日、刀、鱼、生、上、去、手、小、云 田、森、牛、鸡、日、目、心、来、东、草、鸡、气、
内容的学习目标	知道文字本义，了解其一笔一画的来由，建立起了汉字的形-义联想	这些词语来自生活。接下来我们让孩子自己发动脑筋组词。这样，既能让儿童了解到更多的生活常识、自然科学知识等，又能激发孩子们的创造力、想象力，起到拓展思维的作用	1）强化儿童对汉字读音和字形的记忆 2）建立字源识字图和字之间的联想 3）促进对掌握汉字的扩展学习

3. 学习活动设计

在教学设计过程中，移动学习活动需要体现微型化原则，设计者尤其需要关注学习者与学习内容进行交互、与系统进行交互，完成指向目标。

（1）活动设计

根据学习活动最简原则，移动状态下，一般以单一的学习活动来承载一个动作，也就是说，学习活动以听、看、说、按键反馈等为主，主要表现为学习者与学习内容之间的互动。

在学习内容设计的基础上，从这些学习内容的特点出发，并结合学习活动最简原则，所设计的学习活动形式主要为听、阅读、看、按键反馈。这些活动符合移动状态下的微型化要求。

在设计时，我们可以借助活动设计脚本完成学习活动的设计。"多媒体字源识字教学"的活动设计脚本如表9所示。

表9　活动设计脚本

序号	环节	图片、动画	语音	文字
1	引入	创设情境，通过孩子和母亲的对话，引入学习主题		
2	主菜单		汉字轩 智慧亭 游戏宫	多媒体字源识字教学
3	汉字轩	《小猫种鱼》故事动画	《小猫种鱼》故事朗读	日、鱼、田、牛
		《狼来了》故事动画	《狼来了》故事朗读	山、羊、人、草、木、休、天、云、上、下、大、子、从、刀、白、来、见、石、手
		《小公鸡的勇气》故事动画	《小公鸡的勇气》故事朗读	小、生、出、阳、方、月、明、不、鸡、气、东、立、森、果、木、林、爪、旦、目
4	组词	田鼠图片、田径场图片 田螺图片、农田图片		田鼠、田径场、田螺、农田
	猜谜语	婴儿图片 蝴蝶图片 小狗图片	有腿不会走，有嘴不开口，永远长不大，大家爱抱他——婴儿	
	看电影	《老虎和青蛙》 《拔萝卜》 《渔夫和金鱼的故事》 《老鼠娶新娘》	故事配音	
5	射击游戏	带有字的气球	用鼠标点击气球	
	匹配游戏	右边是汉字字源图片	把相应的汉字拖到字源图上	左边汉字
	拼图游戏	左边是残缺的图画，右边是图画中缺少的若干部分		拖动正确后会出现对画面内容说明的相应文字

　　在"以学习者为中心"的理念引导下，学习活动的设计从"学习者经历"的角度来编写活动设计脚本。

　　很大程度上，在微型学习中，学习活动的形式取决于内容，"多媒体字源识字教学"中，学习资源以内容介绍、汉字学习、汉字游戏为主。与此一致地，学习活动的形式主要表现为：看动画、看图片、看文字、听发音、选择或按键等。

（2）活动编列

同样，移动状态下的学习活动的编列，也体现出最简化原则，即由活动触发学习，对活动引领的学习对象进行最简活动编列的重组。

"多媒体字源识字教学"遵循最简活动编列原则，这个微型课程所包含的学习活动形式及经过编列之后形成的活动结构如图1所示。首先，资源默认进入片头动画，学习者可以观看片头动画，也可跳过片头动画直接进入主菜单。然后，在主菜单界面，学习者可选择进入不同的学习板块。

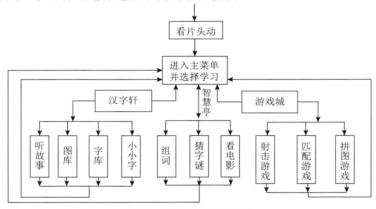

图1　学习活动结构流程

（二）媒体设计

从开发的角度，设计者还需要对所需要制作的媒体进行设计，帮助媒体制作者明确媒体的各方面属性，以便更好地进行媒体的开发。进行媒体设计时，首先需要明确所开发的学习资源将用于哪一种终端，另外也需要对学习内容如何呈现、如何交互以及可用性等方面加以考虑，确保所开发的资源符合微型移动的特点并确保资源的可用性。媒体设计阶段也需要相应的媒体脚本。资源的开发将以媒体脚本为基础进行。媒体设计阶段所要完成的工作包括：①填写媒体设计脚本，明确媒体的名称、格式、时间等概要信息，以及用于哪种终端设备、屏幕大小等媒体制作时必须考虑的媒体属性；②根据脚本，选择适当的工具制作媒体；③根据实际情况，对媒体进行编列、封装等工作，最终形成用户可获取的资源。

1. 完成媒体设计的脚本

微型移动学习资源的媒体设计需要以媒体设计原则为依据，包括：①最简媒体原则：一个学习对象尽可能以一种媒体形式呈现；②最经济原则：效果相似的情况下，选择尽可能经济的媒体形式。

媒体设计的脚本包括"媒体概要"和"媒体制作"两个脚本。前者旨在帮助设计者明确媒体的基本属性，后者则能够帮助设计者理清媒体所呈现的内容及其顺序。

（1）填写媒体概要脚本

媒体概要脚本能够帮助设计者清晰地描述一个学习对象媒体方面的概要信息。媒体设计概要脚本的模板如表10所示。

表10　媒体设计概要脚本模板

课程名称：	
学习对象名称：	
学习对象编号：	
设计者：	
一般属性：	所属专题：
学习对象的名称：	
学习对象的文本描述：	
学习对象的关键字：	
技术属性：	学习对象的媒体形式 □文本 □动画 □视频 □图片 □文字+图片 □声音
媒体播放器：	
媒体格式：	□txt □jar □swf □avi □3gp □jpeg □ppt □mp3 □fla
持续的时间：	□10～30 秒　　□30～60 秒　　□60～90 秒　　□90～120 秒
教育属性：	学习对象满足的条件：
学习目标类别：	
学习对象指向的最终：	
用户类型：	
版权属性：	是否需要付费：

（2）媒体制作脚本

媒体制作脚本，描述所要开发的媒体的表现特征。根据学习对象的媒体类型的实际需要，选择不同的媒体呈现形式，如文本媒体、图片媒体、动画媒体、视频媒体、图文混排媒体。

动画媒体脚本：动画媒体脚本用于描述动画中的多个场景。场景描述是最主要的填写内容。在描述场景时，应说清楚动画元素的序号、内容、在画面中的位置，进入和退出画面时的动画特效，以及配以哪段配音文字。然后将上述内容体现到动画媒体结构图中（表 11）。

表 11　《小猫种鱼》动画媒体模板

标题		时长	
终端		屏幕大小	
背景颜色		字幕显示位置	
场景描述			
配音文字			

（3）媒体设计脚本示例

动画媒体设计脚本如表 12 所示。

表 12　动画媒体设计脚本

标题	听故事——《小猫种鱼》		
终端	智能手机	屏幕大小	5 英寸
背景颜色	淡蓝色	字幕显示位置	中间
有无按钮	有	按钮颜色	红色文字
有无按钮音效	无	有无背景音乐	无
进入方式	从主菜单学习屋模块进入	键出方式	通过右键退出，返回到主菜单
场景描述	从主菜单点击"学习屋"模块进入，进入后显示了一张在教室正在上课的图片，点击后进入动画列表，选择其中一个就开始播放了		
呈现效果			

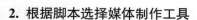

2. 根据脚本选择媒体制作工具

完成媒体设计的脚本之后，就需要选择媒体制作工具，而媒体制作工具的选择需要根据脚本的要求来选。

根据媒体制作脚本中"终端"一栏所填写的内容（智能手机）以及媒体的类型（动画），选择适合的媒体制作工具。

表13罗列了微型移动学习所涉及的五类终端所支持的常见文件格式，括号中的内容为相应的开发工具。

表13　常见媒体格式与制作工具示意

	MP3 播放器	PC	PSP	手机	智能手机
文本	.lrc（lrc 文件制作软件）	.txt、.doc（记事本、word）、.pdf（acrobat 等）、.pdg 等电子书的格式	.txt、.chm	短信 彩信	短信/彩信，Word、Excel 等对应格式（相应 Office 软件），.pdf 及电子书格式
图片	—	.bmp、.dib、.jpeg、.gif、.tiff、.png	.bmp、.jpg、.png、.gif	.jpeg、.png、.gif	.jpeg、.png、.gif
图片		（画图板、Photoshop 等）		（计算机上运行的图片制作软件、手机内置功能）	
音频	.mp3、.wma（单轨：GoldWave、多轨：Cool Edit）		.mp3、.wma	铃声、录音、mp3 等	
音频			（PC 版音频编辑软件/与该设备匹配的专用音频转换软件）		
视频	—	.avi、.wmv、.mp4、.3gp 等，且因设备品牌型号而异			
动画	—	.fla（flash）、.swf（swish）	—	—	.fla/.swf（Flash Lite）
网页	—	.html/.asp/.php 等各种网页格式	—	限 wap 网页（有些需安装浏览器）	.wml/.xml 等多种网页格式，因设备型号而异
网页		（Dreamweaver 等）			

四、未来展望

手持式移动设备在普及教育方面蕴含着巨大的潜力。移动学习不仅是传统教育形态的平移，更能发挥随身性、低碳性、海量内容优势，同时是富媒体式的立体创新，能够利用碎片时间为学习者创造更加生动的学习场景，寓教于乐，使教育效果达到最佳。

移动学习终端小巧、便于携带，这种移动性使学习者可以漫步于教室外进行学习，学习中遇到问题，可以随时连接互联网，找到解答，这在无形中也提高了学习者自主学习的能力，提高了学习者学习的积极性。

在网络学习中，人们抱怨"有路有车"，但是缺乏"货"，也就是高质量的数字化学习资源。在移动学习中，资源建设势在必行。移动学习的资源建设首要任务是鉴别什么样的内容适合通过移动学习方式来进行学习，从几个研究项目看，似乎不约而同地选择了语言学习。

汉字教和学的方法多种多样，多媒体字源识字法与其他识字方法相比，更加关注识字过程中对学生思维的训练，在识字过程中发挥汉字的文化功能。目前，虽然有关识字方面的软件很多，但是关注汉字更深层次功能发挥的却很少。识字学习与移动学习结合是必然，字源识字方面的移动学习资源是一大市场需求。笔者目前的字源识字资源还处于设计阶段，后期需要更多的人力、物力将其制作成高质量的移动学习资源。

参 考 文 献

[1]郑国民. 识字与写字教学的目标、内容与实施[J]. 语文建设, 2012（6）.

[2]佚名. 中国未成年人互联网运用状况调查报告[OL]. http://b2b.toocle.com/detail--5710751.html [2011-03-24].

[3]冯丽萍. 认知视角的对外汉语教学论[M]. 北京大学出版社, 2013.

[4]黄富顺. 非正规学习与成就认证[EB/OL]. http://www.wanhuaco.org.tw/down[2009-01-12].

[5]杨宗凯, 吴砥, 刘清堂. 网络教育标准与技术[M].清华大学出版社, 2003.

内生发展：现代教育技术融入边境民族地区薄弱学校的路径研究

师　诺

（陕西学前师范学院计算机与电子信息系　西安市长安区　710100）

摘要： 边境民族地区薄弱学校的现代教育技术应用，是以教育信息化项目为依托的。"农远工程""农村学校""农村义务教育薄弱学校改造计划"（以下简称"薄改计划"）和"三通两平台"等项目的分步实施，一定程度上推动了边境民族地区薄弱学校的发展。但是，项目实施的标准化模式与学校发展的独特性之间矛盾突出。现代教育技术如何融入边境民族地区薄弱学校教育发展，成为社会急需解决的研究课题。现代教育技术融入该地区薄弱学校的内生发展路径为：一是建立现代教育技术的常态应用机制；二是搭建数字教学资源共享平台；三是着力于促进现代教育技术与课程的深度融合；四是营造信息化人文环境。

关键词： 现代教育技术；边境民族地区；薄弱学校

一、现代教育技术应用于边境民族地区薄弱学校的现状调查

（一）信息化建设现状分析

1. 硬件基础设施

硬件设备是教育信息化的重要部分，是实现教育信息化的基本前提。硬件设备指"那些存储、传递信息的机器和设备"[1]。在边境民族地区教育信息化发展的过程中，硬件设备成为建设的重点。

（1）学校的交互式电子白板数

在信息化教育时代，边境民族地区薄弱学校以国家"薄改计划"多媒体远程

教学设备项目的实施为契机，引入大量的交互式电子白板。笔者调研结果显示：凭祥市的 6 所中小学和马关县的 6 所中小学的每间教室都安装了一块交互式电子白板，建成了低密度配置教室，电子白板的供应商是鸿合科技公司。从以上调研数据我们发现，边境民族地区的教学媒介由黑板粉笔变为交互式电子白板、计算机、投影仪，为教与学提供了新的手段，从而促进了教学方式的改变。

（2）师机比与生机比

师机比和生机比是学界公认的教育信息化硬件发展程度的硬性指标。师机比是指教师数量与计算机数量的比例，反映了教师接触计算机硬件的机会和可能性；生机比是指学生数量与计算机数量的比例，反映了学生接触计算机的机会和可能性。

从笔者调研的 12 所学校的统计数据可以看出，师机比有较大提升。具体是：凭祥市第一中学、夏石镇初级中学、马关县第一中学以及马关县第二小学的师机比接近 1.00，马关县第三中学达到 1.82，凭祥市第一小学和马关县民族中学均达到 1.91，夏石镇中心小学达到 4.09，上石镇中心小学达到 4.50，友谊镇中心小学达到 5.67，都龙镇保良街村中心校达到 6.00，汶川县第一小学生机比达到 4.50，马关县都龙镇中心校达到 7.70；而生机比则不尽相同。生机比低于 10 : 1 的学校，上石镇中心小学达到 7.42，夏石镇初级中学达到 7.73，而其他学校的生机比高于 10 : 1，甚至有学校高达 41.15。

2010 年 9 月，由"教育信息化建设与应用研究"课题组发布的调研报告显示，基础教育学校中，有 90% 的学校拥有至少 1 台以上的计算机；城市地区学校平均生机比为 15 : 1，平均师机比为 2 : 1。[2]本次调研数据显示，凭祥市、马关县的平均师机比、生机比分别为 3.11、15.36；3.30、25.33。以考察所获得的统计数据为基础，平均师机比和生机比分别为 3.31、18.65。师机比与生机比逐渐趋向全国平均水平。

（3）校园网及校园网站建设情况

调研数据显示，100% 的调研中小学已完成校园网初步建设，但方式各不相同。根据校园网功能的不同，可将调研学校划分为两类：第一类是校园网功能齐全，安装的设备和软件能够实现教学资源共享、教学和信息化管理，占调研学校的 33%；第二类是仅能开展教学，未实现信息化管理和教学资源共享，占调研学校的 67%。已经建立了校外可访问的校园网站的调研学校占 58.3%；已经制订计划建立校外可访问的校园网站但是仍没有建设的调研学校占 8.3%；仍未无计划建设的学校占 33.3%。

在已建成校园网站的 7 所学校中，凭祥市夏石镇初级中学和马关县民族中学

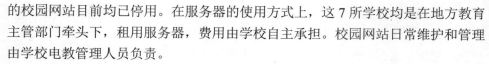

的校园网站目前均已停用。在服务器的使用方式上，这 7 所学校均是在地方教育主管部门牵头下，租用服务器，费用由学校自主承担。校园网站日常维护和管理由学校电教管理人员负责。

（4）信息化教室

调研数据显示，调研学校的每个教学班都配备了一套电子白板，多媒体教室数量基本满足各个学校的信息化教学需求。每所学校至少有一间计算机教室（马关县都龙镇保良街村中心校由于是新搬迁进去的，计算机教室还未建成），中学都达到 2 间，甚至 8 间（如马关县第一中学），基本满足信息技术课的教学需求；只有凭祥市的 2 所小学（夏石镇中心小学和上石镇中心小学）建立了电子备课室，其余各校还没有建立；在笔者调研的学校中，只有凭祥市第一中学建立了电子阅览室，其他学校均未建立。

2. 软件资源

在教育信息化发展过程中，软件资源是新的教学方式和教学手段有效实施的必备条件。本研究参考了教育信息化已有研究指标体系，并结合边境民族地区教育信息化建设的现状，选取了数字教学资源库及获取途径作为研究软件资源的内容。

数字教学资源库建设是教育信息化得以运用的前提，是新教学方式得以实施的基础。目前建立了校本数字教学资源库的学校有凭祥市第一中学、凭祥市第一小学、凭祥市友谊镇中心小学、马关县民族中学及马关县第三中学，占笔者调研学校总数的 41.7%；应用教学光盘资源（教学参考用书附带教学光盘）及网络教学资源（以"中学学科网"教学资源为主）的学校有夏石镇初级中学、夏石镇中心小学、上石镇中心小学及马关县第二小学，占笔者调研学校总数的 33.3%；而马关县第一中学购买了"中华资源库"数字教学资源库的使用权限，费用为 1 万～2 万元/3 年；在优质课堂录像资源库方面，马关县民族中学将优质的课堂教学录像上传至"云教云平台"（由云南省电教馆搭建），从而实现资源共享，同时，该校教师可以通过获得的账户登录该平台获取自己所需的教学资源；都龙镇中心校和都龙镇保良街村中心校使用的数字教学资源库是教育局统一采购的"数字课本"（由北京北斗育才科技有限公司搭建，使用时登录网站：xz.bdyc.net，安装完成后填写序列号就可以注册所有年级、所有科目的教材，但仅限在一台电脑上使用）。

笔者通过调研发现，各个调研学校的数字教学资源建设各自为营，还未形成数字教学资源共享机制；马关县民族中学通过学校购买的途径获取数字教学资源，费用较高，不值得提倡；实现数字教学资源的共享机制还有较长的路要走。

3. 信息技术人才队伍

"教育信息化队伍建设是发展教育信息化的基本保障。造就业务精湛、结构合理的教育信息化师资队伍、专业队伍、管理队伍，为教育信息化提供人才支持。"[3]信息技术人才建设是教育信息化发展的重要保障，也是教育信息化发展中一个非常重要的环节。

本研究从学校信息技术课教师、电教管理人员的数量情况来描述信息技术人才建设。

（1）信息技术课教师数量

调研数据显示，除了马关县都龙镇保良街村中心校之外，其余学校均有信息技术课教师。中学的信息技术课教师数量明显多于小学信息技术课教师数量，凭祥市和马关县中小学的信息技术课教师数也存在差异；在信息技术老师专职和兼职方面，我们发现有 67.7%的教师专职进行信息技术课程的教学工作，有的 32.3%教师兼职信息技术课的教学工作。

（2）电教管理员数量

调研数据显示，每所学校均有至少 1 名电教管理人员，其中专职人员占总数的 33.3%，这反映绝大多数调研学校信息技术课教师兼职现象普遍存在。在与某中学的电教管理人员（男，45 岁）访谈中，他说：

> "现在的高科技产品以'薄改计划'为契机不断地进入边境民族地区学校的课堂。这给我们这些老电教管理人员出了很大的难题。我们年龄大，学习新技术比较吃力，操作起来笨手笨脚，反应较慢。如电子白板的日常维护，遇到一般问题我们尽量去解决，若是硬件、软件出现问题，我们只能联系'薄改计划'电子白板中标公司前来维修，但由于电子白板覆盖范围大，中标公司的技术人员有限，所以维修周期一般都在 1 个月以上，这给我们的使用带来了很大的不便。"

（二）信息化应用现状分析

本研究参照并借鉴了顾小清团队构建的区域教育信息化效益评估模型中的"关注与学校教育信息化息息相关的各种角色的角度来考察教育信息化发展进度"[4]的

理念，拟从学科教师、学生视角来了解边境民族地区现代教育技术的应用现状。

1. 学科教师视角

（1）教师对教育信息化的需求

在教育信息化进入边境民族地区后，"教师需要哪些方面支持"这一问题对于边境民族地区教育信息化未来发展方向和规划具有指导作用。调研结果显示：54.2%的教师认为需要得到可供下载的教学资源包；50.3%的教师认为需要得到相关技术人员的指导；48.0%的教师认为需要得到信息技术与课程整合案例及相关指导；41.9%的教师认为需要得到信息化硬件配置；32.4%的教师认为需要得到各类教育技术能力培训；28.5%的教师认为需要得到可自主学习的远程在线课程。

（2）教师的信息素养

第一，能够熟练使用信息技术技能。教师熟练掌握信息技术技能是教师信息素养的重要方面之一。在"您能熟练使用的信息技术技能有哪些？"一题中，笔者设置了 Word 文档处理，Excel 电子表格，PPT 幻灯片制作与应用，Flash 动画工具，图形处理，制作音频、视频资料，E-mail，网页制作，其他九个选项。统计结果显示：选择 Word 文档处理的占 94.4%；选择 PPT 幻灯片制作与应用的占 73.2%；选择 Excel 电子表格的占 63.1%；选择 E-mail 的占 39.7%；选择图形处理的占 21.2%；选择网页制作的占 16.8%；选择 Flash 动画工具的占 14.5%；选择制作音频、视频资料的占 14.0%。

第二，熟练操作教室多媒体系统。对多媒体系统的操作也是教师信息素养的重要方面之一。在"您对教室中多媒体系统操作的熟练程度"一题中，笔者设置了非常熟练、比较熟练、一般、不太熟练、非常不熟练五个选项。调研数据显示：16.11%的教师选择非常熟练；28.33%的教师选择比较熟练；46.11%的教师选择一般；6.11%的教师选择不太熟练；3.33%的教师选择非常不熟练。

（3）数字教学资源应用情况

软件资源应用水平是教师能够充分利用信息化设备和信息化资源进行有效教学的关键性因素。

第一，用课件教学的频率。统计结果显示：56.7%的教师经常使用课件进行教学；38.3%的教师偶尔使用课件进行教学；5.0%的教师不使用课件进行教学。

第二，获取数字教学资源的方式。结合边境民族地区的数字化资源获取途径的现状，本题设立了校级资源库、同事之间共享、到专业网站查找、光盘等电子资源、通过搜索引擎五个选项。统计数据显示：64.2%的教师通过校级资源库获取教学资源；45.8%的教师通过到专业网站查找获取教学资源；34.6%的教师通过同事之间共享获取教学资源；29.1%的教师通过光盘等电子资源获取教学资源；26.3%的教师通过搜索引擎获取教学资源。

第三，能否对收集的数字教学资源进行管理。在"您是否对收集的数字教学资源进行管理？"一题中，笔者设置了从不收集资源、收集使用资源但不需要管理、建立了子目录并分类保存各类资源、建立个人资源库进行管理四个选项。统计结果显示：7.8%的教师从不收集资源；26.3%的教师收集使用资源但不需要管理；33.5%的教师建立了子目录并分类保存各类资源；32.4%的教师建立了个人资源库进行管理。

（4）信息化教学情况

第一，多媒体计算机辅助课堂教学。在"采用多媒体计算机辅助课堂教学的开展情况？"一题中，笔者设置了每天都使用、每周使用一两次、每个月使用一两次、每学期使用一两次、从来不使用五个选项。统计结果显示：48.6%的教师每天都使用；39.1%的教师每周使用一两次；6.7%的教师每个月使用一两次；3.4%的教师每学期使用一两次；2.2%的教师从来不使用。

第二，影响信息化教学的主要因素。在"在您的课堂教学中，影响信息化教学效果的主要因素有哪些？"一题中，笔者设置了学生配合态度、课件的制作水平、教学设计水平、教学组织能力、信息技术教学技能、信息技术软硬件环境、其他七个选项。统计结果显示：选择学生配合态度的教师占45.3%；选择课件的制作水平的教师占62.6%；选择教学设计水平的教师占56.4%；选择教学组织能力的教师占39.1%；选择信息技术教学能力的教师占24.6%；选择信息技术软硬件环境的教师占15.1%。

第三，教学中应用信息技术存在的主要困难。在"目前，你在教学中应用信息技术的主要困难有哪些？"一题中，笔者设置了缺乏足够的信息技术教学设备；使用时准备时间太长，增加了备课负担；学生难以适应在教学中应用信息技术；缺乏足够的信息技术技能；升学率限制；受传统教学观念束缚；教学资源短缺；缺少专家指导；学校不太支持或没有相关的制度保障；其他十个选项。统计结果显示：选择缺乏足够的信息技术教学设备的教师占38.9%；选择使用时准备时间太长，增加了备课负担的教师占50.0%；选择学生难以适应在教学中应用信息技术的教师占21.7%；选择缺乏足够的信息技术技能的教师占50.0%；选择升学率限制的教师占13.3%；选择受传统教学观念束缚的教师占17.8%；选择教学资源短缺的教师占30.6%；选择缺少专家指导的教师占32.8%；选择学校不太支持或

没有相关的制度保障的教师占 0.6%。

第四，信息技术与课程整合的理论与实践。统计结果显示：有 18.4%的教师选择我在教学中已经基本实现"信息技术与课程整合"；有 30.2%的教师选择我对"信息技术与课程整合"的理论很清楚，但在教学中实践不多；有 40.8%的教师选择我对"信息技术与课程整合"的理论有所了解，但不知道如何在教学中实施；有 7.3%的教师选择我不清楚"信息技术与课程整合"究竟是指什么；有 3.4%的教师选择我没听说过"信息技术与课程整合"。

（5）教育技术能力培训

第一，近三年参加的教育技术培训的频度。在"近三年您参加过的教育技术（或含教育技术）的培训次数是多少？"一题中，笔者设置了 5 次左右、3 次左右、1 次左右、几乎没有四个选项。统计结果显示：有 8.4%的教师选择 5 次左右；有 43.6%的教师选择 3 次左右；有 30.7%的教师选择 1 次左右；有 17.3%的教师选择几乎没有。

第二，教育技术能力提高的主要途径。在"您的教育技术能力提高的主要途径是什么？"一题中，笔者设置了自学、与同事交流中提高、师范教育、学校组织的讲座、上级组织的集中培训、其他六个选项。统计结果显示：选择自学的教师占 37.4%；选择与同事交流中提高的教师占 41.3%；选择师范教育的教师占 6.6%；选择学校组织的讲座的教师占 7.3%；选择上级组织的集中培训的教师占 7.3%。

第三，最想获得哪方面的培训。调研统计结果显示：选择教育技术理论知识的教师占 19.0%；选择计算机及网络基本操作技能的教师占 27.4%；选择信息化教学设计方法及课件制作的教师占 35.8%；选择信息技术与学科教学整合模式方法培训的教师占 17.9%。

2. 学生视角

（1）信息技术学习情况

第一，信息技术课上主要做什么。在"你在信息技术课上主要做什么？"一题中，笔者设置了跟老师学习电脑基本操作及相关知识；上网搜索浏览信息；上网聊天；上网看电影、听歌；不会使用电脑，自己玩别的；其他六个选项。统计结果显示：有 42.3%的学生选择跟老师学习电脑基本操作及相关知识；有 27.2%的学生选择上网搜索浏览信息；有 12.6%的学生选择上网聊天；有 13.3%的学生选择上网看电影、听歌；有 0.9%的学生选择不会使用电脑，自己玩别的；有 3.8%

的学生选择其他。

第二，信息技术课上，能否完成老师布置的任务。在"在信息技术课上，你能完成老师布置的任务吗？"一题中，笔者设置了都能完成、大部分能完成、完成大约一半、完成少一半、基本都完成不了五个选项。统计结果显示：有20.5%的学生选择都能完成；有54.3%的学生大部分能完成；有16.9%的学生选择完成大约一半；有6.1%的学生选择完成少一半；有2.2%的学生选择基本都完成不了。

第三，信息技术能力。在"你能够熟练掌握的信息技术包括哪些？"一题中，笔者设置了收发 E-mail、QQ 聊天、文字处理（Word）、电子表格（Excel）、演示文稿（PPT）、上网浏览、网页制作、图形处理八个选项。统计结果显示：选择收发 E-mail 的学生占8.6%；选择 QQ 聊天的学生占63.3%；选择文字处理（Word）的学生占35.7%；选择电子表格（Excel）的学生占8.9%；选择演示文稿（PPT）的学生占13.1%；选择上网浏览的学生占45.9%；选择网页制作的学生占2.3%；选择图形处理的学生占12.8%。

（2）对教师信息化教学的评价

第一，对教师使用信息技术开展教学的态度。在"你对教师在课堂中使用信息技术开展教学的态度是什么？"一题中，笔者根据李克特量表设置了非常喜欢、比较喜欢、一般、不太喜欢、非常不喜欢五个选项。统计结果显示：有47.87%的学生选择非常喜欢；有38.03%的学生选择比较喜欢；有9.51%的学生选择一般；有3.60%的学生选择不太喜欢；有0.98%的学生选择非常不喜欢。

第二，信息化教学是否能满足学生的学习需求。在"教师目前在课堂上应用信息技术所开展的教学活动能满足你的学习需求吗？"一题中，笔者设置了满足我所有学习需求、满足我大部分学习需求、满足我部分学习需求、满足我小部分学习需求、完全不能满足我的学习需求五个选项。统计结果显示：有11.15%的学生选择满足我所有学习需求；有38.36%的学生选择满足我大部分学习需求；有27.21%的学生选择满足我部分学习需求；有19.02%的学生选择满足我小部分学习需求；有4.26%的学生选择完全不能满足我的学习需求。

第三，信息化教学给学生学习兴趣带来的改变。在"信息技术应用于教学，在增强学习兴趣方面带来的实际帮助是什么？"一题中，笔者设置了很大、较大、较小、几乎没有、有一定负面影响五个选项。统计结果显示：有19.7%的学生选择很大；有50.2%的学生选择较大；有23.3%的学生选择较小；有5.9%的学生选择几乎没有；有1.0%的学生选择有一定负面影响。

（三）调研数据结论

通过调研数据我们发现，自"薄改计划"多媒体远程教学设备项目实施以来，边境民族地区教育信息化获得了较大的发展。

一是在硬件基础设施方面，新设备的数量快速增长。边境民族地区教育信息化硬件基础设施的发展体现出新设备不断涌现、覆盖范围广的特点。大量交互式电子白板投入使用。边境民族地区中小学学校教室与交互式电子白板的比例明显超过每年全世界每七所教室拥有一块交互式电子白板的水平；计算机配置数量基本满足教学需求；校园网络全覆盖。二是软件资源获取途径的多样化。数字教学资源库初步建立；软件资源获取途径多样化。三是信息技术能力得到大幅提升。教师信息技术应用水平得以提高；学生信息技术素养得以发展。四是信息技术人才队伍不断壮大。五是信息技术与课程整合初见成效。

二、现代教育技术应用于边境民族地区薄弱学校中存在的问题

自"薄改计划"逐步实施以来，通过对边境民族地区现代教育技术应用现状数据的分析，我们发现，该计划的逐步实施，提升了该地区现代教育技术硬件建设水平，为促进边境民族地区薄弱学校教育发展奠定了基础。然而，在现代教育技术应用的过程中，仍然存在着"潜件"理念滞后、数字教学资源共享机制仍未形成、信息技术与课程整合水平低、人才队伍信息素养待完善、信息技术文化适应等问题。

（一）硬件设施建设水平超前，"潜件"理念相对落后

自"薄改计划"多媒体远程教学设备项目实施以来，边境民族地区试点乡镇薄弱学校的"电子白板"实现了"全覆盖"，有力地提升了边境民族地区薄弱学校信息化的硬件发展水平。然而，现代教育技术不仅包含硬件基础设施，还有软件、"潜件"、融件内容。在面对硬件、软件等方面突飞式的发展，教师、学生均出现了"不适"的情况。

1. 师生信息素养低

首先，在对教师的教育技术能力重要程度的认识问题上，调研数据显示：47.78%的教师认为非常重要；32.22%的教师认为比较重要；14.44%的教师认为一

般；4.44%的教师认为不太重要；1.11%的教师认为非常不重要。这反映教师对教育技术能力的重要程度认识不到位，有待进一步加强。

教师熟练掌握信息技术技能是教师信息素养的重要方面之一。关于教师能否熟练地使用信息技术技能，上文调研统计结果显示：多数教师只是对常用办公软件能到达基本熟练使用，对于图形处理、网页制作、视频音频工具、Flash 动画工具等达到熟练使用的教师所占比例很小。

其次，关于学生能够熟练掌握的信息技术，上文调研统计结果显示：边境民族地区薄弱学校的学生们普遍认为用电脑玩游戏非常有意思，对于跟老师学习信息技术缺乏足够的兴趣。这反映出学生的信息意识还不够。

2. 信息化管理与维护人员数量不足

信息化管理与维护人员在学校信息化应用中担负着重任，他们的专业技能、应用能力是及时处理计算机等硬件设备、教学软件等正常运行的前提和保障。因此，建设一支理论扎实、技术熟练、适应信息化建设需要的信息化管理与维护人员是信息化建设的重要组成部分。

调研数据显示，每所调查学校均有至少 1 名电教管理人员，其中专职人员占总数的 33.3%，这反映出绝大多数调研学校信息技术课教师兼职现象普遍存在。由于没有专门的信息化维护人员，造成大量设备闲置，如调研学校的"农远工程"的卫星接收设备目前大多数已弃用。同时，电子白板的维护和硬件更新也得不到及时有效的保障，这严重制约了信息化硬件设备的利用率。除此之外，在部分学校中，教师教育技术能力没有被纳入到教师年度考核内容中；对专业技术人员而言，岗位较少，评价体系不健全，提供给信息技术专业技术人员的发展机会也比较少。学校领导对信息技术人才的重视程度也不够。

3. 教师教育技术能力培训制度有待完善

在跟马关县教育局某老师的访谈中，笔者了解到：从 2010 年 1 月到 2015 年 1 月这段时间里，马关县教育局收到了六七十份教育培训文件，平均每年有一二十次培训机会；培训单位有国家教育部、云南省教育厅、文山壮族苗族自治州教育局、马关县教育局；培训老师有教育局领导、中小学校长、学科教师等；培训内容包含新教学理念、教学理论、教师的信息技术能力、新课程改革、心理辅导等。跟过去相比，教师有更多的机会参加培训。

自"薄改计划"多媒体远程教学设备项目逐步实施以来，基本实现了试点乡镇电子白板的全覆盖。但目前绝大多数教师对电子白板的使用仅限于投影功能，

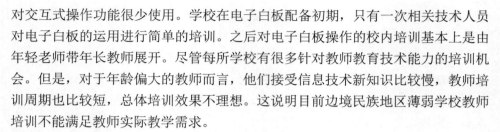

对交互式操作功能很少使用。学校在电子白板配备初期，只有一次相关技术人员对电子白板的运用进行简单的培训。之后对电子白板操作的校内培训基本上是由年轻老师带年长教师展开。尽管每所学校有很多针对教师教育技术能力的培训机会。但是，对于年龄偏大的教师而言，他们接受信息技术新知识比较慢，教师培训周期也比较短，总体培训效果不理想。这说明目前边境民族地区薄弱学校教师培训不能满足教师实际教学需求。

"潜件"理念的接受、吸收和运用需要一个过程。对于现代教育技术应用于边境民族地区薄弱学校而言，如何提升教师的信息化意识、教育技术能力及学生的信息技术素养等，仍是现代教育技术融入该地区薄弱学校发展面临的重大问题。

（二）教学资源共享机制仍未形成

2007 年 11 月 6 日，我国发布的《中国教育信息化发展状况分析报告》（下）指出："教育信息化是一项投资巨大的复杂社会系统工程，以学校为单位封闭、孤立建设校园网，既缺乏网络管理人才和资金，又难以建立丰富的网络教学资源，而且无法实现资源共享。因此，必须打破以往封闭的教育管理系统，开展跨学校、跨区域的合作，推动教育信息化整体、协同发展，这是当前我国教育管理面临的新挑战和创新发展的新机遇。"[5]

通过以上调研数据分析得出结果，各个调研学校的数字教学资源建设各自为营，"信息孤岛"现象仍然存在，尤其是软件资源建设中，依然是自给自足，没有形成共享机制。同时从数据中我们发现没有一所学校（调研学校）通过共享途径获取数字教学资源。由此得出，边境民族地区薄弱学校的数字教学资源共享机制仍未形成，实现数字教学资源的共享机制还有较长的路要走。

（三）信息技术与课程整合处于初步应用阶段

教师对信息技术与课程整合的理论与实践的看法，上文调研结果显示：多数教师对于信息技术与课程整合的理论与实践缺乏深入的认识和了解。

在信息技术与课程整合的实践方面，上文调研结果显示：当前边境民族地区薄弱学校的信息技术与课程整合仍处于初步应用阶段。

（四）现代教育技术的文化适应问题突出

"人类的每一代都会比上一代更加数字化。在今天的数字化环境中，新的一代正脱颖而出，完全摆脱了许多传统的偏见。如果你不想与时代脱节，就必须重新开始学习生活，去深刻把握数字化生存的含义。"[6]多元文化共存的边境民族地区，在信息时代的冲击下，现代教育技术文化适应问题突出。

首先，"民族文化进校园"开展缓慢。现代教育技术进入学校，为民族文化的传承提供了有力的技术支持。但实地调研结果显示：学校各个少数民族文化的课程、活动开展得缓慢。学生对本民族文化的学习仅局限于自己的家庭以及村寨。目前学生们在"大众文化"的冲击下，对本民族文化缺乏兴趣和了解。除了会说本民族的语言之外，对本民族的历史、习俗、舞蹈、歌曲以及手工艺的了解甚少。

其次，小学低年龄段学生的汉语表达不流畅。在笔者与马关县龙镇保良街村中小学的9位老师的访谈中，他们谈道："少数民族学生在汉语习得和表达上很'茫然'，不知所措。在家里没有学习汉语的环境，到校后很难接受教师的传授，最基本的汉语表达能力都不具备，学生的汉语水平影响信息化应用。多数学生的汉语表达不准确，而且很多汉字都不认识，说到电脑，很多同学只是好奇，觉得好玩，而且不敢去碰，不敢去用。"对于造成这种现象的原因，老师们普遍谈道："对于边境民族地区薄弱学校，尤其是村级小学，低龄段学生的双语教学专业教师普遍缺乏。每个班级都有来自各个少数民族的学生，老师除了掌握普通话以外，最多会一种少数民族语言，不可能掌握多种少数民族语言，所以低龄段学生的汉语教学难度非常大。"

面对信息时代的冲击，多元民族文化共生的边境民族地区在现代教育技术的应用过程中，如何做到现代教育技术与当地多元文化的共生，逐渐成为该地区人们需要应对的重要挑战。

三、外推转向内生：现代教育技术融入边境民族地区薄弱学校发展的路径

在边境民族地区"薄改计划"多媒体远程教学设备项目逐步实施的过程中，因受到地域、经济、多元文化等外部因素的影响，现代教育技术融入边境民族地区薄弱学校发展的过程中凸显出一些问题。针对这些问题，我们需要基于内生发展理论，用系统的和可持续发展的视野、生态化发展的理念去审视该地区薄弱学校的现代教育技术应用问题，从而提出现代教育技术融入边境民族地区薄弱学校的内生发展路径，具体实施策略如下。

（一）建立现代教育技术的常态应用机制

1. 全面贯彻落实教育信息化政策

"薄改计划"多媒体远程教学设备项目的逐步实施，提升了边境民族地区薄弱学校的现代教育技术应用水平，但也突显了一些问题，尤其是在信息化起步晚、起点低的村级学校，硬件基础设备的管理不到位，过长的维护周期导致的硬件设备得不到及时更新，教师的教育技术能力不足，学生的信息技术素养较低。

对此，学校除了做好建设规划外，应更多地依靠政策的驱动，制定一套完善的建设制度和有针对性的建设方案。尤其是在资金投入方面，由于这类学校自身的办学条件有限，投入巨大资金去建设信息化环境的可能性小；而资金投入是信息化硬件环境建设的前提，因此要发挥政策的支持与监管职能，建立科学的信息化建设经费使用制度；合理分配不同类型、不同规模学校的经费比例，从制度上保证信息化硬件环境建设的顺利实施，同时具体的细节还因学校类型、办学规模，以及信息化发展所处的阶段来制定，在加大对偏远贫困地区学校的政策和经费支持力度的同时，也应积极吸收组织的投资。

2. 完善教师教育技术能力培训制度

随着信息化教学的普及，对教师的素养、能力也提出了新的挑战：完善良好的教育技术能力，充分合理地运用信息化教学手段，最大效益地发挥信息化教学。完善教师教育技术能力势在必行。

调研结果显示，边境民族地区薄弱学校凸显出信息技术人员兼职现象普遍存在、专业化信息技术人才不足的情况。教师教育技术能力提高的培训方式主要是网络培训，由于培训过程无人监管，考核无法全面评估教师的教育技术能力，培训效果大打折扣。

因此，在新技术设备、新技术理念逐渐进入边境民族地区的浪潮下，基于该地区教师的少数民族文化背景，针对边境民族地区薄弱学校教师教育技术实际能力，在开展教育技术能力培训时，要改变传统培训模式，充分考虑客观条件限制，改变固定组织安排计划培训的方式，从教育技术能力结构体系入手，形成开放式的培训模式，以满足教师自我需求式的专业化，从而实现长远的培训机制。由此，笔者提出"自主-合作"培训模式。

该模式是考虑到学习者的工作情况和现实条件，综合自主学习和协作学习范式的应用，以教师专业化发展为目标，强化教育技术能力培养，以受训者为中心，让教师自主选择学习工具或方式，自主安排确定学习目标、内容和任务，灵活运用多种方法，加强交流与共享，以相应的激励机制鼓励学员进行实践应用，并实现知识的意义建构，最终实现教育技术能力的提升。

（二）搭建数字教学资源的共享平台

在边境民族地区倡导"数字校园"建设，同时要防止"信息孤岛"现象重现。对于硬件环境相对完备的乡镇学校，基于全国信息技术标准化技术委员会教育技术分技术委员会制定的五大类标准中的学习资源相关标准[7]，制定教育信息化共建共享理论框架，搭建边境民族地区软件资源库，为教师培训、学生在线学习提供网络交流平台，形成数字教学资源共建共享机制，从而实现东西部之间、城乡学校之间教育信息资源的远程共享。

首先，借助全国文化信息资源共享工程建设平台。"文化共享"工程的建设取得了显著成效，已初步建立了层次分明、互联互通、多种方式并用的国家、省、地市、县区、乡镇（街道）、村（社区）等 6 级数字文化服务网络。截至 2011 年年底，我国建成 1 个国家中心、33 个省级分中心（覆盖率达 100%）、2840 个县级支中心（覆盖率达 99%）、28 595 个乡镇基层服务点（覆盖率达 83%）、60.2 万个村基层服务点（覆盖率达 99%），累计服务超过 11.2 亿人次。截至 2012 年年底，文化共享工程累计服务群众已达 12 亿人次，覆盖了全国 99%的行政村，基本实现"村村通"。在此基础上，我国应依托数字图书馆建设工程和公共电子阅览室建设工程，搭建一个广泛的数字教学资源共享平台，从而实现数字教学资源共享。

其次，在边境民族地区，学校是当地的文化中心和信息传播中心，对该地区的经济各方面的发展起引领和推动作用。乡镇中心学校作为当地的文化阵地，在边境民族地区的教育发展中占有独特地位。例如，马关县都龙镇中心学校处在县、乡、村三级教育体系的中间，受上级教育部门管理的同时，负责对下级村教学点的管理工作，包括人员配置、教学设施配备、教学活动等。数字教育资源的共享模式构建将乡镇中心学校建成当地数字教育资源中心，实现中心校与教学点的资源共享。

（三）着力于促进现代教育技术与课程的深度融合

调研发现，边境民族地区薄弱学校的教师开展信息化教学普遍存在用课件代替教师的板书、媒体设备代替教师授课、纸质教材原版电子化等现象。信息技术

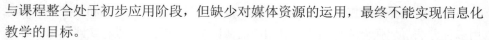

与课程整合处于初步应用阶段，但缺少对媒体资源的运用，最终不能实现信息化教学的目标。

在现代教育理论指导下，转变教育观念，将设备的学习和应用与现代教育观念更新有机地结合起来，并应对教育体系、教学模式、教学手段进行全面的改革。在具体的实践中，我们应该遵循已有研究者提出的关于各学科的信息技术与课程整合都必须遵循的指导思想与实施原则，即实现信息技术与课程深层次整合的基本途径与方法。[8]

第一，要运用先进的教育理论（特别是建构主义理论）为指导。信息技术与课程整合的过程是教育革命的过程，所以必须要有先进的理论做指导。这里之所以要特别强调建构主义理论，是因为建构主义的学习理论与教学理论可以对信息技术与各学科课程进行整合，提供强有力的理论支持。

第二，要紧紧围绕"新型教学结构"的创建进行。这就要求教师在进行课程整合的过程中，密切关注教学系统四个要素的地位与作用。只有紧紧围绕这些问题进行认真分析，并作出相应的调整，才能实现有效的、深层次的整合。

第三，要注意运用"学教并重"的教学设计理论。在运用这种理论进行教学设计时，应当注意的是，对于以计算机为核心的信息技术，不仅仅是辅助教师教课的形象化教学工具，更是促进学生自主学习的认知工具与协作交流工具。

第四，要重视各学科的教学资源建设，这是实现课程整合的必要前提。重视教学资源的建设，并非要求所有教师都去开发多媒体素材或课件，而是要求广大教师应努力搜集、整理和充分利用因特网上的已有资源。只有在确实找不到与学习主题相关的资源的情况下，才有必要由教师自己去进行开发。

第五，要注意结合各学科的特点建构易于实现学科课程整合的新型教学模式。新型教学结构的创建要通过全新的教学模式来实现。[9]从最高层次考虑，大致有三种实现信息技术与课程深层次整合的教学模式，即探究性模式、专题研究性模式和创新思维教学模式。每位教师都应结合各自学科的特点，并通过信息技术与课程的深层次整合去创建新型的、既能发挥教师主导作用又能充分体现学生主体地位的"主导-主体相结合"教学结构。

（四）营造信息化人文环境

边境民族地区信息化硬件基础设施得到了大幅度提升，对于多元文化共存、自然环境复杂的边境民族地区，我们更要关注该地区人的发展。因此，对于硬件设施配置完善、拥有教学资源建设能力的县级学校需要依靠自我驱动，需要从现代教育技术新设备与该地区的多元文化、自然环境共融共生的角度出发，营造信息化人文环境。

信息化人文环境主要包括现代教育思想、理念和意识，教育技术政策与法规，教学氛围与学习风气等。信息化人文环境不仅仅是给学生提供接触信息的机会，而且是提供一种浓厚的、优良的学习氛围；目前各地区中小学在不断投入资金完善校园硬件环境建设，利用网络构建数字化校园，探寻共享优质教育资源的途径，寻找提升学生自主学习的方式，然而这些努力能否真正做到促进学生的全面发展，则依赖于学校信息化人文环境的营造。

信息化人文环境作为信息化环境的一个重要方面，具有不可替代的教育影响和教育力量。如果没有良好的现代教育人文环境氛围，再好的现代教育技术条件都难以发挥促进素质教育的作用。营造信息化人文环境的主要途径是教师教学思想的转变、观念意识的增强和以人为本。

参 考 文 献

[1]南国农. 信息化教育概论[M]. 高等教育出版社, 2004.

[2]"教育信息化建设与应用研究"课题组. 我国教育信息化建设与应用现状调研与战略研究报告[M]. 高等教育出版社, 2010.

[3]规划编制专家组. 《教育信息化十年发展规划（2011—2020 年）》解读[M]. 人民教育出版社, 2013.

[4]顾小清, 林阳, 祝智庭. 区域教育信息化效益评估模型构建[J]. 中国电化教育, 2007（5）.

[5]佚名. 中国教育信息化发展状况分析报告（下）[EB/OL]. http://www.chinairn.com/doc/50160/196182.html [2007-11-06].

[6]尼葛洛庞帝. 数字化生存[M]. 胡泳, 范海燕译. 海南出版社, 1997.

[7]祝智庭, 林阳. 与中国网络教育技术标准零距离[J]. 中国远程教育, 2004（2）.

[8]全国文化信息资源共享工程介绍[EB/OL]. http://www.ndcnc.gov.cn/gongcheng/jieshao/201212/t20121212_495375.htm[2012-12-12].

[9]何克抗. 信息技术与课程深层次整合的理论与方法[J]. 电化教育研究, 2005（1）.

信息化支持西南边境民族学校教师培训的策略研究

郑 蕾

（华北水利水电大学外国语学院　河南省郑州市　450000）

摘要： 西南边境民族地区的教育信息化已粗具规模，教师能够充分利用信息化设施和资源进行专业发展，但是教师对在线培训的满意度并不高，甚至有些抵触情绪。原因有培训课程不符合边境教师教学的特殊需求；虚拟的网络环境、人-机式的交流互动、教师的学习时间冲突等都造成教师在线培训的困难。为了提高教师在线培训效果，促进教师利用信息化资源进行专业发展，我们首先须平衡培训行政单向性与教师学习之间的矛盾；其次从课程内容与师资队伍上创设边境地区教师的真实工作情境；最后利用各种信息化教学资源开展多种形式的教师培训，提高边境教师的专业素养。

关键词： 信息化；西南边境；民族学校；教师培训

一、信息化：西南边境民族教师培训的契机

随着网络技术的快速发展和在日常生活中的普及应用，人类已大踏步进入信息社会，信息技术在教育领域中的应用同样引起了深层次变革，教育信息化改变着教师的教学观念、教学方法、教学目标等，拥有一支掌握现代信息技术理念的优良教师队伍是推动教育信息化的关键，而对教师开展相关的培训也需要信息技术作为支持。

教育信息化主要是人的信息化，在关注计算机技术的同时，更应该要重视计算机技术之外的人的因素。"硬件""软件"与"潜件"是教育技术学的三个有机组成部分。硬件配置是教育信息化的基础，"软件"是与硬件配置的教材与资源，而"潜件"则是相关的理论基础和各学科领域中相应的研究成果。"硬件"的建设须由"潜件"来指导，而"软件"一开始就是在结合教育教学理论和不同学科的知识特点指导下进行开发的。"硬件"和"软件"不能排斥或固化教育教学思想；

相反，只有"硬件"和"软件"在"潜件"的引导下才给学习者提供一个开放性和个性化的良好的学习环境。[1]因此，本文在调查当地教育信息化的建设中，将从"硬件""软件"与"潜件"三个方面展开论述。

（一）信息化发展为西南边境民族教师培训提供条件

1. 硬件设施的配置

根据教育部《教育信息化十年发展规划（2011—2020 年)》和《国家中长期教育改革和发展规划纲要（2010—2020 年)》两个文件的宗旨，西双版纳傣族自治州积极推动教育信息化的进程，加强教师专业发展建设，提高教育质量和管理水平，以教育信息化带动基础教育的发展。在"校校通、班班通、人人通"建设上，西双版纳傣族自治州中小学、幼儿园校园宽带网络的接入比例高达 91%，但是不同级别的学校带宽的速度是不一样的，有的学校是 10M，而有的学校是 2M。为缩小城乡差距，自 2014 年起，国家在原有学校改造的基础上，将信息化教学环境，农村学校必要的生活设施如操场、学生食堂、宿舍等都纳入援助范畴中。通过"薄改计划"和各级人民政府的投入，为乡村学校教室装置交互式电子白板设备比例达50%，实现班班接入宽带的学校比例为 22.5%，实现宽带接入计算机教室的比例达60%，教师的学习空间人人通，主要通过国培计划（中小学教师国家级培训计划）的教师培训平台来实现，目前比例为 3.6%。表 1 为笔者所考察学校的设备配置情况。

表 1 学校设备配置情况表

地区	学校	教学班/个	老师数/个	学生数/个	机房电脑/台	电子白板/台	电子阅览室	图书室
西双版纳傣族自治州	打洛镇中心小学	24	54	772	20	18	无	开放
	基诺民族小学	14	54	521	18	17	无	开放
	布朗山乡九年制学校	24	77	1300	37	14	无	开放
	打洛镇初中	17	48	740	20	16	无	开放
	打洛镇第二小学	18	46	815	20	18	无	开放
广西凭祥	凭祥市第一小学	37	95	2364	102	40	无	开放
	凭祥市第一中学	44	156	1691	56	44	无	开放
	夏石镇中学	21	63	822	61	27	无	开放
	夏石镇中心小学	18	45	764	51	18	有	开放
	上石镇中心小学	15	46	536	13	14	有	开放
	友谊镇中心小学	23	68	1111	52	23	无	开放

当地信息化的硬件配置虽然不能和北京、上海等发达地区相比，但根据教育部的验收评比，总体是符合标准的。虽然有些偏远地区的村小及分散教学点由于地处深山，位置偏远，条件尚待改善，但整体可以保障大部分教师利用信息化资源进行专业发展和自我提升。

2. 软件资源的建设

（1）教学点数字教育资源全覆盖项目的开展

教育部于 2012 年 11 月 19 日启动了"教学点数字教育资源全覆盖"项目，通过 IP 卫星把优秀的数字教育资源传送到全国农村义务教育学校布局调整中保留的 6.7 万个教学点，并组织培训教学点老师利用数字教学资源开展课堂教学，能够在信息技术的辅助下开好开全国家规定的课程，提高教育教学质量，推进义务教育均衡发展。它是继 2004 年"农远工程"在西部地区实施以来，又一项服务师生的重要举措。

在考察中笔者发现，教学资源普遍采用卫星或网络接收，目前每个乡镇在镇上都有 1 所中心校，学生主要是来自镇上及周边地区，其余乡村上的学校多数是分散教学点，方便学生就近入学，教学点归属中心校管辖，中心校配置普遍优于教学点，因此教师（包括"农远工程"和"资源全覆盖"）需要的教学资源一般都是由中心校专门老师负责接收，教学点教师再去中心校进行拷贝，或中心校往教学点派发，从而主要实现教学点与中心校的资源共享。

布朗山乡目前有义务教育学校 1 所、完全小学 1 所、25 个教学点。这些分散的教学点处于偏远、地广人稀的地区，难以集中办学，经济、文化都相对落后，对教育的发展存在一定的制约。这是距离该乡最近的一所"一师一校"的教学点，只有 10 名学生，1 名老师，1 间简陋的教室，窗户上都没有玻璃，一边用硬纸板卡在中间，而另一边什么也没有，抬头望去就能看到外面山头的庄稼。另外 1 间教室就是"多媒体"教室，里面只有一台电脑和一块大的液晶显示屏（图1）。教室外面只有一根飘扬着五星红旗的旗杆，一个乒乓球台，供学生娱乐，这就是这所学校的操场了。学校没有厕所，学生们都去教室的小河沟里方便。笔者所去考察的那一天，有 1 位同学请假，教室里只有 9 个学生，刘老师是一位 40 多岁的老教师了，家住在布朗山，每天从布朗山骑着摩托来教书，大概 20 分钟的路程，上午学习新知识，下午就坐在教室里批改作业，学生写作业，笔者看了看学生的试卷，全处于 20～40 分，这些孩子最小的有 10 岁，最大的 12 岁，处在六年级阶段，语文作文写得歪歪扭扭的，也就能写 100 个字。刘老师经常带他们去隔壁教室学习英语、音乐等其他课程，这些课程就是刘老师在中心校拷贝过来的教学资源，由于交通不便，四周全是大山，对教学造成了很大困扰，等到这些孩子毕业就可以去乡中心上初中了，这所学校将迎接他们的弟弟妹妹入学。

图1　教学点数字资源覆盖

笔者在景洪市电教室刘主任那里了解到，"农远工程"的资源每年都有更新，有中心校专门教师负责接收，然后分派到各个完全小学及分散教学点，有小学到高中的各个版本的各类资源。中心校以上的相关老师同时也负责收集和修改所拥有的教学资源库，以能够适应当地教师需求。"农远工程"的资源大家都比较熟悉，用了很多年，每年根据教材的变动都有更新，反映良好，能够较好地辅助教学，体现教师的主导和学生的主体地位。而"教学点数字教育资源"目前只开发了人民教育出版社出版的小学一到三年级的数学、语文、英语、科学、思想品德与社会、音乐、美术、体育 8 门科目，这些课程资源主要是把教学设计贯穿其中的电子教案；通过网络和卫星两种方式同步播发。对于"教学点数字教育资源"，教师现在处于学习和逐渐使用中，刘主任认为，"数字资源全覆盖主要适用于长期缺少教师、不能开齐国家规定课程的农村边远地区'一师一校'的教学点，有了这个，即使不会说英语，乡村教师照样可以把英语课上得有声有色。但它不适合城镇学校教师，容易让教师在课堂中失去主导作用，使教师感觉到在课堂中好像不再需要自己了"。

（2）学校自建的本地资源库

除了国家规定的重点教学资源项目以外，各地学校也在不断完善本校教育资源库的建设。笔者在考察中了解到，当地中学充分利用计算机教室配备的服务器（小学加大计算机硬盘容量）建设学校资源库和校本资源库，实现学校内"科科有资源，课课有资源"，课课都能用资源上课的目标。同时，当地中学注重整理、保存教育资源的收集工作。一方面通过卫星接收下载、网络下载、购买等渠道；另一方面将优秀的教育资源，如课件、视频、课堂实况等刻录成光盘，以保存使用。

西双版纳傣族自治州教育局要求，各学校要抓好学校教师利用教育资源上好一节课的公开课、示范课、观摩课活动，提高广大教师利用卫星教育资源的应用水平。学校制定教师远程教育工作评价标准，把学校教师利用卫星教育资源上好一节课的公开课、上多媒体课、观看教学实况等内容纳入对教师的考核。学校每个教师每学期应用信息化教学资源上公开课不少于 1 节，45 岁以下教师每学期利用信息化资源上课至少 10 节，自制多媒体课件至少 3 个，45 岁以上教师每学期利用信息化资源上课至少 5 节，学校每位教师每学期观看特级教师课堂实况、教师发展等培训光盘节目不得少于 6 次（含村完全小学教师）。有些学校要求教师观看次数更多。

在笔者考察中，学校拥有本校教学资源库的只有景洪市民族中学，一位村小学的信息技术老师胡老师对笔者讲："学校办公室电脑都能上网，老师可以在网上搜索自己想要的任何资源，对于不能联网的教学点，我们老师也会给他们送去国家规定的相关资源，以及把我们自己平时收集的讲得好的优秀课件给送过去。"可见，虽然有些学校没有建设本地教学库，但随着"校校通""班班通"的推进，教师可以利用互联网搜索自己想用的教学资源，如文本、电子文档、图片、视频、声音、数据库、教育网站等。因此，教师在教学中利用信息化教学资源主要方式有互联网、"农远工程"资源、"教学点数字教育资源全覆盖"资源和学校自建的本地资源库。

3. 教师观念的转变

教师培训是"潜件"建设的关键所在。在教师培训内容上，不仅要加强教师信息技术在教学中的使用，更要重视对新的教育理念和教学方法的学习与掌握。在具体教学实践中，应该把教师教学思想的转变，教师教学观念、教育理念的创新等"潜件"建设居于首要位置。

根据访谈笔者了解到，在经过了国家、省、州（市）、县等各级培训之后，教育理念的提升已经基本达到了要求，或者说在这一阶段，教师的观念问题已不是培训的迫切任务。经过培训，多数教师具备了正确的专业发展指向和基本教学技能，随着教学改革的深入和新课程理念的渗透，边境民族地区教师都意识到教师是一个终生学习的职业，只有不断地汲取知识，才能适应千变万化的时代，孩子们的世界太丰富，老师也要不断学习，了解学生的发展特点，不断更新教学方法，转变教学观念，只有这样才能教好这些新时代的学生，才能好教书，教好书。这是因为我国的教师培训，往往是从教育理念上，由上至下、一级一级地逐步展开的，虽然它有一些缺点，但对提高教师的教育观念仍然起着一定的积极作用。

（二）边境民族地区教师的信息化教学能力有所提升

1. 开展教师信息技术能力提升培训

西双版纳傣族自治州于 2010 年全面启动关于中小学教师的信息技术能力培训工作，以提高教师在教学活动的信息技术应用能力。凡是低于 50 岁的男专职教师和低于 45 岁的女专职教师都必须参加培训，且进行考试，即教育部统一组织的中小学教育技术水平考试（NTET 考试），完成初级培训的中小学教师的比例占到 97%。2013 年，教育部针对各地开展的教育技术相关培训，存在着名目众多、标准单一、设计缺乏整理构思等问题，从国家教育信息化的总体规划出发，提出《实施全国中小学教师信息技术应用能力提升工程的意见》，将信息技术能力培训列入国培计划中，整合相关项目和资源，促进教学实践与信息技术的有效融合。2014 年，西双版纳傣族自治州根据国家政策开展"教学点数字教育资源全覆盖"项目培训，以提高教师熟练使用信息化教学资源开设课程的能力、计算机操作能力和动手制作课件的能力。

2010～2014 年，西双版纳傣族自治州各学校不同程度地开展了学校信息技术教师计算机基础、多媒体课件自制技术、卫星教育资源教学应用等培训，仅 2014 年培训就达 15 127 人次。各学校根据学校教师在应用信息技术工作中普遍存在的问题进行专题培训，如电子白板使用技能、压缩软件应用、超链接教学应用、文件打包，如何解决异地计算机上使用自制课件无声音，一段视频的剪接并插入自制课件中等问题。抓好教师卫星教育资源、学校教育资源库资源下载、应用的培训。通过培训，使广大信息技术教师掌握教育技术设备教学应用，教育资源与学科课程整合的方法。信息技术教师回到学校后再对学校教师进行二次培训，教师开展网络培训的条件业已成熟。

2. 教师信息化教学实践能力调查

根据笔者的调查结果分析，教师在教学常用软件的安装配置上既有一致性，也存在差异性。从图 2 中看到，Office 系列办公软件如 Word、PPT 和 Excel 安装率均达到 100%，且在教学中 Word 和 PPT 的使用率极高，Excel 不及前两者在教学中的使用频繁；Frontpage 网页制作、Flash 动画软件和 Free Mind 思维导图等知识可视化工具安装上略有差异，使用率较低，熟练率都较差，部分地区的学校则全无安装，这主要是因为这类软件在使用中对技术要求高，并且 Office 系列办公软件足以满足教师的基本需求，所以出现了配置上差异性较大的情况。自"薄改计划"开展以来，教师使用电子白板的频率逐步增加，教师在评课、赛课时，学校都要求教师使用电子白板，并举办电子白板上课比赛来激励教师使用。在笔者考察中发现，虽然学校一部分骨干年轻教师有机会外出培训，接受专门的相关培训，使用起来很熟练，人数占到 30%，但大部分教师都是接受二次培训或者自学，只掌握一部分技能，而不明白其中的使用原理和教学理念，仍把电子白板当作投影仪、PPT 播放，没有真正实现其强大的交互作用。

由于边境民族地区中小学教师已经开展过多次有关计算机和信息技术等的各种培训活动，教师接受了几轮的技术操作应用学习。从图 2 中反映出当前农村中小学绝大部分教师已经掌握了最常用的教学软件，90% 以上的教师能够操作 Word、PPT、Excel，85% 以上的教师能够在教学中使用这些软件以辅助自己的教学；对于技术操作上稍微复杂的 FrontPage 和 Flash 有 10% 左右的教师能够操作，在教学中的使用率约为 20%。

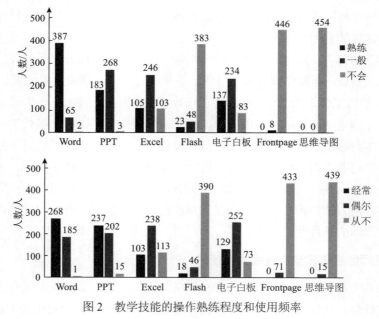

图 2　教学技能的操作熟练程度和使用频率

从以上统计结果来看，当前调查的农村中小学教师在常用软件的技术操作能力方面已经具备了一定的水平，但使用的力度不够。目前，我们需要重点关注的不再是技术能力方面的学习和培训，而是怎样将已经掌握了的基本技术操作应用到教学实践中去，如何帮助教师在教学实践中，更加合理充分地利用技术来辅助教学，提高教学效率，尤其是信息技术教学的实施，仍然是教师在面向信息化的专业发展中所急需解决的问题。

二、边境民族地区教师远程培训存在的问题调查

通过以上分析可知，边境地区的教育信息基础设施系统已初步形成并在逐渐改善，这为教师构建终身学习体系创设了良好的环境，但在远程培训中也存在着以下一些问题。

（一）参训教师态度调查

1. 对远程培训的认可程度

在对教师的调查中，无论是国培、省培，还是州（市）、县级培训，所有老师全都参加过远程培训，并且多数教师不止参加过一次，从图3可以看出，教师对网络培训这种形式的认可度一般，对培训认可的占到35%，觉得效果一般的占总数的52%，而非常认可和不认可的相差不多，分别为6%和7%。这说明，远程培训要想真正赢得广大教师的认可，还有很长的路要走，只有不断提高，才能逐步提高广大教师对其的认可度。

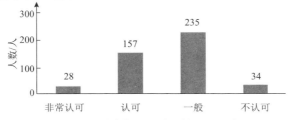

图3　目前参加远程培训的认可程度

2. 对远程培训目的的了解

在参加培训之前，仅有3%的教师了解远程培训的目的，还有46%的教师基本上了解，有29%的教师不确定是否了解，其中不了解的占到22%。这表明，参

训教师对培训的目的不甚了解，大家来参加培训，竟然不知道培训要达到什么样的目的，更有甚者，参加培训的教师咨询教育部门，这些组织部门都说不清楚培训目的，这说明培训的组织管理出现了重大问题。

3. 教师参加培训的动机分析

对教师参加远程培训的原因设置多个选项，如图4所示，发现教师参加培训的原因从高到低依次是上级行政命令（65%）、教育教学需要（54%）、自我提高（44%）、评优晋升之需要（32%）、学校推荐（17%）、其他（4%），调查结果表明，远程培训对教师的吸引力不足，大家参与的热情不高、动机不足，很多老师不是自愿参加的，而是出于各种原因，例如，学校的强制规定、培训可能对评职称及工资待遇有影响等。教师参加培训主要是听从了上级的安排和为自己的职务着想，学习被动，外部动机起到主导作用。但随着教育信息化和新课改的不断变革，大部分教师已经慢慢认识到了培训的重要性，重在提升自己的知识水准和学术素养，而不是为了评优评先而参加培训，参训动机由外部动机转变为内部动机。

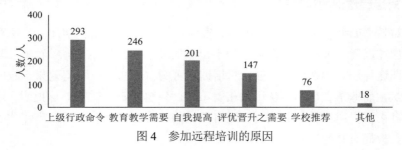

图4　参加远程培训的原因

（二）课程资源问题调查

通过网络呈现某门课程的教学内容以及在教学活动中实施的所有影响因素总和叫作网络课程，它是远程教学的基本组成部分。教师的远程培训主要是基于课程资源所进行的自主学习，因此课程与资源是教师培训能否取得成功的关键。

1. 课程资源的针对性与需求性

当前教师远程培训的课程资源多是以国内知名教育专家和一线名师讲授，这种高质量、高水平、高标准的课程是否就能为当地边境教师所用？图5中454位边境教师的回答中，非常同意的只占12%，同意的占31%，一般的占43%，不同意的占14%。我们通过访谈了解到，大部分教师对培训的内容反应良好，但操作实践在课堂中比较困难，教师的实际需求与培训机构所提供的课程资源有所偏差，网络课程资源的针对性与需求性有待进一步提高。

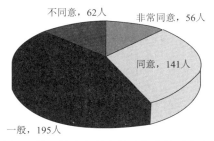

图 5　培训的内容紧密结合您的教学实践

2. 课程资源的媒体表现形式与实践指导性

教学媒体是网络课程资源的表现方式，培训课程内容多以文本和超链接形式出现，音频、视频和动画元素相对较少，在问卷调查"您比较喜欢哪些培训方式？"中，排在前三位的分别是案例教学（73.68%）、说课评课（67.49%）和专题讲座（54.62%）。实验心理学家 Treicher 通过实验表明，学生能吸收所读的 10%，所听的 20%，所看的 30%，视听结合的 50%，听说结合的 70%。[2]多媒体教学是以多媒体、传播媒体为手段，以人的感官为通道，呈现多样化的现代化教学途径和方式，让多种感觉通道编码协同作用，提高学习效果，吸引学员注意力。因此，远程培训的课程资源可以用非文本（声音、图片、录像等）的方式呈现给学习者，把单一的学习文本资源整合优化为非富多彩的多媒体形式，以多种渠道、多种组合方式刺激学习者的感官。

保山市腾冲县一位边境小学的番老师认为课程操作性不够，全是文本，看着没意思，一会就疲倦了，理论很深奥，用不到我们的课堂实践中。更喜欢一线名师讲课，然后专家点评，这样我们的可模仿性会更高。教师培训的最好的效果就是"听了老师的课，触动很大，就是想着把他的东西赶紧拿到我的课堂上带给我的学生试一试"。笔者继续追问，番老师您心目中好的课程应该是什么样子的呢？番老师立即就举了一个他印象深刻的例子。"一堂语文课'母爱的排比句式'，首先先讲排比的定义，然后让孩子观看跟母爱有关的视频，引发孩子的触动，看完之后填写词语，母爱是伟大的、神圣的、坚强的……，从词组到句子、段落再到篇章，把整个教学方法贯穿到课堂中，并总结归纳排比句的特征，延伸排比句的其他特征，它具有很强的包容性，句子中可以包含有比喻、拟人等，并举例子证明。这个教学环节到现在深深地印在我的脑海里，我觉得非常实用且透彻。我可以把这位老师的课件拷下来，放到我的课堂中进行讲课。"

和番老师一个宿舍的杨老师认为，"在进行网络培训的学习中，讲的内容都很'高大上'，对于我们这种边陲小地是没有办法实现的，比方说 MOOC，我之前从没有听说过，因为要写课后作业，我就学习了相关内容，需要学生至少要有平板电脑，这对于我们的学生来说不太现实"。

杨老师说的这些课程是云南省中小学教师教育技术能力远程培训项目，这些课程全是教育技术领域的泰斗授课，理念先进，教学语言清晰明了、简单易懂。但在访谈中笔者发现，教师更喜欢那些易实践、容易模仿的课程，学习之后可以马上照搬到教学中。正像一位老师所说的："理论课的话，我们的文化基础不够，底蕴不足，听起来很好，但感觉不在一个层次上，理解起来很难。即使有的听懂了，顶多算是提高自己的个人修养，但如何把这些东西传授给学生，带进课堂中去，仍是个问题。"

（三）教学交互问题调查

无论是传统教学还是各种远距离学习，任何学习环境下交互都是学习过程中的关键因素。穆尔（Moore）从学习者角度出发，对学习过程中的交互分为三类：①学习者和课程内容的交互；②学习者和教员的交互；③学习者之间的交互。[3]笔者将从这三类对边境民族地区教师远程培训的交互问题进行分析。如图 6 所示，"参加远程培训的主要困难"中，62% 的教师"没有集体归属感，不能进行及时的沟通交流"；53% 的教师认为"不能长时间集中精神阅读和观看"；34% 的教师认为没有教师指导，有困难不知道找谁帮忙，在与教师的访谈中也验证了这些，大部分教师都把这些活动当作任务来完成。

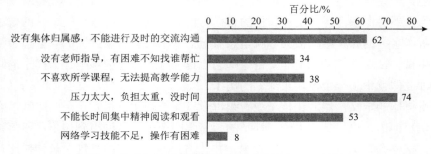

图 6　您参加远程培训的主要困难是什么？（多选）

做作业、讨论交流、提问专家我都完成了。培训要求我们每个人上网发帖，光发帖还不行，还要对别人的帖子进行评论。这种做法的初衷是好的，是希望这样做能够促进大家之间的交流，但是现实往往事与愿违。首先，很难找到有共同话题的人，即使有，别人发帖的时候我不在线无法评论，我看见的时候已经过去好久了，我发帖的时候也不是大家都在，因此我的帖子也没人及时跟帖评论。即使看到了非常感兴趣的帖子，发表了自己的观点并希望得到交流，但是茫茫网络根本很少有人会很在意这个东西，大家不会为这事花太多的时间和精力。久而久之，大家觉得这仅仅都是形式，发帖与跟帖变成了任务，至于发了什么、评论了什么，没有几个人真正关心，更别说通过这个让大家进行交流了。

像我每次在学习中，有一些不明白的问题想问辅导老师，很久才能得到回复。有时候提问专家，每周只有一个下午时间段专家回答，有时候我上完课，这个时间就过了，就没有人解答你的问题了。专家经常不在线，不知道找谁解决。

（打洛镇第二小学刘老师）

我们可以看到，在教师远程培训中，时间上，大家不同步，造成彼此信息不能及时的共享；空间上，大家不能够在一起面对面的交流，处于十分分散的状态。在这种环境下，一旦受训教师有一种孤独感和被隔离感，受训效果自然而然会受到影响。

1. 学习者和课程内容的交互

实地调查中出现频率最高的词语诸如：不能长时间对着机器；不习惯在网上学习；不知道如何在网上交流；网上课程不如现场学习生动；面对电脑，太枯燥，没有现实的临场感，体会不到面对面的亲切，感受不到现场的气氛，调动不了学习的积极性等。远程培训是在不在场的虚拟学习环境中学习，需要教师极大的自主性参与其中。教师在网络培训中，由于本身信息技术能力有所限制，不太习惯新型教师培训方式的转变，观看大概一个小时就容易受其他事情干扰，年长教师尤为明显。再加上教学任务繁重，工作和家庭压力大，学习的时间就一再被压缩，出现在线挂机、作业抄袭、找人替学、寻找网络漏洞等各种现象。

2. 学习者和教员的交互

教师在学习过程中会遇到各种困难，当需要寻求帮助、解惑答疑时就只能在全新的网络环境中通过文字输入的方式进行，并很难得到及时的回应。这样一来，就会使学习者缺少情感上的交流与体验，容易在心理上产生一种对网络的疏离与孤独，特别是性格内向、不善表达的教师，当他们鼓起勇气询问并尝试与他人分享交流，而平台终端得不到快速有效的反馈时，很容易会对远程培训产生排斥。

远程培训中的后台管理人员，不仅自己要选课上课，还要监督评改学员的网上作业，统计发帖次数，进行评判打分。在访谈中，一位教师讲道："我们工作一天，晚上回家还要花大量时间去看学员的作业，也没有额外补助，完全是免费劳动。我明明知道有很多帖子是复制粘贴的，但还是给学员及格，因为学员不及格，作为班长，我也是不及格的。"学员的帖子和作业大多都是描述性的文字说明，管理人员即使知道是复制粘贴的，但为了节省时间，就会采用一些通用词语，不可能真正与学员进行深层次的交流与思想碰撞，也不会与学员进行深度交互，这样恶性循环下来，会逐渐影响教师远程培训的效果。

3. 学习者之间的交互

学习者之间的交流与探讨，实质上就是在线同伴互助。同伴互助是教师在教学实践场所中通过相互之间的合作、交流，共同提高，以改进其教学实践能力的过程。[4]问卷调查中，学习者感到远程培训的困难，62%的教师没有集体归属感，不能进行及时的交流沟通。同伴之间的交流包括如何借助远程学习技术提供指导、组织开展经验分享、交流反馈、解决问题等。但在实际考察中，教师交互工具一般都是论坛和 QQ，学员之间缺乏交互，学员的回复帖的内容大多数是"苍白无力"的，一味的重复或附和，都是"同意""赞成""支持""说得好"等几个字，没有将话题延展和深入下去，往往都是到此为止，而更多的教师也只处于观望或"潜水"状态。

三、边境民族地区学校教师培训践行困境的原因分析

（一）培训行政意图的单向性与教师学习的抵触性

1. 培训制度安排的行政意图明显

目前，教师培训主要是基于行政培训的模式，即一定程度上带有自上而下的强制性。上级单位事先发一张简单的培训通知，交代培训的时间、地点、要求和培训主题，学校接到通知后则开会选派具体教师人员，组织教师参加，教师接到

通知后开始上网学习，部分教师对培训的目标、方案、内容一点都不了解，学习起来自然缺乏主动性和热情。

我州为了提高整体教师队伍素质，除了规定的国培、省培，还联合了中国中小学教师继续教育网共同开展全员培训，培训对象为我州从学前到高中期间，所有阶段老师九千多名，以学校为单位集体报名，组织全员培训。

我觉得这个项目很好，我们为此也做了很多工作，主要是为了提高我州的教育水平，现在已经进行了两年，学习了两个专题。但就是有部分教师不配合。他完不成学习任务，年终大会的时候要在全体老师面前通报批评，这一年的绩效工资也没有了，包括评优、晋级、教师资格注册这一年都没有。管理员每次到学习时间快截止的时候就会打电话督促，有时候我亲自给老师们打电话，甚至都不接，那就没有办法了。

我有时候也挺困惑的，现在的教师不喜欢网络培训，主要是培训太多了，老师们都疲倦了，那上面的课程多好啊，全是专家授课，让每个老师都出去也不太现实，我也理解现在的老师课程压力大，任务负担也重，但都要克服嘛，没有办法啊。

以上是西双版纳傣族自治州教育局主管教师培训的某主任的话语，其中既体现了对远程培训的推崇，也表达了对远程培训的无奈，课程的不适应性、教师工作时间的紧张及培训的重复参加等都造成了远程培训的低效。行政命令在保证教师远程培训上的确体现了制度的高效率，但同时也是教师产生被动参训的根源。教师的主体意识没有得到体现，有些教师把远程培训认为是屈服上级的命令，对这种硬性规定心理上有抵触，自然会对远程培训的效果有所影响。

2. 教师的学习与工作时间冲突

教师网络培训中学习的主要困难"压力大，负担重，没时间"排到第一位，占到总数的74%，边境民族地区中小学教师，由于地处偏远，很多地方缺少教师，一个教师往往要上好几门课程，繁重的教学任务使得他们不堪重负，无暇顾及教师培训。在农村地区，有些教师除了教学任务之外，还负担有家里的农活。普洱一位村小学的数学教师，同时也是该校校长说道："每年新学年开学的时候，也正值秋收时节，在这个时候如果开展教师培训，大多数教师即使有迫切愿望想参加想学习，也是力不从心……"勐腊县关累小学的田老师说：

学校办公室是没有这个条件的，他每次都是在家里面进行学习，晚上的时候一边批改作业一边听课，如果你在20分钟以内点击网站课程，该课程的学习时间就会被记录，所以田老师都会在20分钟以内点击一下鼠标，证明自己在学习。与其他学员的交流，田老师也会参与，有时看到有同感的话，会做出评论并进行留言探讨，但都是基于这是考核计划的一部分，并没有与在线专家进行答疑解惑。据他了解，他身边的老师就是这样学习的，他说最主要的原因就是没有时间，任务量最多的是去年一周22节课，2年级的语文数学包班教学。

表2是田老师学校老师一天的工作时间表。

表2　完小学校的课程表

时间	内容	备注
6:30～7:30	起床、早操、早餐、卫生	住校生
7:30～7:50	早自习	
8:00～11:20	上午四节课	
11:20～12:30	学生午餐、整理内务	住校生
12:30～14:30	午休	
14:30～15:00	起床、卫生、准备上课	住校生
15:00～17:20	下午四节课	
17:20～19:00	晚餐、卫生、自由活动	住校生
19:00～21:00	晚自习	
21:00～21:30	整理内务	住校生
21:30以后	晚休	住校生

教师的工作压力大，同时又要参加各种各样的教师培训，甚至有的老师会在同一个时间参加两个不同的远程培训项目，在教师认为课程对自己教学解决不了实际问题时，很容易发生消极怠工的现象，出现应付甚至抵触的培训情绪。这个时候就需要教师端正学习态度，克服工作及生活中的困难，燃起对远程培训的热爱。

3. 过分重视后台虚拟评价的统计

目前，远程培训的方式单一，评价标准重数量而轻质量，只关注学习结果而忽略了教师的学习过程，这样的评价方式无法激励教师的学习。表3为2013年国培计划——广西农村骨干教师学科远程培训的学情通报，这种评价方式在网上由系统自动生成，只有量的统计，没有质的评价，对参训教师的考核仅限于学员在学习平台上所完成的数量进行考核，诸如在线学习时长、发帖数量、回帖数量、提交作业总量、上传资源数量等数字来考核学员，老师是如何学习的，教师是否经历了学习过程，教师在学习过程中有什么情况，无法进行控制和评价，只能依赖于管理系统自动生成的虚拟评价。培训管理平台无法对教师远程培训过程实施有效的监控和评价，时常发生学员空挂学时、发帖灌水等应付现象。学员也不关注自己得多少分，只要能及格就好，优秀和良好没有什么区别，但如果不及格就会被通告批评。

表3　教师网络培训的评价

已注册人数	学习时间人数	已注册未学习人数	学习率	合格人数	合格率	总学习时间	平均学时	日志提交数
3499 人	3483 人	16 人	99.54%	2830 人	80.88%	4 112 927 小时	1 175.46 小时	3 799 份

文章提交数	案例大赛提交总数	学习提问提交总数	学习总结提交总数	学习回顾提交总数	校本作业提交总数	问题共研讨评论数	发帖数	回帖数
1801 篇	1 222 份	3 442 个	2 058 份	6 661 份	2 857 份	8 752 条	10 531 个	25 232 条

远程培训只是一种手段、一种活动，教师远程培训的作用在于通过培训使教师开阔视野、扩大知识领域、提升学术涵养、促进教学能力，最终有益于教师的职业发展。而目前的培训往往只看重教师在培训期间的表现，没有从系统论的角度来看待教师培训。

（二）培训内容忽视边境教师教学的特殊性

培训内容的"无差别"设计对于偏远民族地区教师来讲，稍微有些难度，特别是老教师很难在短时间的培训周期内完成知识的消化吸收，并且大多数都是以城市学校的教学环境和条件为培训案例，这种案例在边境的偏远农村地区学校没有条件进行模仿和复制，不符合教师培训的适切性和实践性特点。

笔者在实地调研中总结出边境民族地区教师在教育教学中存在以下特点。

1. 教学语言与日常用语的冲突

语言积淀了一个民族大量的文化内容，尤其是思维方式。大多数少数民族儿童在入学之前完全生活在自己的语言环境中。他们的思维方式以及对事物的认知都会或多或少地受到其语言习惯的影响，但他们一旦到了入学的年龄便开始学习与他们的语言有很大差异的汉语。而普通话的表述方式与他们从小习得的语言表述规律之间存在明显的差异，因此，教师在教学方面，尤其是小学阶段，面对来自不同地方的学生，入学首先遇到的问题就是语言问题。

红河州金平县金水河镇村完全小学作为边境学校，与越南接壤，学生民族构成主要为苗族、瑶族、傣族、哈尼族等，黄老师作为该校一名具有两年工作经验的汉族教师，当笔者问到她面对班级这么多的少数民族学生，对她的教学工作有没有什么影响？黄老师自己谈道，还是具有很大挑战的。

> 作为一名汉族老师，在教学当中，体现最明显的就是语言问题。没有汉族学生，少数民族学生在入学前是不说汉语的，但学校教学是按着普通话来讲的，想我一名汉族老师，不会说当地任何一个少数民族的话，我就只能用手指比划着教他们汉语，双方都有一些听不懂，有一次一个孩子跑过来拉着我的衣服给我说了很多，最后又开始双手比划起来，后来突然双手按着肚子，做出很痛苦的表情，我才明白他肚子很痛，要请假。有时候我们的交流就是这样的，要连比带猜，所以低年级的孩子语文成绩是很差的，远远比不上数学，语文平均成绩都只有四五十分，而数学是可以达到 60 分。一年级的孩子要花两三个月教他们学习普通话。等到五六年级，他们的语文成绩才会好一些。

即使是当地本民族的老师，面对多民族构成的学生，同样也会遇到一样的情况。有位哈尼族老师向我们讲述了他的体会：

> 我是哈尼族的老师，我只会哈尼族的语言，我在上语文课的时候，哪些小朋友不会了，我就夹杂着哈尼语和汉语一起教学。对于其他民族的学生，我先教一部分平时听话、学习好、领悟力强的孩子，等他们学会了，让他们教他们自己民族的孩子，就是这样，"优生帮助差生"，师生学习，生生学习，有时候我也会向班级的小朋友学一些他们的简单语言。这几年条件好了，消息不再像以前那么闭塞了，经济基础好的家庭会有电视机、电脑，孩子会提前接触汉语，有一些家长也会把孩子送到乡镇的幼儿园里，提前学一些汉语。拉呼和佤族因为住在山区，离镇里

较远，他们是不上学习班的，直接进入一年级学习。但在课堂中，语言这一关对于我们老师来讲还是一个非常大的挑战。

由于语言和文化上的障碍，他们不可能很好地理解与他们实际生活相脱节的书本知识。在他们的语言中，有关大山、数目和野草等与他们生活密切相关的词语要比我们想象得丰富，他们对这些知识的感知、理解和掌握也容易得多。而相比之下，如机器人、飞机、轻轨等教材上常见的内容对于他们来说，则完全是陌生的。但随着"教学点数字资源全覆盖"的实施，信息化教学资源正在逐步送进每一个偏远的农村地区，将那些丰富的、生动的、形象的媒体资源带给学生，也带给每一位教师，改善教学质量，提升教学效果。

2. 家庭教育态度与方式失范

在教学过程中，父母的教育意识淡薄，家庭教育是影响教师工作的一大障碍。有些家长认为把孩子送到学校，自己就可以安安心心劳动了，至于孩子是怎么学习的，学习成绩如何，家长是不关心的，老师对一些难管的孩子做家访，家长认为这是老师的事情，不是家长的责任，打电话如果打的次数多了，有些家长甚至直接就不听或者挂机。有时候有一些爱心社团资助贫困地区学生，给每个学生一次补助 50 元、100 元、200 元不等，家长也会把这些钱拿去喝酒，家长对孩子的上学态度就是能上就上，不想上了就回家务农种地、打工等，反正上学也没什么前途，还不如卖橡胶、做生意来钱快。他们普遍认为上学是需要天赋的，我的孩子没天赋，这没有办法。很多家长只希望孩子会识字，会算数，做生意时不会吃亏就可以，其他的没有要求。西双版纳傣族自治州一位 23 年教龄的雷老师说：

> 学生父母文化程度普遍较低，影响他们对子女受教育的重视程度。父母对子女上学的态度基本上是放任不管，导致孩子在一无知识、二无技能的情况下，提早进入社会。区别比较明显的就是布朗族孩子放学回去就是在家种田、照顾弟妹、出去玩耍；而汉族家长一般就会让孩子在家里做作业。即使是在一起长大的不同民族的学生，汉族学生的成绩整体来讲，也会比布朗族、拉祜族的学生要好一些。"温故而知新"，复习功课是学习环节中不可缺少的一部分，如果只在课堂上依靠短短的 45 分钟，课下不巩固练习、不做作业的话，学习成绩怎么会好？

3. 学生"读书无用"的价值取向

学生是学习的主体，学生积极主动是学习成功的一半。改革开放使一部分家庭走上小康，有的学生过早跟随父母从事生产，有的外出打工。加上近几年茶叶、橡胶等经济作物价格上涨的影响，收入丰厚，更使他们认为"读书无用"。学生不喜欢学习，学出来也没有什么用，照样找不到工作，进不了政府，做不了体面的人，学生在面对"就业无门，回家致富"的道路上，自然选择后者。

胡老师是一位具有两年工作经验的特岗英语老师，谈及教学，他却觉得很失望。在这里教书，家长观念和学生意识比教师的教学能力更重要。

> 2013 年 9 月，我来到这里教书，应到在校学生人数 1057 人，实际到校的学生连一半都没有。2014 年应到 742 人，实际却连 400 人都不到。等到期末的时候再把这些辍学学生叫回来考试。这种情况，怎么能够提高学生的学习成绩呢？"

这是我们班 2014～2015 学年度期中成绩统计表（表 4），我作为英语老师，说实话，是十分羞愧的，哪个老师看到这样的成绩估计都会感觉很挫败。县里每学期都有比赛，我们老师每周的科研活动，包括评课、赛课、晒课竞赛形式都按时举办，但成绩就是提不上来，英语对他们来说，确定学起来太困难。

表 4　某初中学校初一成绩单

学科	实考学生/人	总分	平均分	及格人数/人	优良人数/人	优良率/%	及格率	综合得分
语文	30	690.5	23.02	2	0	0	6.67	11.87
数学	29	1012	34.90	5	5	17.24	17.24	24.30
英语	31	821	26.48	0	0	0	0	10.59
政治	31	1353	43.65	12	3	9.68	38.71	34.88
历史	31	1140	36.77	5	0	0	16.13	21.16
地理	30	1403	46.77	12	4	13.33	40	37.37
物理	27	607	22.48	0	0	0	0	8.99
生物	31	912	29.42	1	0	0	3.23	13.06

我班里的一位学生和我聊天，问我一个月挣多少钱，我告诉他3000元左右，这位学生立马"嘲笑"我，这么少的钱，老师来我们家的茶园吧，一天就挣2000多元。我们山区的孩子们特别淳朴、善良，可爱。但是一提到学习，老师们常常玩笑般评价这些学生"上对不起国家，下对不起人民，中间对不起老师"。

工作两年的胡老师一直挂在嘴边的就是保持一颗平常心，不要要求太多，否则这中间难免会有一些不满和愤懑。这种阿Q的自我安慰法常常用在准备激情澎湃地备课、上课时，突然间发现班级学生无动于衷、毫无反应。

国家提供大量的优惠政策吸引学生学习，除了"三免一补""营养餐"，以及国家给少数民族学生每月的补助以外，还有每个地区财政拨款发的其他各类优惠补助，可以说，他们的学习竞争性极小，但就是学业成绩上不去，这些学生似乎只是为了完成国家强制规定的九年义务教育，这样他们就可以外出打工、领取结婚证、可以考驾驶证等。一个初中毕业证对于他们来讲或许会有更大的实际用处。这样的目标决定他们的学习态度极为被动，尤其是越到高年级问题就越多，上课睡觉、逃课等现象频频出现。

4. 社区文化与学校教育不协调

由于边境民族地区风俗习惯与内地有很大的不同，早婚早恋现象十分突出，许多学生小小年纪就辍学回家，组织家庭。十五六岁的小姑娘如果在村寨里没人喜欢，将来嫁不出去，就会很自卑，感觉没有面子，上再多的学也没用，如果追求的男孩子多，就会感到很骄傲、自豪。

少数民族学生的行为习惯、学习习惯及生活习惯和内地都很不一样，少数民族孩子从小接触田地、大山，过惯了无拘无束的生活，学校里严格的规范管理制度强加在他们身上，必然会产生消极影响，低年级学生尤为明显，许多小孩子喜欢光着脚丫子，喜欢满山跑，不喜欢待在教室里。例如，老师让孩子衣着整洁地进教室，很多孩子就穿个拖鞋，低年级的学生甚至不穿鞋就来上课，给他们讲也不听，还觉得老师不对，老师要花很多时间给他们讲原因，采取很多办法让孩子们试着去接受这些规则，制止一些不良行为。这对老师的生活管理造成很大困扰，对学生的生活习惯、卫生习惯的"养成教育"增加了很多工作量。

读书对于笔者所在的偏远地区极少数民族学生来讲，是痛苦的，是不自由的，是跟他们所信奉的价值理念相违背的。每个民族所生活的独特背景，创造出了具有独特民族风格的文化知识，教育在传承这些"知识"的过程中，却往往通过"规范"作为过滤网，将发生于原生态背景中的原生态文化一概滤出，只剩下一元的、主体的、标准化的知识内容，从而使深层次的民族文化被边缘化。[5]

5. 学校民族特色活动的开展

边境中小学相继开展大课间体育活动、兴趣活动小组等，根据当地的民族特色，活动内容也有所区别。布朗山九义学校少年宫的创建（图7），是在原有兴趣小组的基础上，从学生的身心特点出发，利用大课间、活动课时间，开展包括科技知识、手工制作、艺术教育、体育活动、棋艺在内的10余项活动。具体有合唱团、高跷队、陀螺组、刺绣组、书画组、网络组、舞蹈组、英语组、鼓号组等，时间安排在每周三后两节课和暑假活动中。学校鼓励教师发挥自身特长，参与到少年宫辅导员队伍中，因此，少年宫的老师大部分都是本校老师，像美术老师就可以教书法课或者水粉画；语文老师可以组织经典诵读等活动。也利用当地社区资源，聘请寨子里的老人担任志愿辅导员，例如，学校聘请民间艺人担任弹唱的授课老师。学校没有开发教材，只是由相关老师在上课前提交教学计划和教案，授课结束后上交详细的工作记录。学校建立了完善的辅导员考核和鼓励制度，并与教师评优评先挂钩，但由于各种原因，并未对辅导员进行过任何相关培训与考核。

图7　边境民族学校的少年宫活动图

除了上述笔者所描述的少先队、少年宫、民间体育活动等外在的活动形式以外，边境民族地区教师在刚进入学校时，学校采用"新老结对，以老带新"的培训模式，一方面提高他们的教学能力，使其树立积极参与科研的意识；另一方面，在面对多民族组成的学生团体中，跟着经验丰富的教师学习在教学管理中面临的各种问题和人际交往能力，例如，帮助新教师了解班级每个学生的发展状况、身心特点、民族的风俗习惯及学生的学习特点，了解现任班级的管理策略，了解与家长沟通的办法、途径及技巧等。较好地缓解新教师的焦虑，使其能够尽快地适应新的工作岗位。这种在课堂中逐渐渗透的教学理念在一定程度上同样能够使教师关注学生的个性成长，了解学生的发展特点。

四、改善西南边境地区教师培训的对策建议

（一）平衡培训的行政化与教师学习之间的矛盾

1. 实现教师从"他培"到"自培"的思想转变

首先要从教师的思想上发生转变，在培训过程中，教师要认识到自己是培训活动的主体，是决定培训能否成功的关键因素，教师在参加进修培训时，要摆正态度，端正动机，将提升专业技能水平作为培训目的，将提高教学能力作为培训信念，从以前的被动参与培训向主动参与培训转变，即实现"要我培训"向"我要培训"的转变。

教师参加培训要清楚以下几点：第一，要清楚培训的必要性。新时期、新常态、新形势，对教师的各个方面都提出了新的要求，为了适应新的要求，有必要进行教师培训。第二，教师要充分了解所要参加的培训项目。参加培训前，教师要对培训目的、内容、方式、流程、时间、安排、理念及考核等有充分的了解，这样有助于提升培训效率，也会增加教师对参加培训的热情，最终获得良好的培训效果。教师也因为体现自我的价值而积极发挥能动性，提升自主发展的内驱力，进而提升教师的教学能力。

2. 配套管理与技术服务立足于教师需求

学习支持服务（learning support services）是指远程教育机构在技术媒体基础上，提供以师生或生生之间双向交流为主的各种信息、资源、人员和设施等服务总和，其目的是为了远程学习中更好地支持学生自主学习。[6]培训部门不仅要拓展学习支持服务的内容，更要提高学习支持服务的质量。

为使教师能够快速熟悉在线培训网站的各个功能，培训机构要突出如公告栏、讨论区、作业栏、专家授课等各个学习区域的作用，利用构建的各种师生双向通信机制，如面授交流、语音电话和电子信箱等基于网络的通信方式，及时回复处

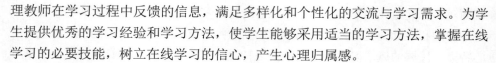

理教师在学习过程中反馈的信息，满足多样化和个性化的交流与学习需求。为学生提供优秀的学习经验和学习方法，使学生能够采用适当的学习方法，掌握在线学习的必要技能，树立在线学习的信心，产生心理归属感。

（1）辅导

辅导是指教学辅导，是支持服务中心为教学培训而服务的项目，是主要针对学生所学课程科目而进行的，其内容丰富，有学习方法指导、网络在线授课、网络在线答疑、作业的批改与指导等。

（2）咨询

咨询的内容主要是与学习有关的方面和与学习无关的方面。前者并没有针对具体学科的具体学习内容，是关于学习方法与技巧，以及教学管理方面的咨询。后者是关于如何有效地利用教育信息技术和老师、学生进行交流、沟通等。

（3）兼职辅导教师和老师顾问

在线培训系统通常规模大、学生多且分布广，因此辅导教师和老师顾问的数量需求大，培训机构要为教师聘请兼职的辅导教师和地方教师顾问（即班主任），及时组织各种教师小组讨论与实践性教学活动，适当引导话题，把握问题的方向，促进学员之间的意见交流，让教师自由流畅地进行交流互动。

（4）强调教师培训评价的实践取向

考核是培训的必要一环，在线培训不能只依赖于后台的点击率、回帖率、上网时间、上传作业的数量统计，而是尽可能地检查培训效果，给予教师鼓励性评价，注重实用和效果，强调培训的实践取向，以便教师在教学中进行知识迁移。

首先，培训机构需要加强管理，对受训老师进行全面考核，建立完备的教师在线培训档案，从形式到内容，详细地记录教师学习的全过程。培训机构和学员所在学校在培训之前要加强调研工作，了解培训教师的心声，争取让培训内容和学员的问题相互联系，对于学员出现的普遍性问题要重点培训。其次，教师培训属于成人学习范畴，教师具备的大量的知识经验是教师培训过程中最好的教学资源，评价考核要结合教师的教学实际，以实践考核为主，运用多种形式，采用自我评价、同事互相评价、专家评定等方法结合的方式，培养学员的自我反思能力和意识。最后，教师所在学校要鼓励教师参加培训，提高教师的教学质量，并要求参加培训的教师必须将培训的所学所想汇报给广大教师，一起进行探讨学习，克服教师的懈怠情绪，使全校都能学习到新思想、新教育。让在校教师对参加培训的学员进行二次培训，增加教师的责任感和使命感。教师的评价不能过分依赖外部评价，忽略主体性的学员的想法，培训应以提高受训学员的兴趣为主，而不是靠所谓的绩效考核等强制性措施，这样会大大降低培训的效果。

（二）创设民族地区教学情境：课程与师资并举

1. 建立专家与一线教师相结合的师资队伍

有培训，就要有教师，培训质量好坏的一个关键因素就是师资。许多教师抱怨课程讲授太深奥，听不懂，这固然与教师自身素养有关，但教师更需要与教学有效结合的内容。大多数教师多是高校从事本科、研究生教学的专家、教授，拥有渊博的理论知识和先进的教学理念，但很少有来自中小学一线具有丰富经验的教师工作者，边境民族地区学校一般都在偏远的农村地区，线上学习资源一般都是专家，虽然学习资源质量较高，但是，内容上缺乏针对性，文化价值观存在一定的矛盾，语言沟通有障碍，对边境学校的环境、文化与它独特的场域涉及较少。边境民族地区教师相对于内地，甚至担负着更多教书育人的责任，教师需要具备多元文化与教育教学能力，相关部门应提供相应的专业培训，提高教师对多元文化教育的认识，探索适合少数民族学生的教学方法，准确把握少数民族的发展历史、风俗习惯及文化特征，帮助学生树立民族自豪感和自信心，促使不同民族学生不仅在自己所处区域文化中获得成功，更能在整个社会主流文化中实现自己的人生价值。

现实中，广大的中小学老师对一些专家、学者、特级教师、教授的讲座非常欢迎，也有所获益，但是，从这些讲座中所学习获得的理论知识在现实中很难有效的直接转化为教学能力来提高教学质量。相反地，那些基层一线教师正是对前者的有力补充。因此，培训机构应该从广大的一线教师中选出优秀的师资力量，特别是当地教师。这些教师熟悉本地区的教学资源，了解当地教学情况以及具备丰富的学科知识。正因为互相熟悉，所以更加有着高度的责任感，同时还了解本学科的发展动态，非常熟悉学校的情况，对教学中存在的问题有准确的掌握，能够将所学的理论知识和自己亲身的实践相结合，从而提升教学质量，此外，还能够把自己卓有成效的教学经验分享给更多的老师，这些经验是宝贵的，同时又是非常直观的，与参训教师所遇到情况、问题很接近，更具现实指导意义。因此，要建立一支强有力的师资队伍，就需要将专家、学者、特级教师，尤其是广大一线教师纳入进来，实现既有效又实用、既有理论又有实践，最终将培训的价值最大化。

2. 开发多层次的信息化培训课程资源

培训课程直接关系到教师培训的效果，就课程资源的管理来讲，应当建立国家、省（区）、州（市）、县四级课程资源开发与制作体系。[7]国家级培训者团队应邀请国内最具实力的培训机构、学科专家和学者组成，负责提供具有国内高水平的优质在线培训资源，重点解决统一要求和普遍性问题。在国家的层面拿出顶层设计，既统筹兼顾，为省级及以下级别培训作出方向上的指引和政策上的照顾，同时提供具有国内高水平的在线优质资源。省级培训团队应响应国家级团队的统一部署和指导，既要与其保持一致，也要根据本省的特点，调研和研究本级中小学在线培训存在的问题，提出较国家级方案更为具体的、符合本省的方案，根据相关研究机构开发地方培训课程资源，解决区域性问题，体现地方特色。州（市）、县教育行政部门安排相应的教师培训机构制作中期辅导教学资源，并根据上级安排，有效部署、规划本地在线培训，指导、引领开发本地教学资源、乡土课程，熟悉农村教育文化。重点解决培训过程中出现的具有一致性的重点问题，并及时向省（区）提交当地无法解决的难题。县级教育部门组织电教中心、教师进修学校、中小学机构等，在发挥各自职能的基础上，统筹区域资源整合，既保证远程培训课程资源的系统性和完整性，还能有效调动和利用各有关方面的优势，实现培训资源在国家、省（区）、州（市）、县之间的整体共享和优化协作，提供多维度的大量的课程资源，因地制宜地解决教师在实践环节中的薄弱问题，明确边境民族地区教师的培养目标，防止"去边境化、去农村化"现象的发生，保证在线培训工作得以有序进行。

（三）利用信息化教学资源开展多种形式的教师培训

单一形式组织的教师培训总会存在着这样或那样的缺陷，笔者在调查中发现，教师网络培训在短时间内获得巨大的效益和规模，却缺乏面对面交流的真实感和亲切感，又因为教师工作时间的零碎性和不确定性导致教师学习者之间缺乏固定统一的交流时间，所以，教师基于网络的协作学习未能有效展开。利用信息化教学资源，将在线培训与校本教研、录播课堂、送教下乡、自主研究等多种形式有机地结合起来，使教师根据自己的兴趣与需要，开展自主研修、专题讨论、小组合作等各类学习活动，为教师的专业发展提供新途径。

1. 校本教研

校本教研培训是以学校单位为培训基地，将教学、学术科研和教育培训三者进行有机的结合。但是，现实的情况并不是很乐观，由于受到客观条件的制约，例如，广大农村和边远山区学校分散、规模小、数量少，教师的教学能力和专业素养参差不齐，而且普遍相对偏低，其受到的专业培训也相对较少，并且学校重视教学质量和学生学业成绩，教学研究简单重复，甚至最后变成上通下达的会议讨论或者茶话会，时间一长，教师就逐渐失去了参与的热情。教师的工作压力较大，没有足够的时间和精力进行学习和反思。现在很多农村学校已经在尝试校本教研，争取科研项目，但需要教师具备扎实的理论知识和教科研能力。各级各类中小学加紧建设属于自己本校的信息化资源，从本校教学实践存在的问题出发，充分发挥教研组作用，构建学科网络教研，例如，优秀教师的教学视频、案例分析、教学课件、光盘等辅助工具来解决自己在教学中遇到的问题，在辅导教师及本校同行的帮助下，利用博客、QQ 群、虚拟社区和专业教师研修网等平台，在线上与专家、同行进行交流讨论，在线下与本校的同行进行研究，改变常规的"你讲我听"单一模式为"共同研修"，以保证师资培训落到实处和可持续发展，较好地实现边境教师的实践和网络培训的理论互补优势。

具体可以分为以下几个步骤：第一步，学校组织专门的教师，安排固定时间，学习在线或光盘远程资源，观摩优秀教师的上课实例，查阅文本资源，展开案例分析，参加教学讨论，提高教师们的理论水平。第二步，学习者结合自己的实际教学困难，在教研组或者年级组同行的帮助下，在网上咨询辅导教师，上公开课，发现问题并研究问题。第三步，按照老师们提出的问题，在实践的基础上进一步总结反思，深化理性认识，并在教学工作实践中改进，再实践。这样一个循环往复的过程能有效地避免外出培训水土不服的情况，加强培训的针对性。

2. 送教下乡

这里的"教"即指教师，也指教学资源，培训教师都是当地自己的教师，熟悉本地的特色和风俗习惯，了解学校的发展困难，针对性地带去所需的学习课程，有什么问题也可以当天当面向老师提问。在笔者考察的地区，为了缩小校际教师水平差异，当地教育局每年都会从城镇学校抽调15～20名教师到农村薄弱学校进行支教，通过城乡间的教师交流，可以不断缩小城乡教育发展之间的差距，提高教育整体水平。实践证明，这种培训机制深受偏远地区学校、教师的欢迎。边境偏远学校由于宽带网络不通、电脑缺少等原因，教师不能很好地利用网络进行学习。如何针对这些学校的特点开展在线培训？为了进一步加快农村教育快速发展，可以加大城乡交流的范围和完善交流方式，把在线远程教育培训同"送教下乡"服务有机地结合在一起，具体来说就是：首先，调查收集广大学校等教学机构对在线培训的需求；其次，根据需求把培训内容整理成录像、录音等多媒体影音资料给所需要的学校，由各个学校组织学习。将培训机构所选的辅导教师安排到各个学校，进行专业方面的辅导，以及面对面的交流、沟通。学校搭建城乡教育联系的桥梁，为教师的交流互动搭建平台，实现教学资源和教学成果的共享，为边境学校教师送去教育新理念、新知识和新方法，推动教育均衡发展。

参 考 文 献

[1]张诗亚. 教育的生机: 论崛起的教育技术学[M]. 四川教育出版社, 1988.

[2]王英彦, 杨刚, 曾瑞. 在线学习者的激励机制分析与设计[J]. 中国电化教育, 2010(3).

[3]汪琼, 陈高伟. 构建未来在线学习环境——一个在线交互虚拟学习环境构建模型[J]. 中国电化教育, 2003(9).

[4]丁钢. 教师的专业领导: 专业团队计划[J]. 教育发展研究, 2004(10).

[5]钟志勇. 学校教育视野中的民族传统文化传承[J]. 民族教育研究, 2008(1).

[6]丁兴富. 远程教育研究[M]. 首都师范大学出版社, 2002.

[7]李辉. 现代中小学教师远程培训模式研究与探索[J]. 中小学教师培训, 2008(3).